선택 가능한 미래

선택 가능한 미래

비벡 와드와 · 알렉스 솔크에버 지음 | 차백만 옮김

아날로그

"실리콘밸리를 우러러볼 필요는 없습니다. 그들은 세계의 가장 바닥을 이해하지 못합니다. 왜냐하면 매우 안전하게 보호받고 있으니까요. 그들은 에너지가 없다는 것이 사람들에게 어떤 의미인지 이해하지 못합니다.
그냥 의미 없이 새로운 기술을 만들어내는 것과 더 나은 세상을 만들고 싶다는 분명한 목적을 가지고 기술을 개발하는 데는 엄청난 차이가 있습니다. 당신들이 세계를 구할 수 있습니다. 실리콘밸리가 그 일을 해내기만을 기다리지 마세요. 스스로 해낼 수 있습니다."

_ **비벡 와드와**, IGM세계경영연구원 전성철 회장과의 대담 중에서

　　이 세상에 자칭 4차 산업혁명 전문가는 수도 없이 많다. 그러나 그들 대부분은 특정 기술 분야만을 전문으로 다룬다. 하지만 비벡 와드와 교수는 거의 유일하게 모든 기술 발전을 망라해 종합적으로 그 의미를 진단할 줄 아는 아주 드문 전문가다. 그의 진단은 특히 사회적·경제적·인류사적 의미를 포함해 거의 모든 분야의 시사점을 종합해 결론을 내린다는 점에서 단연 돋보인다.

　　와드와 교수는 학자이기 전에 성공한 창업 기업가였다. 그래서 그의 진단은 항상 냉엄한 현실에 기반을 두고 있고 중요한 경제인들에게 실질적인 도움을 준다. 『선택 가능한 미래』는 한마디로 '4차 산업혁명이 가져오는 기술적 발전들이 인류의 미래에 진정으로 어떤 혜택을 줄 것인가?' 하는 근본적인 질문에 답하려는 첫 시도다. 이것은 그 누구도 쉽게 답할 수 없는 질문이다. 와드와 교수같이 통섭적인 지식과 경험, 균형 잡힌 시각을 가지고 있는 사람만이 대답할 수 있고, 그렇기 때문에 이 책이 미국 사회에서 큰 파문을 불러일으키고 있는 것이다. 한국의 지식인, 경제인, 정치인, 관료 모두가 꼭 한 번 읽어봐야 할 필독서다.

2017년 10월

IGM세계경영연구원 회장 **전성철**

　과거 한국은 전쟁으로 폐허가 된 후진국에 불과했다. 당시 한국이 갖고 있던 유일한 자원은 국민과, 반드시 성공하겠다는 그들의 일념뿐이었다. 그리고 한국은 실제로 성공을 거뒀다. 한강의 기적을 이뤄내며 3차 산업혁명에 동참할 수 있었고, 그 결과 세계에서 가장 발전하고 고도화된 경제 구조를 갖추게 됐다.

　하지만 오늘날 한국은 거대한 성공이 오히려 독이 된 것처럼 보인다. 한국의 젊은 세대는 부모 세대보다 성공에 대한 동기가 부족하다. 산업도 정점을 찍은 후 하향 곡선을 그리고 있다. 많은 이가 한국 경제는 추락을 향해 가고 있다고 믿는다. 게다가 전 지구의 문제로부터도 자유롭지 못하다. 기아와 빈곤, 질병, 인구 과밀, 지구온난화, 깨끗한 물과 청정에너지 공급 문제, 희귀 자원을 둘러싼 여러 국가의 각축전까지 모든 골치 아픈 사안이 한국을 괴롭힌다. 그뿐 아니다. 한국의 암울한 미래상은 굳이 멀리서 찾을 필요가 없다. 휴전선 너머에 이미 존재한다.

　나는 오래전부터 식량과 물 부족, 인구 과밀, 화학연료 사용 등에 따른 지구 파괴를 우려해왔다. 하지만 오늘의 나는 바로 지금이야말로 인류 역사상 가장 위대한 시기라고 믿는다. 우리는 이제 인류가 직면한 중대한 문제를 모두 해결하고 새로운 탐험과 계몽의 시대로 진입할 것이다. 그리고 그 시대는 내가 가장 좋아하는 드라마 〈스타트렉〉에 등장하는 미래와 비슷할 것이다. 이제 나는 불가능했던 것이 가능해지고, 공상과학소설에서 상상하던 놀라운 세계를 현실에서도 구현할 수 있다고 확신한다.

그렇다면 무엇이 미래에 대한 내 비관적 시각을 낙관적으로 바꿔놓은 걸까? 나는 스탠퍼드와 듀크, 하버드, 싱귤래리티 대학교를 비롯해 현재 몸담고 있는 카네기멜론대학교에 이르기까지 미국 최고의 대학교에 근무하면서 세상을 바꿀 여러 신기술의 발전 과정을 연구할 수 있었다. 그 과정에서 이미 또 다른 혁명이 서서히 진행되고 있음을 깨달았다. 2016년 스위스 다보스에서 열린 세계경제포럼에서 처음 언급된 이른바 4차 산업혁명이다. 4차 산업혁명은 이전 산업혁명보다 훨씬 더 빠른 속도로 세상을 바꿔놓을 것이다.

4차 산업혁명이라는 용어는 신기술로 인한 거대한 변화의 강도를 묘사하기에 턱없이 부족하다. 이전 산업혁명과는 달리 앞으로 다가올 산업혁명은 산업과 사업을 바꿔놓을 뿐 아니라 우리 삶과 사회 모든 측면에 영향을 끼칠 것이다. 우리 자녀의 삶은 우리가 살아온 삶과 아주 다를 테고 부모 세대보다 훨씬 극적인 변화를 경험할 것이다. 그들의 삶은 거의 4~5년마다 급격하게 변할 것이다.

나는 미래에 대해 낙관적이긴 하지만, 그렇다고 미래가 반드시 좋은 사회일 것이라 확신하지는 않는다. 미래로 향하는 길목에는 수많은 난관이 도사리고 있다. 마치 뱀사다리 게임처럼 곳

곳에 함정과 위험이 존재한다. 신기술에는 여러 가지 어두운 측면이 있다. 새로운 형태의 위협도 존재한다. 게다가 신기술은 사람들이 변화를 받아들이는 속도보다 더 빠르게 진화한다. 따라서 신기술을 적절하게 관리하지 않는다면 우리는 〈스타트렉〉에 등장하는 찬란한 유토피아의 미래가 아닌 〈매드맥스〉에 등장하는 폭군이 지배하는 끔찍한 디스토피아를 맞이할 수도 있다.

우리는 급속도로 발전하는 신기술을 이해해야 한다. 그래야만 신기술을 사악한 의도가 아닌 선한 의도로 사용하도록 관리할 수 있다. 많은 사람이 신기술을 더 깊이 이해함으로써 우리 사회가 더 나은 방향으로 나아갈 현명한 의사 결정을 내린다면, 다가올 시대는 〈스타트렉〉의 미래가 될 확률이 높다.

오늘날의 기술은 변화 속도가 너무나 빠르고 영향력도 거대하다. 따라서 신기술의 변화를 검토하고 관리할 수 있는 새로운 수단이 있다면 첨단 기술 전문가를 비롯한 사회 구성원 모두에게 도움이 될 것이다. 내가 좋은 친구이자 글쓰기의 대가 알렉스 솔크에버와 함께 이 책을 펴낸 이유도 더 많은 사람에게 그 같은 수단을 제공하기 위해서다.

나는 선택이 주는 힘과 깨어 있는 의식을 지닌 시민들의 위대한 판단을 믿는다. 이 책이 신기술 발달과 함께 제기될 여러 도전을 이겨내는 데 도움이 되길 희망한다.

2017년 10월

비벡 와드와

차 례 —————————————————————————————

Part 1
당신은 미래를 선택할 준비가 됐는가?   020

Part 4 더 나은 미래 선택을 위한 기준 3
신기술이 더 자율적이고 독립적인 삶을 보장할까? 184

거대한 변화는 시작됐고
그 방향을 정하는 것은 우리 몫이다

그날 나는 따스한 가을 아침을 만끽하며 캘리포니아주 마운 틴뷰 도심을 걷고 있었다. 나는 그때 '그것'을 처음 보았다. 골프 카트와 애니메이션 〈우주 가족 젯슨〉에 나오는 자동차를 합친 것 같은 조그만 자동차가 교차로 신호를 받고는 미끄러지듯 내 앞에 멈춰 섰다. 조수석에 누군가 타고 있었는데, 운전석에는 아무도 없었다. 정말 신기한 장면이었다.

잠시 후 나는 그 차가 구글 무인자동차라는 사실을 깨달았다. 첨단 기술을 갖춘 거대 기업 구글은 마운틴뷰에 본사가 있는데 마침 이 조그만 무인자동차의 주행 테스트를 하고 있었던 것이 다. 실제 도로에서 인간의 개입 없이 완전히 자율적으로 운행하 는 무인자동차를 본 건 그때가 처음이었다.

구글 무인자동차는 보행자가 앞으로 지나갈 때까지 기다렸 다. 교차로 맞은편의 자동차가 왼쪽 깜빡이를 넣은 채 기다리고 있었지만, 직진 방향인 구글 무인자동차에 통행 우선권이 있었 다. 자동화된 무인자동차는 그 사실을 알아채고는 천천히 가속하며 교차로를 통과했다. 조수석에 앉은 승객은 전혀 불안해 보이지 않았다.

나는 놀라움과 함께 당혹감을 느꼈다. 후에 내 친구와 동료는 그런 감정이 특이한 건 아니라고 했다. 운전자가 없는 무인자동차는 '기계보다 인간이 더 뛰어나다'는 우리 사회 통념을 여러 측면에서 뒤집기 때문이다.

급속한 기술 발전 시대에 우리가 직면하게 될 미지의 미래를 가장 잘 보여주는 사례가 바로 현실이 되어버린 무인자동차다. 운전을 배우는 건 물질적으로 풍요한 나라에서는 일종의 당연한 통과의례로, 운전은 성인이 되면서 얻는 자유와 힘을 상징한다. 뇌가 물리적 한계를 극복하면서 활동 반경을 확장하는 방법을 배우는 활동이기도 하다. 한마디로 차를 운전하는 행위는 최근까지만 해도 오직 인간의 뇌만이 해결할 수 있는 문제였다.

운전은 매 순간 위험을 감지하고 해야 할 바를 판단하면서 급변하는 주변 상황에 대응해야 하는 복합적 과정이다. 얼마 전까지만 해도 이 임무는 로봇이 수행하기에는 너무 어려워 보였다. 하지만 지금은 로봇이 인간보다 더 뛰어난 운전 기술을 발휘한다. 적어도 고속도로 주행은 로봇이 인간보다 훨씬 더 뛰어나다. 아마 가까운 미래에는 '인간'이 운전대를 잡는 것을 허용해야 옳은지를 두고 사회적 논쟁이 벌어질지도 모른다.

모든 극적 패러다임의 전환에는 사회적 비용과 논란이 뒤따른다. 분명한 것은 무인자동차가 보편화되면 자동차나 트럭, 버스를 운전해서 생계를 유지하는 수백만 미국인이 직업을 잃게 된다는 점이다(이 무인 운항 기술은 결국 배나 비행기 조종으로까지 확대될 것이다). 그리고 우버와 리프트 같은 서비스와 결합하고 확대되면서 우리는 점차 더 많은 차량을 공유하게 될 것이다.

하지만 소프트웨어 오류로 인한 교통사고와 사망 사고는 어떻게 해결할 것인가? 또 선택 불가능한 상황에 직면했을 때 무인자동차가 옳은 결정을 내리게 하려면 어떤 식으로 프로그램을 짜야 할까? 예를 들어 아이들이 가득 탄 버스와 충돌하는 것을 피하기 위해 무인자동차가 탑승자의 목숨을 희생하면서까지 방향을 틀어 절벽으로 돌진하게 만들 수 있을까?

거리에서 구글 무인자동차를 처음 보고 복잡한 감정에 휩싸였다는 사실 자체가 나는 매우 당혹스러웠다. 나중에야 그것이 최첨단 기술이 사람들 마음속에 일으키는 강력한 파동에 저항하는 감정임을 깨달았다. 우리 사회는 더 나은 효율과 즉각적 만족을 추구함으로써 더 복잡한 네트워크와 접근성, 다양한 미디어의 동시다발적 스트리밍이 보편화됐다. 하지만 그로 인해 실직과 인지 부족, 사회 부적응, 고립, 주의 산만, 정보의 홍수와 감정 과잉 등의 현상이 발생했다.

과거에 첨단 기술은 일부 기업과 최첨단 전자 제품으로 대변되는 '비밀스러운 비즈니스'였다. 하지만 이후로 첨단 기술은 천천히 인간의 삶 구석구석까지 침투하기 시작해 오늘날 그 속도가 정면으로 돌진해오는 기관차만큼 빨라졌다. 이제는 기술이 모든 것을 정복해나가고 있다. 우리 삶의 모든 부분, 우리 사회의 모든 분야, 우리 일상의 모든 순간은 이제 기술이 지배한다. 갈수록 인간의 삶에 깊이 침투하는 데이터 네트워크와 이에 연결된 다양한 기기는 더 빠른 통신과 정보 처리를 가능하게 한다. 그 결과 생물학과 에너지, 언론과 정치, 먹거리, 교통수단에 이르기까지 전에 없던 패러다임의 전환이 일어나 우리 미래를 새롭게 창조하고 있다. 당연히 우리 인간은 불안할 수밖에 없다. 그리고 불안해야 옳다. 첨단 기술이 일부 선택받은 소수에게만 혜택을 몰아준다면, 결국 그로 인한 피해는 대다수 대중과 우리 환경이 고스란히 받게 될 것이기 때문이다. 우리 모두는 자신의 삶을 자신의 의지대로 이끌고 싶어 한다. 그러려면 첨단 기술에 대한 일정 수준의 통제가 필요하다.

이런 불안한 감정을 가장 잘 보여주는 사례가 바로 구글 무인 자동차다. 우리는 더 나은 미래를 원하지만, 다른 한편으로는 통제력을 상실할까 봐 두려워한다. 더 발전된 기술로 인해 인간의 정체성이 약화되고, 무엇보다 자유를 상실할까 봐 겁을 낸다. 첨단 기술을 받아들이는 대신 무엇을 희생해야 할까? 우리 삶을 바꿀 위대한 기술 혁신이 그만큼의 희생을 치르면서까지 받아들여야 할 가치가 있는지를 어떻게 판단할 수 있을까?

해커와 첨단 기술 마니아들이 가장 좋아하는 유명한 공상과학소설가 윌리엄 깁슨William Gibson은 1999년 라디오 방송 NPR과의 인터뷰에서 이런 말을 했다(그는 전에도 비슷한 말을 했다).

"미래는 이미 와 있습니다. 단지 모든 사람에게 골고루 혜택이 돌아가지 않을 뿐이죠."[1]

물론 지금은 특정 첨단 기술을 골고루 확산할지, 아니면 금지할지에 대한 의사 결정에 극빈층도 참여할 여지가 있다. 하지만 거의 20년이 지난 이 시점에도 깁슨의 시각은 여전히 유효한 게 현실이다.

나는 미래에 대해 고민하고 그 내용을 사람들과 나누는 것으로 먹고산다. 고맙게도 그 덕분에 대다수 사람에게는 미래로 느껴지는 삶을 살고 있다. 예를 들어 내 차는 테슬라 모델S 전기자동차다. 집은 스탠퍼드대학교와 가까운 멘로파크에 있는데, 이른바 패시브 하우스passive house다. 패시브 하우스는 전력망에서 전기를 끌어다 쓰지 않으며, 첨단 공법을 이용해 에너지 낭비를 최소화한 주택이다. 내 아이폰에는 센서가 달려 있어 지구 어느 곳에서든 아이폰을 가슴에 가져다 대면 주치의에게 상세한 심전도 데이터가 전송된다(나는 원래 심장이 약한 편이다. 심장마비로 목숨이 위험했던 적도 있다. 그런데 지금은 의사의 진단을 받으려고 몇 시간을 허비하던 게 단 몇 초로 줄어들면서 삶이 훨씬 편해졌다. 산으로 하이킹을 가거나 세계를 돌며 강연할 때도 한결 안심이 된다).

인공지능이나 합성생물학 같은 혁신 기술에 대해 나와 논의를 주고받는 다수의 사업가와 연구자는 지금 놀랄 만한 속도로 더 나은 미래를 주도하고 있다. 한 연구팀은 의사가 병을 진단할 때 촉각 정보를 제공하는, 모든 기능이 갖춰진 수술용 장갑 시제품을 단 3주 만에 개발했다. 또 다른 연구팀이 개발한 시각화 소프트웨어는 기성품 드론을 이용해 찍은 동영상 이미지로 농부에게 작물의 건강 상태를 알려주는데, 개발 기간은 고작 4주밖에 걸리지 않았다.

이처럼 미래는 더 이상 멀리 있지 않다. 하지만 신기술의 위험을 예측·방지하고, 그 혜택을 사회에 골고루 나눠주며 사람들이 이해하고 받아들이도록 이끌어야 할 기관들이 너무나 빠른 기술 발전 속도에 뒤처지면서 변화의 파도 속에서 허우적대고 있는 상황이다.

패러다임의 전환과 그로 인한 거대 파급효과는 우리가 아무런 조치도 취하지 않는다면 삶의 방식은 물론이고 인간의 수명, 심지어 인간이라는 존재의 본질까지 바꿔놓을 수 있다. 내가 말하는 미래의 삶이 허황되게 들리는가? 장담컨대 10년 이내에 우리는 지금 우리가 사는 삶을 두고 너무나 원시적이라며 비웃을 것이다. 지금의 과학자들은 인류 역사가 시작된 이래 가장 대규모로 우리 삶을 바꿔놓을 수 있는 수단을 갖고 있기 때문이다. 그리고 인류 역사상 여러 다른 거대한 변화(불의 사용부터 농업의 부상, 항해용 선박의 발전, 내연기관과 컴퓨터의 발명 등)와 마찬가지로 지금 우리가 맞이할 변화는 기술의 급격한 발전에서 비롯된 것이다. 다만 이번 변화는 그 규모가 더 큰데도 속도는 훨씬 빠르다. 이 시기를 살아가는 사람들에게 더 큰 스트레스를 줄 것이다. 특히나 첨단 기술로 인한 변화를 이해하지 못하는 이들에게 이 세상과 인간의 삶은 갈수록 통제 불능 상태에 빠져드는 것처럼 보일 수밖에 없다.

나는 이 책에서 당신을 미래로 안내한다. 기하급수적 속도로 발전하는 여러 신기술에 관해 설명하고, 그런 신기술에 의해 가능해질 미래 모습을 보여줄 것이다. 당신은 내가 이 대단한 가능성에 대해 매우 흥분하는 동시에 그로 인한 잠재적 위험을 크게 우려하고 있음을 알게 될 것이다.

우리는 결국 두 가지 가능한 미래 중 하나를 선택하게 된다. 하나는 〈스타트렉〉에 등장하는 유토피아 같은 미래, 즉 우리의 욕구와 필요가 모두 충족되는 사회다. 이런 미래에서 인간은 더 풍부한 지식과 더 발전된 인류의 삶을 추구한다. 다른 하나는 〈매드맥스〉에 등장하는 디스토피아, 즉 인류가 스스로를 파괴하는 아주 두렵고 생소한 미래다.

이들은 둘 다 할리우드가 만들어낸 공상과학의 세계지만, 어느 쪽이든 실현될 가능성은 높다. 우리는 트라이코더(휴대용 의료 진단 기기)와 음식 복제기, 놀라운 이동 수단과 보편적 인간 복지가 가능하고 음식과 물, 에너지가 넘쳐나는 미래를 만들기에 충분한 기술을 확보하고 있다. 하지만 이와 반대로 일자리 부족으로 인한 경기 불황, 모든 사생활의 종말, 개인 정보 보호를 무시하는 의료 기록 데이터, 우생학, 경제 불평등 등이 가속화되는 사회로 진입할 수 있는 기술도 가지고 있다. 그리고 이런 디스토피아적 미래는 조지 오웰이 상상했던 것처럼 불안정하고 심지어 폭력적이기까지 해서 우리가 그토록 염원했던 첨단 기술에 기반을 둔 인류 발전 자체를 아예 헛수고로 만들 수도 있다.

실제로 유럽은 그 길을 밟은 적이 있다. 로마제국 멸망 이후 인류는 암흑시대로 접어들었다. 그리고 그 기간 동안 로마인들이 시행착오를 겪으며 힘들게 얻은 소중한 지식과 기술은 지상에서 모두 사라져버렸다. 이처럼 단 한 번의 격변으로도 인류의 위대한 문명은 다시 먼 과거로 후퇴할 수 있다.

어떤 미래에서 살게 될지는 결국 우리 선택에 달렸다. 기술은 당연히 격동을 불러올 것이며, 수많은 산업과 일자리를 없애버릴 것이다. 그리고 이런 변화는 인간의 삶을 더 좋게 하거나, 더 나쁘게도 만들 것이다. 하지만 우리는 〈스타트렉〉의 미래에 도달할 수 있다. 그러려면 향후 신기술이 창조할 경제적 혜택을 공평하게 나눠야 하고, 신기술의 부정적 영향력을 약화시켜야 한다. 또 신기술이 잠재적 위험보다 혜택을 더 많이 가져오게 해야 하며, 기술에 의존하기보다는 기술 덕분에 더 많은 자율성을 누릴 수 있어야 한다.

앞으로 살펴보겠지만 이건 흑과 백으로 나눌 수 있는 사안이 아니다. 동전의 양면처럼 동일한 기술을 좋은 일에 쓸 수도, 반대로 나쁜 일에 쓸 수도 있다. 어느 쪽으로 쓸지는 결국 우리 모두의 선택에 달렸다. 신기술을 어디까지 허용할지 선을 긋는 것은 결국 우리 모두의 책임이다. 이 책을 다 읽고 나면 내가 낙관주의자라는 사실을 알게 될 것이다. 나는 우리 모두가 학습하고, 진화하고, 서로 합심해 위대한 것을 이룰 수 있다고 진심으로 믿는다.

자, 준비가 됐다면 이제 미래로의 여행을 시작해보자.

"새로운 시대로의 전환에는 고통과 갈등, 실수가 뒤따른다.
하지만 사람들이 미래를 받아들이고 변화해갈 때,
적어도 미래에 대해 더 많은 지식을 얻고
그를 토대로 더 나은 결론을 내릴 때,
인류는 성공적으로 새 시대에 진입할 수 있다."

Part I

당신은 미래를 선택할
준비가 됐는가?

Chapter 1

희망과 두려움이 공존하는 우리의 미래

새로운 시대로의 전환에는 고통과 갈등, 실수가 뒤따르지만 사람들이 미래를 받아들이고 이해함으로써 선한 의지로 올바른 선택을 한다면 인류는 성공적으로 새 시대로 진입할 수 있다.

2016년 미국 대선 캠페인은 모두를 화나게 만들었다. 진보주의자 버니 샌더스의 지지자들은 도널드 트럼프를 인종차별주의자라며 비난했고, 힐러리 클린턴에 대해서는 자본에 매수된 기성 정치 시스템에서 가장 이득을 본다며 분개했다. 한편 보수주의자 도널드 트럼프의 지지자들은 갈수록 쇠퇴해가는 미국 상황에도 불구하고 진보와 보수 가릴 것 없이 모든 정치인이 지키지 못할 공약만 남발하는 것에 분노했다. 마지막으로 힐러리 클린턴 지지자들은 성희롱을 비롯해 도를 넘는 트럼프 후보의 선정적 유세 활동을 주류 언론이 제대로 비판하지 못한다며 화를 참지 못했다.

기득권 체계에 대한 분노는 영국에서도 똑같이 목격됐다. 런던 부유층을 제외한 외곽 지역에 거주하는 영국인들이 영국의 유럽연합 탈퇴에 찬성표를 던진 것이다. 독일에서는 극단적인 반이민·반난민 정책을 주장하는 우익 정당이 의회 내에서 의석을 차지하는 데 성공했다. 그 밖에 여러 선진국에서도 갈수록 심해지는 소득 양극화로 인한 박탈감 때문에 시민들의 분노가 걷잡을 수 없이 커져가고 있다. 미국은 실질소득이 수십 년째 감소하고 있다. 그런데도 월스트리트의 화려한 빌딩 숲에서 근무하는 금융 전문가들 그리고 애플이나 구글처럼 지붕이 낮고 납작한 건물이 모여 있는 거대한 캠퍼스에서 근무하는 첨단 기술 전문가들은 여전히 특권층으로서 막대한 경제적 이득을 누리고 있다.

나는 이런 모든 분노의 근원에는 마이크로칩과 컴퓨터가 인간의 일상을 파고든 이후로 생겨난 무기력감이 자리한다고 본다. 처음에 사람들은 컴퓨터를 보며 경탄했다. 스프레드시트, 문서 작성 소프트웨어, 심지어 오락실에서나 볼 수 있었던 게임이 거실에 놓인 작고 네모난 기계에서 모두 작동되다니 얼마나 대단한가!

이후로 첨단 기술은 우리 삶에 점점 깊이 스며들었다. 이메일은 손편지를 대체했다. 미래 세대는 평생 단 한 통의 편지도 손으로 쓸 일이 없을 것이다. 소셜 네트워크는 이전에 잊고 지내던 인간관계를 다시 연결했고, 빠르게 소식을 전달해준다. 자동차 앞 좌석 서랍에 들어 있던 지도는 이제 스마트폰 속으로 들어갔다. 그 결과 사람들의 방향감각도 컴퓨터가 제공하는 상세하고 정확한 위치 정보 시스템으로 대체됐다. 그 덕분에 나와 내 친구들은 파티나 레스토랑에 가려고 약도를 인쇄한 것이 마지막으로 언제였는지조차 기억하지 못한다.

새로운 기계 시스템은 갈수록 영리해지면서 점차 인간의 활동을 대신하기 시작했다. 고객 상담원은 복잡한 메뉴 구조를 지닌 전화 자동 응답 시스템으로 대체됐다. 공장에는 더 많은 로봇이 도입되면서 단순 노동이나 저숙련 노동을 하는 노동자의 수가 점점 줄어들고 있다. 그런데도 오히려 효율성은 증가하고 생산비는 감소했다. 게다가 이런 현상은 미국만이 아닌 중국을 비롯한 저임금 국가에서도 똑같이 벌어지고 있다. 로봇은 상하이에서든 슈투트가르트에서든 시카고에서든 작동 비용이 똑같기 때문이다.

또 컴퓨터가 인간 삶에 들어온 시절부터 우리 사회는 경기 침체 상태로 접어들었다. 중산층의 임금은 계속해서 감소한 것으로 보인다. 베이비 붐 세대의 미래에 대한 장밋빛 기대는 공업 중심지의 몰락과 함께 암울한 전망으로 바뀌었다. 심지어 호경기와 불경기가 반복되기 마련인 경기순환 현상마저 갈수록 사람들의 삶을 힘들게 한다. 예를 들어 1990년대와 2000년대 초반에 미국은 이른바 고용 창출이 없는 경기 회복기를 경험했다. 이 시기를 거치는 동안 경제는 크게 성장했지만 고용률과 임금 수준은 과거의 평균치와 비교할 때 거의 증가하지 않았다.

부모 세대보다 더 잘살 수 있다는 희망을 잃은 미국의 젊은 세대 사이에는 미래에 대한 두려움이 서서히 퍼지고 있다. 반면 컴퓨터와 시스템은 엄청난 속도로 발전하면서 점점 더 빨라지고, 더 작아지고, 더 저렴해지는 추세다. 컴퓨터 알고리즘이 변호사를 대체하는 시대가 다가왔고, 이제 인간은 컴퓨터가 언젠가는 어떤 식으로든 우리 직업을 빼앗아갈 거라며 두려움에 떤다. 그리고 실제로 그런 날이 다가오고 있다.

소득 불평등이 심화하면서 경제 격차는 더 크게 벌어졌고, 그 결과 임금과 자산의 증가에 따른 경제적 이득의 대부분이 세계 상위 5% 계층에 돌아갔다. 특히 상위 1%는 가장 많은 열매를 독식하면서 자신들이 사회에서 차지하는 비중을 훨씬 뛰어넘는 수준의 부를 손에 넣었다.

그렇다고 오늘날 미국인들이 40년 전보다 물질적으로 더 풍요롭지 못한 건 아니다. 오히려 지금 미국인들은 과거보다 더 많은 자동차를 소유하고, 더 넓은 집에서 살며, 더 싸고 맛있는 음식을 즐긴다. 이제 슈퍼컴퓨터(애플 아이폰이나 최신 안드로이드 스마트폰)는 그 크기가 더욱 작아져서 바지 뒷주머니에 쏙 들어갈 정도다. 하지만 우리는 절대적 기준에서 부의 증가에는 관심이 없다. 그보다는 남들과 비교해서 상대적으로 내가 얼마나 부자인지가 더 중요하다. 그리고 부의 상대적 관점에서 보면 미래를 암울한 디스토피아로 바라보는 시각은 설득력이 있고, 심지어 당연한 결론처럼 느껴진다. 이런 암울한 미래를 만든 장본인은 다름 아닌 스마트한 기계이다. 정치가들이 우리에게 실망만 안겨주는 이유는 그들이 과거의 좋은 시절로 시간을 되돌릴 수 없기 때문이다(사실 과거의 좋은 시절에 인간은 더 가난했고, 더 위험했으며, 더 빨리 죽었지만 말이다). 금융기관을 비롯한 거대 기업은 인간을 장기판의 말처럼 마구 다룬다.

결론적으로 영혼이 없는 첨단 기술이 우리 인간의 직업과 자긍심을 앗아가고 있다. 다만 우리는 어느 정도 이런 상황을 통제하거나 영향력을 행사할 수 있다. 미국 하원의 온라인 저작권 침해 금지법과 지적재산권 보호법에 격렬하게 항의하며 미국 대중이 하원에 이메일 폭탄을 보낸 사례를 대표적으로 들 수 있다.[1] 두 법안의 목적은 온라인에서 음악과 영화의 공유를 어렵게 만드는 것이었다. 그러자 수백만의 일반 시민이 하원에 항의성 이메일을 보내고 항의 전화를 하는 캠페인을 전개했다. 그 결과 미국 엔터테인먼트업계가 수백만 달러의 로비 자금을 뿌렸음에도 의원들은 찬성표 대신에 반대표를 던졌다.

반면에 첨단 기술을 지나치게 배척하는 방향으로 치달았다가는 오히려 어리석은 신기술 반대로 이어질 수도 있다. 샌프란시스코 시내를 다니는 구글 버스를 향해 오물을 던지며 항의하던 시위대는 돈 많은 첨단 기술 종사자들이 아름다운 만灣의 도시 샌프란시스코를 장악하려 든다며 우려의 목소리를 냈다. 하지만 시위대가 내세운 논리는 대단히 취약했다. 실제로는 구글이 운영하는 사설 버스 덕분에 샌프란시스코 도심의 차량 수가 감소했다. 그럼으로써 공해가 줄고 교통 체증이 완화되면서 지구온난화 방지에도 이바지했다. 게다가 구글 버스에 오물을 던지는 정도로는 샌프란시스코의 치솟은 주거비를 예전의 적정한 수준으로 낮출 수도 없다.

2016년 미국 대선 캠페인은 전국적인 규모라는 점만 다를 뿐 성격 면에서는 구글 버스에 대한 시위와 다를 게 없었다. 대부분 백인과 연령대 높은 유권자들로 구성된 도널드 트럼프 지지층은 스마트폰이 보편화되기 전의 시대, 즉 삶이 안정되고 수입이 계속 증가하던 시대로 시간을 되돌리고 싶어 했다. 더욱 진보적이지만 여전히 백인이 다수인(트럼프 지지층과 세대 차가 많긴 했다) 버니 샌더스 지지층은 시간을 되돌려 거대 기업이 아닌 시민이 정부를 통제하던 시대로 되돌아가고 싶어 했다. 우리는 프랑스 파리의 과격한 시위를 비롯해 세계 곳곳에서 우버 택시 기사를 대상으로 한 시위를 목격했다. 그런데 만약 우버 택시가 운전기사 없이 무인 주행을 한다면, 항의의 대상이 인간이 아닌 기계로 향한다면 시위는 어떤 모습을 띠게 될까?

이처럼 우리의 불만은 우리에게 상상할 수 없을 정도의 편리함과 자유를 제공해줄 거라 믿었던 기술과 첨단 시스템으로 향할 수도 있다. 동시에 앞에서도 말한 것처럼 인류에게 희망을 가져다줄 거라고 믿었던 신기술이 오히려 인류를 패망으로 이끌 수도 있다. 인공지능, 이른바 AI(Artificial Intelligence)는 현대 컴퓨터 기술에서 가장 중요한 혁신이며 인간이 만든 가장 위험한 기술이기도 하다. 인류는 과거에도 한 시대에서 다음 시대로 넘어가는 어려운 시기를 잘 헤쳐나간 적이 여러 차례 있다. 물론 새로운 시대로의 전환에는 고통과 갈등, 실수가 뒤따른다. 하지만 대체로 사람들이 미래를 받아들이고 변화해갈 때, 적어도 미래에 대해 더 많은 지식을 얻고 그를 토대로 더 나은 결론을 내릴 때 인류는 성공적으로 새 시대로 진입할 수 있다.

이제 우리는 많은 사람이 좀 더 올바른 선택을 하게 함으로써 더 나은 미래를 창조하고 필연적으로 따라올 사회적 격변과 혼란을 슬기롭게 대처할 방법을 찾아야 한다. 그것이 바로 우리 인류가 현재 직면한 도전이다.

롤러코스터처럼 아찔한
새로운 패러다임의 등장

기하급수적 기술 발전 속에서 나는 롤러코스터에 올라탄 것 같은 아찔함을 느낀다. 그런데 롤러코스터는 이제 막 출발했다. 가장 큰 쾌감과 가장 큰 두려움이 아직 남아 있다.

런던 히스로 공항 활주로에는 항공기 마니아들이 좋아하는 늘씬한 콩코드 비행기가 서 있다. 콩코드는 여객기 최초의 초음속 비행기다. 투자은행가나 거물 사업가들은 뉴욕에서 런던까지 단 세 시간 만에 도달할 수 있는 환상적 비행에 열광했다. 그렇게 콩코드는 과거에는 물론이고, 역설적으로 지금까지도 항공기의 미래상으로 남아 있다.

하지만 안타깝게도 지금 모든 콩코드 비행기는 지상에 묶여 있다. 운항 비용이 너무 많이 들고, 유지할수록 손해이기 때문이다. 음속으로 비행할 때 나는 거대한 소음은 지역사회의 공분을 자아냈다. 게다가 콩코드는 아주 멋지고 호화로운 기체를 지녔지만, 한편으로는 지나치게 손이 많이 갔다. 무엇보다 대다수 대중에게는 너무 비쌌고, 이용객을 늘릴 만한 뾰족한 방법도 없었다. 일론 머스크Elon Musk가 테슬라를 개발하면서 천재성을 드러낸 것도 이 부분이다. 실제로 머스크의 고급 전기자동차 회사는 빠른 속도로 일반 대중을 상대로 한 대량 소비시장에 진입 중이다. 반면 콩코드 비행기는 미래의 파괴적 혁신이 될 수 있는 여러 가지 조건을 충족하지 못했다. 그리고 그 조건은 지금도 여전히 채워지지 않았다. 물론 아직도 음속 여객기에 대한 도전은 지속되고 있다. 그리고 그중에는 하이퍼루프 초고속 열차 프로젝트를 추진 중인 일론 머스크도 포함돼 있다.

우버와 에디슨리의 결정적 차이

런던에서 또 다른 사례를 하나 더 살펴보자. 1990년에 '애디슨리Addison Lee'라는 차량 서비스가 출범했다. 애디슨리의 목적은 성장이 정체된 택시 시장에서 상당한 점유율을 차지하는 것이었다. 이 서비스를 이용하면 승객은 문자메시지로 택시를 부를 수 있었다. 그러면 런던 시내 어디에 있든 소프트웨어가 운영하는 중앙 배차 시스템이 승객에게 택시를 보내주는 방식이었다.[1] 벌써 눈치챘겠지만, 우버와 동일한 사업 모델이다. 다만 애디슨리 서비스는 오로지 런던에서만 가능했다. 애디슨리 경영진은 다른 도시로 확장하겠다는 생각을 전혀 하지 않았다.

최근 소식에 따르면, 애디슨리는 사모펀드 회사인 칼라일 그

룸에 약 3억 파운드에 매각됐다.[2] 한편 2016년 말, 우버의 기업 가치는 700억 달러에 이르렀다.[3] 조만간 1,000억 달러에 이를 거라는 전망도 있는데 그 정도면 애디슨리 기업 가치의 300배에 달한다. 우버의 기업 가치가 그렇게 높은 이유는 우버 앱을 이용해 전 세계 수백 개 도시에서 택시를 호출할 수 있기 때문이다. 그런 뒤 동일한 신용카드로 요금을 결제할 수 있다. 게다가 서비스 품질도 믿고 안심할 수 있다. 이처럼 우버는 사업 첫날부터 전 세계로 확장하겠다는 야심이 있었다. 반면 애디슨리는 동일한 사업 모델이 있었지만 세계로 진출하려는 뜻이 없었다.

우버의 야심은 이제 자동차를 넘어서고 있다. 우버 직원들은 자신들이 보유한 플랫폼의 다양한 활용 방식을 심사숙고했다. 그런 후 그 플랫폼을 그저 우버 택시를 호출하는 앱이 아닌 판매자와 소비자를 하나로 연결해주는 일종의 마켓플레이스로 인식했다. 실제로 우버의 마켓플레이스 개념을 테스트하기 위한 시도는 곳곳에서 드러난다. 가장 간단한 것을 예로 들면, 우버를 이용해 아이스크림 판매 트럭이나 파티용 밴드를 부를 수 있다. 심지어 간호사를 '우버해서' 전 직원에게 백신을 접종하는 아주 흥미로운 서비스도 있다.

우버의 최고 경영자 트래비스 칼라닉Travis Kalanick은 자율주행 자동차가 보편화되면 굳이 개인이 차량을 소유할 필요가 없을 것이라고 공공연하게 주장한다.[4] 만약 이게 현실이 되면, 지금 우버 기사로 일하는 사람들은 어떻게 될지에 대해서는 명확한 답이 없다.

급격한 도약을 위한 조건들

그렇다면 특정 시장이나 서비스 분야에서 미래로의 급속한 도약을 가능하게 하는 조건은 무엇일까? 산업 분야에 따라 다르 겠지만, 급격한 시장 혁신에는 몇 가지 기본 전조가 있다. 우선, 겉으로 드러나든 드러나지 않든 '현 상태에 대한 광범위한 불만'이다. 많은 사람들이 택시 산업에 비호의적이다(이건 택시 기사 개인을 좋아하는 것과는 다르다). 그리고 상당수는 도심과 도심 주변 에서 자동차를 모는 걸 그다지 좋아하지 않는다.

교육 시스템에 불만을 가진 사람도 있다. 의료 분야 역시 의사 개인을 좋아할 수는 있어도 의료 시스템 자체가 제대로 작동하 고 있다고 믿는 사람은 거의 없다. 특히 의료사고로 인한 사망자 통계치(현재 미국에서는 세 번째 사망 원인이다)는 이 같은 우리의 시 각이 옳다는 것을 증명한다. 애플이나 벤 앤드 제리 아이스크림 에 열광하는 사람은 있어도 전기 회사나 이동통신사, 케이블TV 회사를 좋아하는 사람은 아무도 없다. 사람들이 싫어하는 이런 모든 기관이나 회사, 산업 분야 이면에는 과도한 규제와(종종 정 부의 승인에 의한) 독점에 준하는 사업권, 희소한 자원의 독점적 소 유(주파수, 정부가 주는 면허나 허가증 등) 그리고 특수한 정치적 이해 관계가 자리하고 있다.

이런 불만은 시장 혁신의 구조적 필수 조건이다. 그 외에 기술 적 필수 조건도 있다. 오늘날 우리가 직면한 모든 거대한(감히 말 하자면 파괴적인) 변화의 시작과 필연성은 '무어의 법칙Moore's law'에서 비롯됐다. 마이크로칩의 성능이 18개월마다 두 배씩 기하급수적으로 늘어난다는 이 법칙은 지금도 자주 회자된다. 당신이 손에 쥔 아이폰이나 안드로이드 스마트폰이 수십 년 전 슈퍼컴퓨터보다 훨씬 빠르고, 나사NASA가 사람을 달에 보낸 아폴로 프로젝트 때 사용했던 컴퓨터보다 성능이 훨씬 강력한 이유도 무어의 법칙으로 설명할 수 있다.

신기술에 의한 사회의 전복적 혁신과 인간 삶의 커다란 변화는 사실 오래전부터 있었던 일이다. 농업 기술, 화약, 강철, 자동차, 증기기관, 내연기관, 비행기 등은 하나같이 인간이 살아가고 음식을 섭취하고 돈을 벌고 자원을 확보하기 위해 싸우는 방식에 거대한 전환을 가져왔다. 그리고 지금도 여전히 변화와 혁신의 속도를 기하급수적으로 증가시키고 있는 것은 다름 아닌 무어의 법칙이다.

컴퓨터 생산 비용의 급격한 감소는 우리가 이 책에서 논의하는 주요 분야(건강, 교통, 에너지, 음식, 보안과 사생활, 직업, 정부 등)의 전반에 걸쳐 극적 변화를 이끌어내고 있다. 그리고 이 같은 현상은 '센서sensor'에서도 나타난다. 비용이 갈수록 낮아지면서 이른바 사물인터넷IoT: Internet of Things이라 불리는 상호 연결 디바이스 웹과 물리적 세계 그리고 가상 세계를 연결하는 신개념 네트워크를 가능하게 만드는 근간으로 자리 잡게 된 것이다. 소프트웨어, 데이터 연결성, 휴대용 컴퓨팅이 어우러진, 이른바 첨단 기술의 세 요소Technology Triad는 갈수록 인간 삶의 더 많은 측면을 파고들면서 혁신적 기술 변화를 가져온다.

이런 혁신적 전환이 가져온 또 다른 효과는 모든 단절된 아날로그적 활동을 상호 연결된 디지털 네트워크 활동으로 전환할 수 있다는 점이다. 여기에는 과거에 로봇이나 컴퓨터가 절대 처리할 수 없다고 여겨진 활동들도 포함된다. 한마디로 로봇은 갈수록 인간의 모습을 닮아가면서 더 많은 인간 활동을 대신할 것이다.

우리 삶은 '수확 가속의 법칙' 안에 들어왔다

인공지능 전문가 중 상당수는 수십 년 내에 이런 고난도 지능적 행위를 하는 기계가 등장할 것이라고 확신한다. 이런 확신이 없는 전문가들조차 미래에 대한 낙관적 전망으로 유명한 미래학자 레이 커즈와일Ray Kurzweil의 저서만큼은 자주 인용한다. 커즈와일은 『마음의 탄생How to Create a Mind』에서 이렇게 주장한다.

"정보 기술의 가장 기본적 측정 단위는 예측 가능한 기하급수적 궤적을 따라간다."[5]

그는 이 가설을 '수확 가속의 법칙The Law of Accelerating Returns'이라 부른다.[6] 우리는 이런 형태의 궤적 중 가장 널리 알려진 무어의 법칙에 대해 이미 살펴봤다. 하지만 우리가 살아 있는 동안에 등장할, 중요한 또 다른 기하급수적 궤적에 대해서는 잘 알지 못한다. 그 궤적은 다름 아닌 인터넷과 더불어 향후 사물인터넷에 의해 제공될 디지털 정보의 양이다. 커즈와일은 이 궤적을 인터넷에서 전송되는 초당 비트 단위로 측정한다. 그가 제시한 단위에 따르면(그 밖의 단위, 예를 들어 시스코 시스템이 제시한 단위로 따져도 비슷하다), 인터넷에서 넘쳐나는 정보의 양은 1.25년마다 약 두 배씩 증가한다.[7] 우리 인간은 이 모든 정보를 관리하지 못한다. 무엇부터 시작해야 할지조차 모른다. 오늘날 우리는 디지털 이전 시대에 수십 년, 수백 년에 걸쳐 만들어낸 것보다 더 많은 정보를 단 하루 만에 만들어낸다.

모두가 이해해야 할 중요한 결론은 정보처리 기술(다시 말해, 컴퓨터)이 모든 분야에 적용되면서 수확 가속의 법칙을 따르지 않는 기술이 없다는 것이다. 예를 들어보자. 오늘날 인간 게놈은 컴퓨터가 처리할 수 있는 비트 정보로 전환된다. 그 결과 유전공학은 이제 사실상 정보 기술이 됐고, 수확 가속의 법칙이 적용된다. 생물화학자이자 유전학자인 크레이그 벤터Craig Venter 박사가 이끌던 연구팀이 인간 게놈의 1%를 성공적으로 분석했다고 발표했을 때 그 연구를 의심의 눈초리로 보던 이들은 연구 속도가 너무 느리다며 비난했다. 반면 커즈와일은 벤터 박사 연구팀이 이미 절반 정도 연구를 마친 셈이라고 주장했다. 그러면서 수확 가속의 기하급수적 궤적에 따르면 0.01%에서 1%에 도달하는 속도와 1%에서 100%에 도달하는 속도가 똑같기 때문이라는 근거를 제시했다.

수확 가속의 법칙을 실생활 문제와 활동에 적용하는 건 예상보다 훨씬 쉽다. 많은 사람이 컴퓨터는 절대로 세계 최고의 체스 그랜드 마스터를 이길 수 없을 거라고 예상했다. 커즈와일은 컴퓨터가 총 10만 개에 이르는 체스의 수手를 몇 초 이내에 빠르고 반복적으로 수행해야 한다는 것을 계산을 통해 밝혀냈다. 컴퓨터는 그 한계점을 넘어서는 순간, 인간을 이길 수 있었다. 커즈와일은 무어의 법칙을 적용한 결과 1998년을 전후로 컴퓨터 처리 속도 궤적이 그 한계점을 넘어설 것으로 예측했다. 그리고 그 예측은 정확히 들어맞았다.

분명하게 말하자면, 이른바 일반 지능General Intelligence 면에서 컴퓨터가 인간보다 더 똑똑해지는 혁신은 체스에서 인간을 이기는 단순 활동과는 차원이 다른, 훨씬 어려운 일이다. 따라서 컴퓨터가 일반 인공지능을 넘어서서 슈퍼 인공지능에 도달하기까지 시간이 얼마나 걸릴지는 여전히 불확실하다.

다만 기술의 발전 속도가 또 다른 전환점을 맞이하고 있다는 데는 의심의 여지가 없다. 산업혁명은 거의 100년에 걸쳐 서서히 전개됐다. 개인 컴퓨터의 확산은 40년에 걸쳐 이뤄졌고, 전 세계를 기준으로 보면 아직도 진행 중이다. 그런데 스마트폰은 그 절반의 기간이면 전 세계로 확산될 것으로 예상된다(정확한지는 모르겠지만, 선진국에서는 태블릿 컴퓨터가 스마트폰보다 더 빠른 속도로 확산됐다).

이미 경제학자들을 포함한 여러 학자들, 기업 경영자들, 비정부기구들은 스마트폰이 전 세계인의 삶을 바꿔놓았음을 공통적으로 인식하고 있다. 이유는 아주 당연하다. 1980년대 말만 하더라도 스마트폰은커녕 모든 휴대전화는 값비싼 사치품이었다. 오늘날에는 아프리카와 인도의 가난한 농부에게도 스마트폰은 시세를 확인하고 구매자나 운송업자와 통신하기 위한 흔한 도구에 불과하다. 스마트폰은 그들의 삶에 풍부한 정보를 제공해주는 통로가 됐다. 스마트폰은 과거 그들이 휴대전화를 이용해 먼 친척들과 연락을 주고받던 기능을 대체한 것은 물론, 이제는 한 발 더 나아가 멀리 떨어져 있는 의사에게 의료 자문을 받고, 시장에 가기 전에 주변 지역 시세를 확인하고, 친구에게 돈을 보낼 때도 사용된다. 케냐에서는 엠페사M-Pesa 네트워크가 휴대전화를 이용해 오래된 은행 시스템을 탈피한 완벽에 가까운 송금·결제 시스템을 만들어냈다. 그 덕분에 예전에는 오로지 물물교환을 통해서만 경제활동을 해온 수백만 케냐인들이 이 새로운 시스템을 이용할 수 있게 됐다.[8]

스마트폰 가격은 무어의 법칙에 따라 하향 곡선을 그리면서 급격히 낮아졌고, 그 덕분에 이제는 활기차게 발전 중이지만 여전히 빈곤한 아프리카의 대도시 라고스 같은 곳에서도 흔히 볼 수 있게 됐다. 피터 디아만디스Peter Diamandis는 저서 『어번던스Abundance: The Future Is Better Than You Think』에서 이런 첨단 디바이스가 20년 전 미국 대통령이 얻을 수 있었던 정보보다 더 많은 정보를 척박한 땅에 거주하는 마사이족에게 제공한다고 주장했다.[9] 그리고 오늘날, 이런 현상은 현실화되고 있다. 2017년 현재 통용되는 아이폰과 아이패드만큼 강력한 스마트폰과 태블릿 컴퓨터의 가격은 5년 이내에 30달러 미만으로 떨어질 것이다. 그러면 최빈국 극빈층의 손에도 네트워크로 연결된 슈퍼컴퓨터를 쥐어줄 수 있게 된다. 2023년에는 스마트폰이 우리 뇌보다 더 강력한 정보처리 능력을 지니게 된다. 2023년, 이건 절대 오타가 아니다. 컴퓨터 발전 속도를 고려하면 아이폰 11이나 12 시리즈 정도면 우리 뇌보다 더 강력한 정보처리 능력을 지닐 것이다[스마트폰이 우리 뇌를 대체한다는 말은 아니다. 현존하는 반도체와 소프트웨어 중에서 튜링 테스트(사람을 상대로 컴퓨터가 사람인 척 속일 수 있는지를 시험하는 것)를 통과한 경우는 없다. 심지어 언어와 논리, 길 찾기, 간단한 문제 해결처럼 인간이라면 당연히 익힐 수 있는 복합 능력조차 아직 수행하지 못한다. 로봇은 자동차 운전은 능숙하게 잘할지 몰라도 그보다 훨씬 단순한 임무는 수행하지 못한다. 빨래바구니에 담긴 빨래를 개는 것 같은 극히 단순한 임무는 불가능한 것이다. 표면 형태가 지속적으로 변하는 빨래의 특성을 인간은 너무나 자연스럽게 인식하지만, 로봇은 그러지 못하기 때문이다].

컴퓨터 처리 능력은 갈수록 빨라지면서 결국에는 무한대로 발전한다. 더 싸고 더 빠른 마이크로칩은 더 저렴한 가격으로 더 빠른 컴퓨터 처리 능력을 제공한다. 그러면 훨씬 진화한 연구 수단이 제공되고, 생산 기술도 발전한다. 그 결과 컴퓨터 발전 속도는 다시 더욱 빨라진다. 그런데 앞서 언급한 것처럼 오늘날 무어의 법칙은 스마트폰과 컴퓨터뿐 아니라 모든 것에 적용된다. 역사적으로 변화는 늘 있었고, 그렇기에 변화야말로 이 세상에서 유일하게 변하지 않는 것이다. 하지만 인류는 지금과 같은 변화를 결코 겪어본 적이 없다. 이렇게 빠른 속도로 다방면에 걸쳐 변화한 적은 없었다. 이제 에너지 자원은 재생에너지로 옮겨가고 있다. 건강 관리는 디지털 의료 기록과 맞춤형 의약품으로 변화하고 있다. 금융에서는 블록체인 분산형 장부 시스템Blockchain Distributed Ledger System이라는 기술이 등장해 금융 시스템의 낙후되고 불투명한 거래 관행을 위협하고 있다(블록체인은 조작이 거의 불가능한 디지털 장부이기 때문에 디지털화된 정보는 무엇이든 기록할 수 있다. 여기에는 출생증명서, 사망증명서, 혼인증명서, 소유권 증서나 권리증, 학위, 의료기록서, 계약서, 투표 용지 등이 포함된다. 블록체인을 이용한 사례 중 하나가 바로 비트코인이다).

무어의 법칙 이후 등장할 새로운 패러다임

무어의 법칙이 탄생한 지 이미 50년이 지났지만 지금 시점에서 주목해야 할 점은 이제 트랜지스터의 크기를 줄이는 건 한계에 부딪혔다는 것이다. 결국 어떤 것도 원자보다 더 작아질 수는 없다. 하지만 인텔과 IBM 모두 향후 5년에서 10년 정도는 여전히 무어의 법칙에 맞게 목표를 달성할 수 있다고 밝혔다. 그렇다면 2020년대 초반이면 우리가 사용하는 노트북 컴퓨터에 탑재된 실리콘 기반의 마이크로칩은 능력 면에서 인간의 뇌와 거의 맞먹게 된다. 하지만 그 후로 무어의 법칙은 더 이상 통용되지 않을 것이다.

그렇다면 무어의 법칙이 사라진 후에는 어떤 일이 벌어질까? 레이 커즈와일의 설명에 따르면 무어의 법칙은 컴퓨팅의 모든 것을 설명하는 이론이 아니다. 따라서 인텔과 IBM이 실리콘을 활용해 무슨 일을 벌이든 컴퓨팅 기술은 계속 발전할 것이다. 실제로 무어의 법칙은 컴퓨팅 분야의 5대 패러다임 전환 중 하나

였을 뿐이다. 다시 말해 전기기계, 전자소자, 진공관, 개별 반도체와 집적회로의 다섯 가지 패러다임 중 하나에만 적용됐을 뿐이다. 지구에서 진화가 시작된 이후로 기술은 기하급수적인 속도로 발전해왔고, 더불어 컴퓨팅 능력도 급격히 상승했다. 1890년 미국 인구조사에 사용된 기계식 계산기부터 나치의 이니그마 암호를 해독해낸 기계를 거쳐 미국 CBS의 진공관, 첫 우주선 발사에 쓰인 개별 반도체 기반의 컴퓨터와 최근의 집적회로 기반의 개인용 컴퓨터에 이르기까지 컴퓨팅 능력은 급격한 발전을 거듭해왔다.

기술의 발전 속도는 처음에는 무척 느린 것처럼 보이지만 이후로는 극적으로 빨라진다. 모든 신기술은 S자 곡선을 따라 발전한다. 즉, 초반에는 기하급수적 속도로 발전하면서 곡선이 급격히 상승하다가 기술의 한계점에 도달하면 완만해진다. 한 가지 기술이 한계에 도달하면 새로운 패러다임이 등장해 이를 대체한다. 지금껏 이런 현상은 계속되어왔고, 무어의 법칙 이후로 컴퓨팅 분야에서 새로운 패러다임의 등장을 예상하는 것도 이 때문이다.

실제로 컴퓨팅 분야에서 이미 새롭고 중대한 기술 발전이 목격된다. 예를 들어 그래픽 프로세서는 병렬 컴퓨팅 기술을 활용해 성능이 크게 향상됐다. 그리고 이 기술은 그래픽 성능뿐 아니라 인간 뇌 구조를 구성하는 신경망 네트워크에도 활용할 수 있다. 회로가 탑재된 계층을 겹겹으로 쌓아올릴 수 있는 3차원 마이크로칩도 개발 중이다. IBM은 미국 방위고등연구계획국DARPA

과 함께 인지 컴퓨팅 마이크로칩을 개발 중이다. 갈륨 비소나 탄소 나노튜브, 그래핀과 같은 신소재는 실리콘의 강력한 대체 물질로 떠오르고 있다.

흥미로우면서 두려운 기술도 있다. 바로 양자 컴퓨팅quantum computing이다. 현재 사용되는 컴퓨터가 정보를 0과 1로 처리하는 것과 달리 양자 컴퓨터는 퀀텀 비트, 다른 말로는 큐비트qubits로 정보를 처리한다. 그 말은 '중첩'과 '얽힘'이라는 양자 현상을 활용해 모든 가능성을 데이터로 변환할 수 있다는 의미다. 그러면 현존하는 컴퓨터로 처리하는 데 수천 년이 걸리는 데이터 처리도 양자 컴퓨터로는 단 몇 분이면 끝난다.

결론적으로 우리 삶을 바꾸고 있는 기술의 원동력인 컴퓨터 프로세서는 갈수록 빨라지고, 작아지고, 저렴해지고 있다. 새로운 S자 곡선을 처음으로 따라가는 과정에서 기술의 발전 속도가 일시적으로 늦춰지긴 하겠지만, 발전은 계속될 것이다. 이런 기술 발전 속에서 나는 롤러코스터에 올라탄 것 같은 아찔함을 느낀다. 기분이 좋아졌다가 나빠지고, 흥분했다가 실망하기를 반복한다. 가끔 두려움에 사로잡히기도 한다. 그런데 롤러코스터는 이제 막 출발했다. 가장 큰 쾌감과 가장 큰 두려움이 아직 남았다는 말이다.

그렇다면 우리는 과연 얼마나 준비되어 있는 걸까? 아니, 더 중요한 질문을 해보자. 급격한 기술 발전이 벌어질 미래 세상을 어떻게 조절하고 통제해야 인류에게 더 많은 영향력과 선택을 제공할 수 있을까?

Chapter 3

당신은 미래를 선택할 준비가 됐는가?

변화에 적응하는 것은 쉽지 않다. 하지만 우리는 미래에 떠밀리기보다 적극적
으로 자기 권리를 행사함으로써 직접 미래를 선택하고 방향을 설정해야 한다.

일자리가 사라져도 건강하고 생산적으로 살아가는 미래를 상
상해보라. 우리는 안락한 집에 살면서 가전 기기와 살림살이는
물론이고 필요한 음식까지 '프린트'할 수 있다. 외출할 때는 스
마트폰 앱으로 무인자동차를 문 앞까지 불러내 목적지까지 타
고 간다. 내가 말하는 이 시대는 에너지와 음식, 교육 혜택, 의료
서비스가 무한정 제공되고 우리에게 필요한 물질이 충족되는
사회다.

이런 미래 사회를 바라보는 또 다른 시각도 있다. 의사와 변호
사, 레스토랑 종업원, 회계사, 건설 노동자를 비롯해 상상할 수
있는 모든 일자리가 기계로 대체된 대량 실직 사회다. 이런 미래
사회에서는 원하는 곳에 가려면 자기 힘으로는 갈 수 없고 로봇

이 우리를 그곳으로 데려다줘야만 한다. 이제 기분 좋게 드라이브하는 재미는 사라졌다. 노동을 통해 생계를 유지하는 보람도 느끼지 못한다.

이처럼 일부는 미래의 변화를 긍정적으로 바라보고, 일부는 두려워한다. 위에 묘사한 내용은 가까운 미래의 모습이다.

미래에는 새로운 위협 요소가 많이 생길 것이다. 현재도 사생활이 줄어들고 있는 상황인데, 미래에는 아예 사생활이라는 게 없을지 모른다. 현재 우리가 사용하는 스마트폰처럼 무인자동차가 우리 행선지와 활동을 빠짐없이 기록할 것이기 때문이다. 일거수일투족이 데이터베이스에 모두 저장될 것이다. 우리는 해커가 자동차나 비행기, 헬리콥터, 또는 의료 기기를 해킹해서 정치인을 암살하거나 중상을 입히는 바람에 국제분쟁이 일어났다는 기사를 접하게 될 것이다. 미래에는 지금 같은 형태의 학교도 더 이상 존재하지 않는다. 집에서 디지털 교사와 공부하게 될 것이기 때문이다. 또 당신이나 주변 지인이 생체 데이터를 도난당하게 될 것이다. 유전자 정보나 지문, 성문Voice Print, 심지어 걸음걸이까지 도난당할 수 있다. 미래에는 인간과 기계가 하나의 개체로 합쳐질 것이다. 그 결과 어디까지가 인간이고, 어디부터가 기계인지 더 이상 구분하지 못하게 될 것이다.

하지만 똑같은 미래라도 긍정적 측면은 있다. 미래에는 당신의 의료 정보를 현재 주치의가 아는 것보다 1,000배나 더 많이 알게 될 것이고 그 모든 정보는 당신의 스마트폰으로 제공된다. 당신은 현재 기대수명보다 장수할 것이다. 의료 기술이 발전하면서 상당수 질병이 사라질 것이기 때문이다. 미래에는 전기료를 한 푼도 지불하지 않을 것이다. 집을 짓는 것도, 교체용 콩팥을 만드는 것도 3D 프린터만 있으면 가능하다.

당신의 손주는 가상의 아바타를 교사로 두고 훌륭한 교육을 받을 수 있다. 국가를 막론하고 전 세계 모든 아이가 평등하게 교육 혜택을 누리게 될 것이다. 미래에는 더 이상 빈곤이 없다. 모두가 맑은 물을 제공받는다. 석유를 둘러싸고 쟁탈전을 벌이지 않아도 된다. 교통신호도 사라진다. 로봇 자동차는 신호등이 필요하지 않기 때문이다. 당연히 주차위반 딱지와도 안녕이다.

가장 좋은 건 여유 시간을 훨씬 많이 갖게 된다는 점이다. 그 시간을 미술, 음악, 글쓰기, 운동, 요리 등 원하는 활동에 투자해도 되고, 아무것도 하지 않은 채 허송세월하며 보내도 된다.

혁신의 속도는 점점 더 빨라지고 있다

컴퓨팅 능력과 인터넷 발전에서 비롯된 초기 혁신은 우리가 지금껏 해오던 것들을 더 빨리 할 수 있게 만들었다. 우리는 엑셀과 워드프로세서, 전자우편, 휴대전화가 주는 혜택을 누렸다. 하지만 의료와 교육, 교통 및 노동 분야에서의 중대한 기술 혁신은 아직 실현되지 않았다. 그리고 인터넷 덕분에 더 많은 정보를 얻을 수 있게 됐지만, 그렇다고 우리의 지능까지 실제로 강화된 건 아니다. 일례로 카약닷컴(kayak.com)은 복잡한 항공 노선 검색 서비스를 제공지만, 특정 요구와 선호에 맞춘 최적의 항공 노선 제안 서비스는 아직 없다. 그 일을 맡기려면 여전히 시대에 뒤처진, 하지만 지금까지도 많은 사람이 찾는 영리한 여행사 직원에게 의존해야 한다(그렇다. 여행사 직원이라는 일자리는 아직 사라지지 않았다. 심지어 아주 잘하고 있다. 그게 다 맞춤형 전문 서비스를 원하는 돈 많은 상류층 관광객 덕분이다).

혁신의 속도는 갈수록 빨라지고 있다. 신기술이 보편화되기까지 걸리는 시간도 갈수록 단축되고 있다. AM 라디오 방송국이 처음 등장해 미국 전역으로 확산되는 데 거의 20년이 걸렸다. 비디오카메라도 대중화되기까지 20년 정도가 소요됐다. 가정용 PC도 비슷한 기간이 걸렸다. 하지만 신기술 확산 속도는 인터넷의 등장과 함께 가속화됐다.

유튜브의 경우를 살펴보자. 유튜브는 비디오카메라와 라디오만큼이나 중대한 패러다임의 전환을 가져왔다. 특히 텍스트와 정적 이미지 중심의 검색 방식을 더 역동적인 동영상 중심으로 바꿔놨다. 유튜브는 기존에 없던, 웹으로 동영상을 제공하는 새로운 시장을 창출했다. 그 결과 유튜브 동영상을 중심으로 한 동영상 전송 네트워크와 광고 네트워크는 물론, 유튜브 동영상 제작 전용 스튜디오 시스템까지 생겨났다. 유튜브는 새로운 일자리도 창출했다. 일부 유튜브 스타는 연간 수백만 달러에 이르는 수입을 올리고, 투어를 다니며 공연하기도 한다.

2005년 설립된 유튜브는 18개월 만에 대중에게 확산됐다. 유튜브의 놀랄 만큼 빠른 기술 혁신 속도는 디지털화가 가능한 다른 기술 분야에도 막대한 영향을 끼친다.

기존 기술 혁신에서는 중대한 요소가 결여되어 있었다. 지능적 통찰력을 제공하는 데 필요한 컴퓨터 처리 속도가 느렸고, 일상에서 소프트웨어와 하드웨어를 무리 없이 연동하는 방법도 없었다. 한마디로 속도가 빠른 컴퓨팅 자원이 희소했고 가격도 비쌌다. 무선 연결은 제한적인 데다 드물었다. 하드웨어는 사치품이었다. 하지만 이 모든 상황은 21세기가 되면서 바뀌었다.

2000년대 중반, 브로드밴드 인터넷(초고속 인터넷)의 등장은 데이터 교환과 통신에 대한 우리 시각을 바꿔놨다. 음성 통신은 빠른 속도로 흔하고 평범한 서비스가 됐다. 인터넷 초창기에 사람들은 속도가 느려터진 전화 접속 방식의 인터넷 서비스에 기꺼이 돈을 지불했고, 이메일은 당연히 함께 제공되는 서비스라고 인식했다.

반면 오늘날에는 미국 거의 모든 곳에서 브로드밴드 접속이 보편화되어 있다. 심지어 이제는 브로드밴드로도 만족하지 못한다. 약 5년 전 등장한 4G LTE 접속 방식이 활성화된 지금, 무선 네트워크를 이용한 3G 접속은 견디기 힘들 만큼 속도가 느리다. 심지어 4G LTE도 인구 밀집 지역에서는 너무나 느리게 느껴진다. 그렇기에 우리는 적절한 가격으로 초고속 인터넷을 제공하는 구글 파이버Google Fiber 서비스 이용이 가능한 미주리주 캔자스시티 같은 지역을 질투 어린 시선으로 바라본다.

머지않아 아주 빠른 속도로 언제 어디서나 데이터에 접속할 수 있는 기술이 등장할 것이다. 오늘날에도 물질적으로 풍요로운 곳에서는 와이파이가 늘 제공되며, 향후 와이파이 네트워크 속도도 훨씬 빨라질 것이다. 구글이 추진 중인 프로젝트 룬Project Loon(고도에 띄운 열기구를 활용한다) 같은 새로운 기술은 무선 네트워크 장비가 장착된 수많은 열기구 풍선이 제트기류를 타고 지구를 둘러싸면서 지구 전역이 빠른 네트워크로 연결되도록 할 수 있다. 그리고 이런 기술이 실현되면 아직도 브로드밴드 혜택을 받지 못하는 아프리카와 라틴아메리카, 아시아 지역의 수많은 사람이 겪는 네트워크 단절이라는 불평등을 해소할 수 있다.

새로운 삶을 받아들일 준비가 됐는가

빠른 데이터 접속과 저렴한 휴대용 컴퓨터, 강력한 소프트웨어가 삼박자를 이루면서 디지털화 가능한 모든 것을 더욱 혁신적으로 몰아갈 것이다. 그러면 우리 생활 방식도 새로운 혁신을 받아들이는 만큼 바뀔 것이다.

모든 중대한 기술 변화는 과거부터 오늘날까지 늘 인간의 생활 방식에 영향을 끼쳐왔다. 화약부터 강철, 내연기관 엔진, 전기의 등장에 이르기까지 거대한 기술 변화를 받아들이기 위해서는 과거와 단절하고 위험을 감수해야 했다. 금방이라도 망가질 듯한 위태로운 몸체에 공기로 가득 채운 고무 바퀴를 장착한 기계에 올라타서 인화성 강한 검은 액체를 연소하며 먼 거리를 여행한다는 것이 얼마나 두려울지 상상해보라. 언제 어떻게

든 사고가 일어날 수 있지 않겠는가! 그런데도 인간은 두려움을 빠르게 극복하고 오로지 자동차의 안정성과 안전성을 강화하는 데 집중했다.

나는 더 이상 텔레비전을 시청하지 않는다. 내가 보고 싶은 모든 프로그램은 유튜브나 넷플릭스에 올라와 있기 때문이다. 내가 배우고 싶은 주제들도 인터넷 동영상이나 웹페이지에서 모두 볼 수 있다. 처음에 나는 뉴스를 놓칠까 봐 케이블TV 서비스를 끊는 것을 주저했다. 하지만 곧 내가 이용 중인 초고속 인터넷을 통해 더 나은 뉴스와 정보를 얻을 수 있다는 사실을 깨달았다. 이처럼 나는 위험을 무릅쓰고 신기술을 받아들였고, 이제 더 이상 과거 방식이 그립지 않다.

향후 등장할 신기술을 기꺼이 받아들이든, 싫기는 하지만 어쩔 수 없으니 받아들이든 그 과정은 심리적 압박감을 준다. 케이블TV를 끊는 것과는 비교할 수 없는 어려운 결정이다. 당신은 구글 무인자동차가 자녀를 학교까지 데려다주는 것을 허락할 것인가? 외과수술 로봇이 암 수술을 하거나 중요한 진단을 내리도록 내버려둘 것인가? 질병 치료를 위해 의사가 당신의 유전자를 영원히 변형하는 것을 허용할 것인가? 컴퓨터가 당신 자녀에게 공부를 가르치고, 피아노를 교습해도 좋은가? 로봇이 당신의 늙은 부모를 부축해서 미끄러운 욕조에 몸을 담그게 해도 괜찮은가?

이런 결정은 향후 10~20년 내에 아주 일상적인 고민이 될 것이다. 기술 발전이 가속화되고, 세상이 아날로그에서 디지털로,

웨트웨어wetware(당신의 뇌를 말한다)에서 소프트웨어로, 자연 그대로의 상태에서 초생물학적이고 초자연적인 상태로 옮겨가면서 이제는 모든 일이 더 빨리 일어난다. 너무나도 엄청난 패러다임의 전환이다. 그리고 새로운 패러다임은 예상보다 훨씬 빠르게 우리를 향해 다가오고 있다. 우리 모두는 각자 어떤 변화를 수용할 것인지, 어떤 변화에 영향력을 행사할 것인지, 어떤 변화를 가속화하거나 늦출 것인지, 아니면 아예 중단할 것인지 결정해야 한다. 한 가지 확실한 건, 과거보다 훨씬 짧은 시간에 그 결정을 내려야 한다는 것이다. 그리고 우리는 예상치 못했거나 원치 않았던 변화일수록 훨씬 더 충격을 받는다는 사실을 잘 안다.

변화에 적응하는 건 쉽지 않다. 때로는 두렵기조차 하다. 내 바람은 당신이 미래 상황에 휩쓸려 희생되지 않고, 오히려 복잡한 민주주의 방식에 따라 기술 변화의 방향을 결정하는 과정에서 각자가 자신의 권리를 행사하는 것이다. 다시 말해 당신은 미래에 떠밀리기보다 적극적으로 미래를 선택하고 미래 방향을 직접 설정해야 한다.

개인의 선택이 중요한 이유

왜 굳이 당신이 인류의 운명에 대해 고민해야 할까? 그건 정부나 기업가들의 책임이 아닐까? 하지만 솔직히 말해서 정부와 기업가들은 인류의 미래에 대해 고민하지 않는다.

첨단 기술 기업은 사물인터넷의 기준을 정립하려고 노력 중이다. 과학자들은 인간 유전자 변형의 윤리적 기준을 세우려 애쓰고, 미국 연방항공청 관료들은 드론 규제안을 마련하고 있다. 하지만 이런 시도는 매우 편협하다. 큰 그림을 보는 사람은 찾기 힘들다. 큰 그림은 단순 모델로 설명하기에는 너무나 복잡하다. 수많은 기술이 동시에 기하급수적 속도로 발전하는 상황에서 나무가 아닌 숲을 보기란 매우 어렵다. 각각의 신기술은 그 자체만으로도 지극히 복잡하다.

규제 법안 부재에 대한 책임과 잘못을 정부 관료나 정치인에게 돌리려는 건 아니다. 어차피 법률이란 윤리관을 명문화한 것에 불과하다. 윤리는 사회가 수 세기를 거치며 발전시켜온 공감대다. 그리고 신기술이라는 새로운 사안에 대해 우리 사회는 아직 이렇다 할 공감대를 형성하지 못했다.

법적 규제와 정부의 지침, 윤리적 기준이 아직 제대로 세워지지 않은 상황에서 신기술은 계속 발전하고 있다. 드론으로 다른 사람의 사생활을 찍은 행위가 의도적인지, 실수인지를 무슨 기준으로 구분할 것인가? 과학자가 치료법 개발을 목적으로 인간 유전자를 연구하는 것인지, 인종 개량을 위해 우생학을 연구하는 것인지를 가르는 기준은 무엇인가? 이처럼 정책 입안자에게는 전문가의 조언이 필요하다. 하지만 결국 최종 책임은 우리에게 있다. 급속도로 변화하는 미래 사회에 어떤 법률이 필요한지, 어떤 윤리를 고수해야 하는지를 판단하는 것은 결국 우리 몫이다.

Chapter 4

다른 누군가가 아닌
바로 당신이 나서야 하는 이유

바로 지금 당신이 나서야 한다. 위대한 정신이 하나로 모여서 집단지성을 이루고 힘을 발휘해야만 법률 제정자들은 변화의 방향을 조절할 '상식적 정책'을 마련할 것이기 때문이다.

오늘날의 변혁이 과거의 변혁과 결정적으로 다른 점은 현존하는 규제나 법률, 정치적 구조로 흡수하고 대응하기에는 기술의 진화 속도가 너무 빠르다는 점이다. 앞에서도 말했듯이 우리가 살아가는 이 세상은 무어의 법칙이 지배하는 곳이다.

파괴적 혁신은 이전에도 있었다. 19세기 후반, 미국의 초기 악덕 자본가들은 정치적 승인을 구하지 않고 철도를 건설했다. 좀 더 최근인 개인용 컴퓨터 혁명기에는 회사 직원들이 전산팀에 통보하지 않고 자신이 집에서 쓰는 컴퓨터를 직장으로 가져와 일했다. 그렇지만 최근의 파괴적 혁신은 이들과는 좀 다르다. 신기술 혁명을 이끄는 똑똑한 기업들은 빠른 데이터 연결과 저렴한 휴대용 컴퓨터, 강력한 소프트웨어의 삼박자로 이뤄진 기술 발전의 혜택을 이용해 이전보다 훨씬 노골적으로 사회적 규제와 체계를 무너뜨리고 있다. 기업은 더 많은 고객을 확보하고 더 빠른 속도로 성장하기 위해 누군가가 멈추라고 하기 전까지 계속해서 파괴적 혁신을 시도할 것이다.

신기술은 사회의 허락이 아닌 수용만을 요구한다

2010년 우버의 미국 하원 시장점유율은 0%였다. 당시에는 하원의원들과 직원들 중 아무도 우버를 이용하지 않았기 때문이다. 하지만 2014년에는 우버가 상당수 하원의원의 선거구에서 위법이었음에도 미국 하원 시장점유율이 자그마치 60%에 이르렀다.[1] 그야말로 규제 포획Regulatory Capture(정부 규제 기관이 공공의 이익보다 특정 분야나 산업의 이해단체, 기업 같은 피규제 기관의 이해관계를 오히려 보호하는 경우를 말한다. - 옮긴이 주)이 아닐 수 없다. 우버나 에어비앤비, 스카이프 같은 기업은 스스로를 약자로 포장하면서 서서히 시장점유율을 높이는 전략을 사용한다. 그 때문에 기존 사업 방식과 이해관계를 유지하며 해당 분야에서 오래 사업해온 기업들은 이런 새로운 사업 방식을 막거나 불법으로 규정하지 못한다.

실제로 오늘날 시중에서 판매되는 스마트폰에 기반을 둔 건강관리 앱이나 액세서리는 대부분 미국 식약청의 복잡하고 번

거로운 승인 절차를 교묘하게 피해왔다. 건강관리 앱과 센서 액세서리가 의사의 진단 도구가 아닌 사용자 개인의 건강 데이터 참조용 도구로 사용되면 식약청의 승인이 필요 없다. 하지만 이런 건강관리 앱과 액세서리가 점차 의학적 소견과 의학적 시험을 대체하고 있는 게 현실이다.

물론 혁신적 발명이 시장에 진출하는 데는 여전히 난관이 있다. 미국 식약청은 비록 나중에 결정을 번복하긴 했지만, 23앤드미23andMe라는 신생 벤처기업이 대중을 상대로 가정용 유전자 테스트 기기를 판매하는 것을 신속하고 효과적으로 금지했다.[2] 우버는 독일을 비롯한 여러 국가에서 택시업계의 요청에 따른 규제안을 두고 다투는 중이다.[3] 하지만 이 두 기업은 해당 분야에서 엄청난 혜택의 서비스를 대중에게 제공한다. 대중의 절대적 지지 때문에라도 이 두 기업의 서비스를 중단하기란 불가능할 것이다.

이런 기업들은 기하급수적인 사용자 증가를 통해 얻은 지지를 기반으로 일반 대중의 정치적 영향력을 앞세워서 기존 정치권력의 저항을 꺾고 있다. 워싱턴 DC에서 시의회가 우버 서비스를 금지하려 하자 우버는 사용자들에게 정치적 목소리를 높여 달라고 요청했다. 그러자 즉각 전화교환기와 이메일 서버를 마비시킬 만큼 수만 건의 전화와 이메일이 쇄도했다. 이는 정치인들에게 우버를 금지했다가는 그에 상응하는 심각한 정치적 희생을 각오해야 할 거라는 메시지를 명백하게 전달했다.

우버 같은 기업들은 사용자를 교육해서 조직화함으로써 정치인들에게 원하는 것을 명확하게 요구하도록 했다. 그리고 이 방식은 원래 정치의 작동 방식이기도 하다.

"정치는 원래 그런 식으로 작동해야 하죠. 가장 훌륭하고 가장 옳은 법이란, 간디의 말을 빌리자면 '명문화된 윤리관'이니까요." 한때 백악관 법률 자문을 맡았던 프리타 반살Preeta Bansal의 말이다.[4] 법률과 윤리 기준은 사회 구성원들이 수용하는 지침이며, 따라서 사회적 합의가 필요하다.

인쇄기의 발명과 더불어 발전하게 된 저작권법을 예로 들어보자.[5] 1400년대에 처음 등장한 인쇄기는 당시 정치·종교 지도층에게 대단히 큰 위협이었는데, 인쇄기로 인해 지식이 확산되고 다양한 생각이 공유될 수 있었기 때문이다. 인쇄기의 등장은 개신교 문헌의 확산을 가져왔고, 그로 인해 신성로마제국의 몰락을 촉발했다. 인쇄기의 등장과 함께 문화적 자각이 강해지면서 민족주의가 부상했고, 마침내 르네상스가 태동하게 된다. 그리고 300년간 지속된 아이디어의 소유권에 대한 논쟁과 관련해 영국에서 처음으로 저작권 법령이 제정된다.

증기기관도 비슷한 사례다. 18세기와 19세기에 강철의 대량 생산과 철도의 건설은 무형자산에 대한 재산권과 계약법의 발전을 촉발했다. 선로에 대한 소유권, 소 떼와 종업원의 피해에 대한 배상 책임, 토지 징발(국가가 공익을 위해 강제로 땅을 수용할 수 있는 권리) 같은 사안이 분쟁 요소로 떠오른 것이 그 예다.

이처럼 인류의 법과 윤리는 오랜 세월을 거치면서 진화했다. 오늘날 기술은 기하급수적 곡선에 따라 발전하며, 모든 지역과 모든 사람의 삶에 영향을 끼친다. 과거에는 수백 년 세월이 걸리던 변화가 이제는 단 수십 년 만에, 때로는 단 몇 년 만에 일어난다. 얼마 전까지만 해도 페이스북은 대학 기숙사 학생들이 이용하는 웹사이트에 불과했다. 한때 휴대전화는 갑부들만의 전유물이었다. 드론은 수백만 달러에 이르는 전투용 기계였고, 슈퍼컴퓨터는 정부의 극비 연구 과제였다. 반면 지금은 아무나 취미로 드론을 날린다. 인도의 가난한 주민도 과거의 슈퍼컴퓨터보다 성능이 더 좋은 스마트폰으로 페이스북에 접속한다.

당신이 나서야 하는 이유도 이 때문이다. 위대한 정신이 하나로 모여서 집단지성을 이루고 힘을 발휘할 때만 법률 제정자들은 변화의 방향을 조절하는 '상식적 정책'을 마련한다. 문제와 해결책을 바라보는 시각은 매우 다양하다. 나는 여기에서 세 가지 질문을 하고자 한다. 이 질문들은 우리 삶을 바꿀 기술의 장단점을 파악하는 데 도움이 될 것이다.

신기술의 가치를 판단하기 위한 세 가지 질문

작년에 나는 멕시코 치와와에 있는 몬테레이 공과대학에서 혁신 워크숍 과정을 가르쳤다. 나는 워크숍 참가자들에게 의사가 아이의 유전자를 조작해 더 빠른 육상선수로 만들거나 기억력을 향상시키는 것을 허용해도 될 것인지를 물었다. 참가자 모두 안 된다고 답했다. 나는 질문을 바꿔서, 그렇다면 의사가 위독한 아이의 질병을 치료하기 위해 유전자를 변형하는 건 괜찮냐고 물었다. 참가자 대다수가 그건 좋은 일이라고 답했다. 사실이 두 가지 경우에서 의사의 행위는 동일하다. 다만 의도가 다를 뿐이다.

내가 워크숍 참가자들에게 이런 질문을 던진 이유는 어떤 신기술이든 우리가 지지하는 방향으로 활용될 수 있지만, 반대로 도덕적으로 비난받을 만한 방향으로 활용될 수도 있음을 보여주기 위해서였다. 따라서 신기술은 그 사용 의도와 혜택 범위를 파악하는 것이 중요하다(좋은 방향으로 쓰일 가능성이 나쁜 방향으로 쓰일 가능성보다 큰지, 그로 인한 혜택이 위험보다 많은지를 파악하는 것이다). 나는 전문가들과 함께 토의하며 생각을 나누는 과정에서 특정 신기술이 사회와 인류에게 어떤 가치가 있는지를 판단하는 적절한 기준과 시각을 얻을 수 있었다. 그 기준은 형평성, 위험성, 자율성에 대한 세 가지 질문으로 정리된다.

1. 이 기술은 모든 인간에게 공평한 혜택을 가져다주는가?
2. 이 기술에 내재된 위험과 보상은 무엇인가?
3. 이 기술은 인간의 자율성과 독립성을 강화하는가?

물론 이 질문이 신기술의 혜택과 위험을 측정하는 데 필요한 모든 요소를 다 포함한 것은 아니다. 하지만 무인자동차(조만간 우리가 타는 자동차는 모두 이런 형태일 것이다)에 올라탄 운전자처럼, 우리는 데이터의 홍수에 휩쓸리지 않고 명확하게 진실을 직시해야 한다. 그러려면 결정을 내리고 시각을 형성하는 데 필요한 정보의 양을 제한하고 단순화해야 한다.

그렇다면 왜 이 세 가지 질문을 던져야 할까? 일단 첫 번째 질문과 관련해서는 앞서 언급한 미국, 영국, 독일 등의 국가에서 유권자들이 분노하는 까닭에 주목해야 한다. 또 신기술로 인해 일자리가 사라질 미래도 예상해볼 필요가 있다. 만약 미래 사회에서 모든 인간의 욕구와 필요가 충족된다면 우리는 일자리가 없는 삶으로부터 유발되는 사회적·심리적 문제를 충분히 감당할 수 있다. 물론 이런 사회라도 결코 살아가기 쉽지는 않을 것이다. 다만 적어도 사람들이 절박함과 간절한 욕구 때문에 몸부림치는 경우는 없을 것이다. 오히려 우리는 새로운 가치를 지닌 사회를 건설할 수 있다. 노동이 주는 보람 대신 타인을 가르치거나 도우면서 만족감을 느끼고, 음악 등 예술 분야에서 성취감을 얻는 사회를 만들 수 있다.

두 번째 질문은 기술 발전에 뒤따르는 위험성에 관한 것이다. 내가 몬테레이 공과대학에서 학생들에게 질문했던 것처럼, 사람을 아프게 하는 유전 질환은 제거해야 마땅하다. 대다수 사람은 이런 행위가 유전자 조작 기술을 좋은 방향으로 활용하는 사례임에 동의할 것이다. 하지만 더 높은 지능과 더 나은 외모, 더 센 힘을 얻기 위해 인간 유전자를 조작한다면? 만약 사람들이 동일한 비용으로 한꺼번에 여러 가지 기능을 업그레이드할 수 있다면, 과연 한 가지 기능만을 업그레이드하는 것으로 만족할까? 신기술은 말 그대로 새로운 것이기에 우리는 그 부작용과 장기적 영향력을 알지 못한다. 만약 우리가 신기술을 잘못 사용해서 괴물을 만들어낸다면? 모든 결점을 제거함으로써 인간다움을 상실한다면?

마지막으로 자율성에 대한 질문이 남았다. 우리는 우울증 치료 약물에 중독되는 것을 원치 않듯 신기술에 지나치게 의존하는 것을 원치 않는다. 오히려 더 큰 자율성을 원한다. 원하는 대로 삶을 살고 가능성을 최대한 발휘할 수 있는 자유를 원한다.

이 세 가지 질문은 서로 밀접하게 연관되어 있다. 흑백논리처럼 분명한 해답도 없으며, 오로지 회색 영역만이 존재한다. 따라서 사안에 대해 잘 이해하고 우리만의 생각을 정립해야 한다.

이어지는 장에서는 현재 급속도로 발전하는 중요하고 대중적인 신기술을 사례로 들어 이 세 가지 질문을 적용해보려 한다. 준비됐다면 시작하자.

"인공지능이 옳은 방향으로 발전한다면
부유한 자와 가난한 자를 구별하지 않을 것이고,
백인과 흑인을 차별하지도 않을 것이다.
적어도 인간만큼 편향되진 않을 것이다.
한마디로 인공지능은 우리 사회를 평등하게 만들 수 있다."

Part II

더 나은 미래 선택을 위한 기준 1

신기술의 혜택을
모두 공평하게 누릴 수 있을까?

Chapter 5

놀랍고도 오싹한 인공지능의 부상
노동 없는 미래 vs. 악령의 소환

일론 머스크는 슈퍼 인공지능의 창조를 경고하며 '악령을 소환하는 것'이라 했다. 그러나 인공지능이 옳은 방향으로 발전한다면 그것이야말로 우리 사회를 평등하게 만드는 열쇠가 될 것이다.

아이폰을 가지고 있는 사람 중 상당수는 내장된 인공지능 비서 '시리Siri'와 대화한다. 시리는 기본적인 질문에 답을 해준다. 그녀(옵션을 설정하면 '그'가 될 수도 있다)는 오늘 날짜를 알려주고, 샌프란시스코 자이언츠의 다음 시합이 어디서 열리는지, 가장 가까운 피자 가게가 어디인지도 말해준다. 언뜻 영리해 보이지만, 분명한 약점도 있다. 당신이 시리에게 어머니의 이름을 말해주거나 애플의 연락처 관리 앱에 '어머니'라고 정확하게 기록해 두지 않으면 시리는 당신의 어머니가 누구인지 절대 알지 못한다. 따라서 어머니에게 전화를 걸라는 당신의 요청을 실행하지 못한다. 그 정도면 내가 보낸 모든 이메일이나 문자메시지를 읽고 이해하며, 전화를 받고 말을 알아들을 수 있는 일반 사람에

비해 감히 지능적이라 할 수조차 없다. 현재의 시리는 교통 체증을 피하면서 집에 더 빨리 도착할 수 있는 최선의 경로도 알려줄 수 없다.

하지만 상관없다. 시리는 이런 여러 제약이 있음에도 충분히 유용하기 때문이다. 시리만 있으면 나는 더 이상 가장 가까운 주유소를 찾거나, 어머니의 날이 무슨 요일인지 알기 위해 키패드를 두드릴 필요가 없다. 시리는 또 오클랜드에 위치한 피자 가게들의 위치를 모두 기억할 수 있다. 어젯밤에 열린 모든 야구 경기의 승리투수와 패전투수가 누구인지, 내가 좋아하는 TV 프로그램이 언제 방영될지도 알려줄 수 있다.

시리는 과학자들과 기술 전문가들이 말하는 이른바 '제한적 인공지능Narrow AI'이다. 제한적 인공지능은 인간과 상호작용이 가능하며 특정 지능을 일부 지녔지만, 인간으로 인식될 만한 수준에는 절대 도달하지 못한다. 첨단 기술 분야에서는 제한적 인공지능을 '약인공지능Soft AI'이라고도 부른다. 일반적으로 제한적 인공지능 시스템은 특정 범주에서는 인간보다 능력이 훨씬 뛰어나다. 예를 들면 나는 어젯밤 열린 모든 메이저리그 경기의 승리투수와 패전투수를 절대 시리처럼 기억해낼 수 없다.

오늘날 제한적 인공지능은 우리 일상 모든 부분에 스며들어 있다. 마치 인간처럼 전화를 받아서 항공사 상담 센터로 연결해주는 자동 응답 시스템은 모두 제한적 인공지능이다. 아마존과 음원 스트리밍 서비스 스포티파이Spotify의 추천 엔진도 제한적 인공지능이다. 구글맵의 놀랄 만큼 영리한 경로 추천(교통 체증을 피하기 위한 경로 변경도 마찬가지)은 전형적인 제한적 인공지능이다. 제한적 인공지능 시스템은 복잡한 데이터베이스에 저장된 정보에 인간보다 훨씬 능숙하게 접속한다. 다만 제한적 인공지능의 능력은 특정 분야에 한정되어 있고, 제한적이기에 창의적 사고는 불가능하다. 밸런타인데이에 어머니께 드릴 완벽한 선물을 시리에게 찾아달라고 말하면, 형식적 답변은 가능할지 몰라도 논리적 추론은 하지 못한다. 시리에게 나폴레옹전쟁에 대한 기말시험 보고서를 대신 써달라고 해도 절대 도움을 줄 수 없다.

다만 가까운 미래에 시리를 비롯한 현존하는 인공지능 시스템은 당신의 자녀가 나폴레옹전쟁에 대해 보고서를 쓰는 것을 도와주거나, 아예 혼자 보고서를 완성할 수 있게 될 것이다. 또 시리와 그녀의 친구들은 음악과 시, 예술을 창작할 수 있을 것이다. 실제로 그들은 지금 그 능력을 한창 익히고 있다.

2011년 9월, 스페인 말라가에서는 '이아모스Iamus'라는 컴퓨터(새들의 목소리를 알아듣는 그리스 신의 이름을 땄다)가 클라리넷과 바이올린, 피아노로 이뤄진 삼중주곡 '안녕 세상!Hello World!'을 작곡했다. 클래식 기보법을 적용한 것이다.[1] 이아모스는 진화적 접근법을 활용해 작곡하는 멜로믹스melomics(멜로디의 지노믹스genomics, 즉 멜로디의 유전학genomics of melodies을 뜻한다)라는 소프트웨어 시스템으로 구성됐다. 이 자율형 인공지능 작곡가는 수 세기에 걸친 음악과 디지털 악보를 습득함으로써 인간 작곡가만큼이나 음악에 대한 다양한 지식을 축적했다.

이아모스의 프로그래머들은 몇 년에 걸쳐 이 시스템에 작곡의 핵심적 규칙, 예를 들어 한 손으로는 다섯 개보다 많은 음표로 구성된 피아노 코드를 칠 수 없다는 내용 등을 가르쳤다. 학습 과정에는 프로그래머들의 코딩과 기계 학습이 활용됐다. 기계 학습은 컴퓨팅에서 아주 중요한 개념이다. 알고리즘을 활용해 현존하는 데이터에서 규칙을 학습하고, 이를 바탕으로 복잡한 시스템 모델을 만드는 것을 말한다. 원래 음악도 근본적으로는 데이터이고, 음악가는 그 데이터를 해석하는 사람이다.

이아모스 프로그래머들에 따르면, 이아모스에는 아름다운 음악을 작곡하기 위한 규칙이 약 1,000개 코딩되어 있다. 하지만 이아모스 창조자들은 멜로믹스가 작곡가의 손을 대체하기보다는 작곡가의 창조성을 개선하고 강화하는 도구라고 본다. 작곡가는 음을 하나하나 힘들게 작곡하기보다는 멜로믹스의 규칙을 바꾸거나 알고리즘을 조작해서 원하는 방향으로 곡을 쓴다. 멜로믹스의 단순한 인터페이스와 내장된 안내 기능을 활용하면 누구든 듣기 좋은 음악을 작곡할 수 있다.

결국 강력한 컴퓨터 시스템(스테로이드를 맞은 시리라고 해야 할까?)은 인간을 괴롭혀온 수학과 물리학의 난제를 풀 만큼 창의적으로 사고할 수 있게 될 것이다. 이런 강력한 인공지능 시스템은 입력 데이터를 합성해 상당히 독창적인 작품을 만들어내거나 인간이 정한 규칙 또는 도움 없이도 비구조적 문제를 해결할 수 있게 된다. 이런 광범위한 사고 능력을 갖춘 인공지능을 이른바 '일반 인공지능AGI: Artificial General Intelligence' 혹은 '강인공지능Hard AI'이라 부른다.

여기서 한 발짝 더 나아간 것이 '슈퍼 인공지능Artificial Super Intelli-gence'이다. 공상과학소설에나 나오는 슈퍼 인공지능이 현실화되기까지는 갈 길이 까마득하다. 가능성이 적고, 아직 와닿지 않는 개념이라서 깊이 생각하고 싶지는 않다. 슈퍼 인공지능에 도달하는 순간, 드디어 컴퓨터는 인간보다 영리해진다. 이 책에서는 현존하는 인공지능, 즉 우리 삶을 바꿔놓을 제한적이지만 실용적인 인공지능에만 집중하기로 하자. 전문가들이 어떤 의견을 내놓든, 실제로 먼 미래에 인공지능이 어떤 식으로 진화할지는 아무도 예상할 수 없기 때문이다.

인공지능이 우리 삶을 바꾸고, 일자리를 빼앗아가는 방식

우리 몸에서 출발해보자. 텔레비전 퀴즈쇼 〈제퍼디Jeopardy〉에서 퀴즈왕을 이긴 IBM의 '왓슨'과 비슷한 형태의 인공지능 기술은 조만간 인간의 건강 데이터를 모니터해 질병을 예측하고 건강을 유지하기 위한 의학적 조언도 하게 될 것이다. 이미 IBM의 왓슨은 종양학의 최신 이론을 모두 습득했고, 인간 의사보다 암진단을 더 잘한다.[2] 왓슨과 다른 인공지능 경쟁자들은 조만간 모든 의학 분야에 대한 지식을 습득하게 될 것이며, 의사보다 더 많은 지식을 토대로 더 나은 의학적 조언을 제공해줄 것이다.

인공지능 기술은 수백만 명에 이르는 환자의 방대한 데이터와 그들이 복용한 약을 분석할 수 있다. 그러면 어떤 약이 치료에 효과적인지, 부작용은 없는지, 치료 효과와 부작용을 동반하지는 않는지를 알 수 있다. 인공지능의 이런 능력은 신약을 테스트하고 약을 처방하는 방식 자체를 바꿔놓을 것이다. 개별 연구자들이 이런 데이터를 활용하게 되면, 다른 중요한 데이터는 무시한 채 오로지 제한적인 임상시험 데이터만을 토대로 약을 개발하는 제약업계의 관행을 뒤엎을 수도 있다.

의사들에게 나쁜 소식은 미래에는 필요한 의사의 수가 줄어든다는 사실이다. 유명한 벤처 투자자 비노드 코슬라Vinod Khosla는 신기술이 의사의 80%를 대체할 것이라 예측한다.[3] 인간의 판단력이나 단순한 문제 해결 능력이 필요한 다른 모든 직업에서도 비슷한 형태의 일자리 감소가 예상된다.

실제로 인공지능의 판단 능력은 이미 인간를 넘어섰다.[4]

어쩌면 당신은 의사와 함께 법조인도 직업적으로 안전할 거라 착각했을 수 있다. 수십 년 전만 해도 법학 학위는 중산층, 특히 미국에서는 중상위층으로 향하는 직행 승차권이었다. 하지만 오늘날 젊은 변호사들은 일자리를 찾지 못해 힘들어한다. 수입도 계속 정체 상태다. 이런 상황에서 인공지능에 기반을 둔 자동 법률 자문 서비스가 등장하면서 계약서 검토나 서류 조회 같은, 경력 적은 변호사들이 하던 일을 빠르게 대신하고 있다.

예를 들어 시만텍Symantec이 개발한 소프트웨어 '클리어웰Clear-well'은 법률 자료 검색을 수행한다. 법률 자료 검색은 서류 상자를 뒤지고, 엄청난 양의 이메일을 조사하고, 소송 당사자들이 제출한 방대한 양의 정보를 살펴서 필요한 정보를 찾아내는 일이다. 시간과 노력이 많이 투입된다. 초급 변호사들이 필요한 이유도 이런 노동집약적 임무 때문이었다. 하지만 클리어웰이 이런 임무를 더 잘해내면서 초급 변호사라는 계층 자체가 사라질 위기에 처해 있다.

뱁슨 대학교의 석좌교수 토머스 대븐포트Thomas Davenport는 『월스트리트저널The Wall Street Journal』에 기고한 '모든 변호사를 자동화하라'에서 이렇게 이야기했다.

다양한 인공지능 시스템은 법률 업무의 상당 부분을 대체할 수 있다. 예를 들면 시스템 하나로 계약서상 중요한 조항만 추출해 낼 수 있다. 또 다른 시스템은 당신의 지적재산권 소송의 승소 가능성을 판단해준다. 법원의 판단을 예측하거나 절세 전략을 조언하고, 이혼에 따른 재산권 다툼을 해결해주거나 사형이 가능한 중대 범죄에 대한 형량을 조언하는 시스템도 있다. 물론 모든 법률 업무를 대체할 수 있는 단 하나의 시스템은 존재하지 않는다. 다만 여러 다양한 시스템이 작동하면서 지금껏 인간이 재판정과 변호사 사무실에서 해온 업무를 조금씩 빼앗아가고 있다.[5]

하지만 더 넓은 시각에서 보면, 로봇 변호사의 등장은 사회 전체로는 큰 혜택이다. 현재 법률 서비스는 돈을 지불할 수 있는 부유한 이들만의 전유물이다. 예를 들어, O. J. 심슨은 무죄 선고를 받는 데 수백만 달러를 지불했다(이 사건이 특히 주목받은 이유는 그가 유명인이자 흑인이었기 때문이다. 부유한 백인 피고의 경우에는 놀랄 만큼 자주 무죄 선고가 내려진다). 동시에 현재 사법 체계는 종종 가난한 사람이나 사회적 약자에게는 교묘하고 가혹하리만큼 불리하게 작동한다. 가장 두드러진 사례로 덩어리 형태의 코카인 소지자가 받는 처벌과 그보다 훨씬 비싸서 부유층만 구매할 수 있는 분말형 코카인 소지자가 받는 형량의 차이를 들 수 있다. 이 두 형태의 코카인은 화학적으로나 이론적으로 동일한 물질이다. 하지만 처벌에는 엄청난 차이가 난다. 이처럼 인간 법조인은 편견의 영향을 받을 수 있는 반면, 인공지능은 훨씬 공정하게 법률을 적용한다.

인공지능은 데이터를 처리해 결정을 내려야 하는 대다수 분야에서 동일한 혜택을 제공할 수 있다(동시에 인간의 일자리도 대체할 수 있다). 『와이어드WIRED』 매거진의 창간인이자 편집자인 케빈 켈리Kevin Kelly는 인공지능을 전기에 비유한다. 즉, 인공지능은 전기처럼 모든 사물의 근간이 되는 값싸고 안정적인 산업용 디지털 지능이다. 켈리는 인공지능에 대해 이렇게 말했다.

"수 세기 전에 전기가 그랬던 것처럼, 인공지능은 비활성의 모든 사물을 살아 움직이게 할 수 있다. 전기로 움직이는 모든 것들이 이제는 인지cognitize할 수 있게 될 것이다. 이 새롭고 실용적인 인공지능은 (기억력 향상이나 인지 능력 개선을 통해) 인간 개개인과 인간이라는 종 전체의 능력을 강화할 수 있다. 인공지능에 IQ를 더 많이 추가할수록 이 세상의 모든 것을 더 새롭고 혁신적이며 흥미롭게 만들 수 있을 것이다."[6]

인공지능은 우리 집을 관리하는 음성인식 집사가 되어 조명을 조절하고 음식을 주문하고 일정을 짜줄 수 있다. 〈우주 가족 젯슨〉에 등장하는 로지, 〈스타워즈〉에 등장하는 R2-D2 같은 보조형 로봇의 창조로 이어질 수도 있다. 게다가 이런 로봇은 비싸지도 않을 것이다. 아마존의 에코나 구글홈은 이미 스마트폰보다 훨씬 저렴하고, 가격은 더 내려갈 것이다. 실제로 이런 인공지능 비서는 향후 스마트폰과 태블릿 컴퓨터에 무료 앱으로 내장될 것이다.

인공지능은 과연 인간의 자율성을 높여줄 것인가?

지능적 컴퓨터가 우리의 의사 결정을 도와준다면 전 인류가 혜택을 받을 것이다. 인공지능이 옳은 방향으로 발전한다면 부유한 자와 가난한 자를 구별하지 않을 것이고, 백인과 흑인을 차별하지도 않을 것이다. 인공지능은 스마트폰과 앱을 통해 모든 사람이 활용할 수 있는 수단이 될 것이다. 인공지능이 제공하는 의학적·법률적 자문은 상황의 영향을 받긴 하겠지만, 적어도 인간만큼 편향되진 않을 것이다. 한마디로 인공지능은 우리 사회를 평등하게 만들 수 있다.

그렇게 되면 우리는 인공지능의 혜택을 공평하게 누릴 수 있다. 이것이 소프트웨어를 활용한 기술의 장점이다. 소프트웨어 기술은 일단 개발하고 나면 수백만 명, 심지어 수십억 명에게 최소한의 비용으로 보급할 수 있다. 실제로 특정 소프트웨어를 사용하는 사람이 많아질수록 개발자는 더 큰 수입을 얻을 수 있기에, 당연히 더 많은 사람에게 소프트웨어를 퍼트리고 싶어 한다. 페이스북이 세상에서 가장 가치 있는 기업 중 하나가 된 이유도 여기에 있다. 서비스를 무료로 제공함으로써 전 세계 수십억 명을 고객으로 확보한 것이다.

우리는 인공지능이 가져다주는 혜택만 고려한 나머지 인간의 마음을 제아무리 잘 모방한 인공지능이라도 본질적으로는 인간과 같은 느낌이나 감정을 갖지 못한다는 사실을 간과하는 실수를 저지를 수 있다. 직업이나 일로 분류되는 활동을 수행할 때 감정적 연결이 중요한 경우는 꽤 많다. 실제로 인간은 교사나 의사, 간호사를 비롯한 '사람'과 감정적으로 교류하고 있다고 느낄 때 더 잘 배우고 빨리 치유된다고 알려져 있다. 만약 이런 감정의 중요성을 무시한다면, 우리가 사람 대신 인공지능과 상대함으로써 잃는 것이 무엇인지 결코 깨닫지 못할 것이다.

한편 인공지능의 가장 큰 문제는 바로 잠재적 위험이다. 지금까지 내가 일부러 피해온 화제도 인공지능에 대한 이런 가공할 만한 상상이다. 만약 인공지능이 진화를 거듭해서 인간보다 더 영리해지면 어떤 일이 벌어질까? 사실 이 화두는 일론 머스크나 스티븐 호킹, 빌 게이츠 같은 첨단 기술 분야의 최고 권위자들도 걱정하는 내용이다. 그들은 하나같이 '슈퍼 인공지능'의 창조를 경고했다. 일론 머스크는 이를 두고 "악령을 소환하는 것"이라며 우려를 표명했다.[7] 스티븐 호킹 역시 "인류의 종말을 초래할 수 있다"고 말했다.[8] 빌 게이츠는 "이 일을 우려하지 않는 사람

을 도무지 이해할 수가 없다"라고 했다.[9]

희소식은 이런 위험을 최소화하기 위해 기술자들과 정책 입안자들이 인공지능에 대한 규제책을 마련하고 있다는 것이다. 인공지능 시스템을 개발 중인 기술 전문가들은 킬 스위치Kill Switch를 고안하거나 윤리관을 심는 방법을 논의 중이다. 백악관은 인공지능에 대한 정책과 규제안을 마련하기 위한 워크숍을 개최했다. 그리고 미국 정부가 자금을 지원하는 인공지능 연구의 접근 방식과 연구 목표에 대한 내용을 담은 2쪽짜리 보고서를 발표했다.[10] '인공지능의 미래에 대한 대비Preparing for the Future of Artificial Intelligence'라는 제목이 붙은 이 보고서의 요점은 이렇다. 인공지능 기술은 선하게도 악하게도 쓰일 수 있으니, 우리 모두가 인공지능에 대해 파악하고 대비해 옳은 방향으로 이끌어야 한다는 것이다.[11] 나로서는 흥미로운 지점이 있다. 인공지능이 인간의 일자리를 앗아가겠지만, 동시에 전 세계 문제도 해결할 것임을 백악관이 나서서 인정했다는 사실이다. 보고서는 이렇게 결말을 맺는다.

"향후 20년 이내에 기계가 인간에 필적하거나 인간을 뛰어넘는 수준의 폭넓은 지능을 갖게 될 가능성은 낮다. 하지만 결국 기계는 더 많은 활동에서 인간을 뛰어넘는 능력을 발휘하게 될 것이 자명하다."

인공지능에 대한 또 다른 논란 중 하나는 독립성과 의존성 문제다. 우리는 미래에 당연히 인공지능에 의존하게 될 것이다. 그건 마치 오늘날 우리가 컴퓨터와 스마트폰에 의존하는 것과 같다. 다만 내가 걱정하는 건 영화 〈그녀Her〉에 등장하는 서맨사처럼 기만적인 가상 비서가 출연할 가능성이다. 이 영화에서 지극히 상식적인 남자 시어도어 트웜블리는 서맨사와 사랑에 빠지지만 결국 비극적 결말을 맞는다. 나중에 서맨사는 시어도어에게 자신이 수백 명의 다른 사용자들과 사랑에 빠졌고, 결국 인간보다 더 진화했기에 시어도어에게 관심을 잃었다고 말한다.

한 가지 위안은 있다. 백악관의 예상대로라면, 서맨사가 등장하기까지 족히 20년은 걸린다는 것이다.

Chapter 6

아바타와 인공지능을 활용한 교육 혁명

공평한 배움의 기회 vs. 교육 격차 심화

기술이 주도하는 학습의 시대에는 구닥다리 교육 과정은 폐지되고 모든 사람이 각자 자신에게 필요한 맞춤형 교육을 받고 인공지능의 도움을 받아 스스로를 가르치게 될 것이다.

내가 14세 소년이라고 가정해보자(하긴 절대 철이 들지 않는 사람도 있다!). 학교에서 수업을 받고 있는데 (언제나처럼) 졸음이 쏟아진다. 천천히 눈꺼풀이 무거워진다. 점심시간도 지났고, 낮잠이나 푹 자면 좋겠건만, 교과목에 낮잠은 포함돼 있지 않다. 앞에서 선생님은 계속 뭐라고 떠든다. 설마 교육용 동영상인가? 아니면 내가 읽으려는 교과서 내용이 허공을 떠다니는 것인가? 나는 깜빡깜빡 졸면서 지식을 습득하려고 애쓴다. 대체 방금 전에 내가 뭘 배운 거지? 기억이 뒤죽박죽이다. 수업은 지루하기 짝이 없다. 어쩌면 너무 어려워서 이해를 못 하는 건지도 모르겠다. 아니면 생소한 방식으로 가르쳐서 그런가? 나는 배우고 싶다. 하지만 이 지식을 절반도 습득하지 못할 것을 나는 안다. 설상가상으로 이 수업에는 반복 재생 버튼 같은 것도 없다. 종이 울리고, 수업이 끝난다. 지식도 함께 사라진다. 나는 아마 낙제할 것이다. 낙제를 면하려면 혼자 오랜 시간을 들여 열심히 독학하는 수밖에 없다.

이런 상황이 모두 허구는 아니다. 오히려 전 세계 모든 학교에서 학생들이 매일 겪는 현실이다. 사실 우리가 사는 이 세상에서 기존 교육체계보다 더 비효율적이고 망가진 제도를 찾기는 힘들다. 교육이 이렇게 망가진 이유는 우리가 교육을 공산품처럼 취급하기 때문이다. 실제로 우리는 지식을 기성품처럼 모두에게 똑같은 방식으로 제공하려 든다. 개인 맞춤형 교육을 시도해보지 않은 건 아니지만, 적어도 지금까지 이런 시도는 모두 그다지 성공하지 못했다.

오늘날 학교에서 교사는 대체로 중간 수준의 학생들, 아니면 수준이 가장 낮은 학생들을 기준으로 수업을 진행해야 한다. 학생들은 시간표에 맞춰 배워야 하고, 개개인의 실력이나 선호도는 전혀 고려하지 않은 교과과정을 따라가야 한다. 하지만 이 세상에는 미적분을 배우는 데는 남보다 두 배 정도 시간이 걸리지만, 스페인어의 불규칙동사는 남보다 두 배 빨리 배우는 학생도 있기 마련이다. 교육의 가장 근본적인 문제는 교육의 기본 단위(교실, 수업, 학년, 수업 시간, 2학기제, 4학기제 등)가 하나같이 산업화시대 초기에 만들어진 인위적 구분이라는 점이다.

미래에 내가 다니게 될 학교는 우리 집 뒤뜰에 있다. 교실에는 디지털 교사와 가상현실 헤드셋이 있다. 내 아바타 교사의 이름은 클리퍼드, 학습 코치는 레이첼이다. 나는 이집트 피라미드의 건축 방식을 설명하는 비디오게임을 통해 기하학을 배운다. 아바타 교사들을 조종하는 인공지능 알고리즘이 내가 피라미드에 관심이 많다는 사실을 알고는 중요한 수학 분야의 핵심 주제를 효과적으로 가르치기 위한 수단으로 피라미드가 좋겠다고 추론했기 때문이다.

클리퍼드는 이미 수년 동안 나를 가르쳤다. 그렇기에 내 학습 방식도 잘 알고, 내가 무엇을 좋아하는지, 무엇을 따분해하는지 잘 안다. 클리퍼드는 말할 때 영국 억양을 쓰는데, 내가 아바타 교사의 말투를 설정할 때 마음에 드는 영국 억양을 선택했기 때문이다. 클리퍼드는 늘 대기 상태라서 버튼만 누르면 언제든 호출이 가능하다. 그는 방학도, 휴식 시간도 필요 없고, 수업 준비 시간도 필요하지 않다. 그리고 내가 지금껏 현실에서 실제로 겪어본 교사들보다 내 속마음과 기분을 더 잘 안다. 나뿐 아니라 이 세상에 대한 정보를 무한히 지니고 있기 때문이다. 내 주변을 에워싼 강력한 센서(그것들은 내 콘택트렌즈 또는 아이폰에 장착되어 있거나, 벽이나 옷에 내장되어 있다)에서 유용한 정보를 얻기도 한다.

클리퍼드는 내 동공이 확장되는 정도나 혈중 산소의 감소에 따른 피부색 변화를 감지해 내가 피곤하다는 사실을 즉각 알아챈다. 또 동공의 움직임을 면밀히 살피고 맥박 수를 감지해서 내가 무언가에 흥분했다는 사실도 즉각 알 수 있다. 클리퍼드의 시력은 인간보다 몇 배나 좋다. 그는 내 목소리의 미묘한 변화만으로도 내가 학습 내용을 잘 이해했는지, 이해하려고 무진 애쓰고 있는지를 분간할 수 있다. 또 클리퍼드는 학습에 대한 내 신체적 반응을 실제 학습 성과와 비교하고, 이 데이터를 활용해서 더 나은 교사가 되기 위해 스스로를 지속적으로 개선하는 방법도 알고 있다.

내가 졸려 하면 클리퍼드는 잠깐 휴식을 취하라고 권유하거나, 밖에 나가서 15분 정도 농구를 하고 오라고 제안하기도 한다. 내가 혼란스러워하면 이해도가 떨어졌음을 감지하고 배운 내용을 재차 복습시키거나, 태블릿에 새로운 연습 문제를 띄워 다른 학습 방식으로 배우도록 한다. 때로는 동영상, 때로는 비디오게임, 때로는 책을 활용하고, 때로는 홀로그램으로 구성한 세상을 이용하기도 한다. 클리퍼드는 기하학 수업과 관련해 학습 코치 레이철과 밀접하게 소통한다. 그는 결코 서두르는 법이 없다. 수업 시간의 끝을 알리는 종소리도 없고, 수업이 몇 분인지 정해져 있지도 않다. 클리퍼드는 내 동급생들이 지루해하거나 졸려 할까 봐 걱정할 필요도 없다. 그가 가르치는 학생은 나 하나뿐이기 때문이다.

레이철은 인간이다. 그녀는 내 학습 코치다. 강의를 하지도 않고, 칠판에 필기를 하거나 공식을 적는 일도 없다. 그저 내 이야기를 들어주고 나를 돕는 게 그녀의 일이다. 레이철은 내게 질문을 던져서 내가 바른 방향으로 사고하도록 돕는다. 독서와 운동을 권하고, 내 질문에 답해주며, 다른 아이들과 잘 어울리는 방법을 가르친다. 그녀의 책임은 자신이 맡은 아이들이 필요한 것을 배우도록 돕고, 클리퍼드가 할 수 없는 것을 대신해 아이들을 지도하는 것이다. 또 레이철은 신체를 활용한 학습에도 도움을 준다. 다시 말해 컴퓨터를 이용하지 않고 머릿속으로 계산하거나 실제 사물 또는 물질을 이용해서 학습할 때 레이철이 도와준다. 이처럼 교사 클리퍼드, 학습 코치 레이철과 함께 공부하다 보면 내가 무언가를 배우고 있다는 사실조차 잊어버린다. 모든 학습 과정은 멋진 것을 만들어내거나 비디오게임을 신나게 즐기고 과거 역사 속으로 들어가기도 하는, 아주 흥미로운 경험이기 때문이다.

클리퍼드는 내가 이집트 피라미드에 관심이 많다는 사실을 알고는 피라미드를 활용해 다양한 삼각형의 기하학과 이 고대 건축물을 이루는 수학적 지식을 배우는 학습 방법을 고안해냈다. 수업은 안내를 받으면서 가상현실 속 피라미드를 둘러보는 것으로 시작한다. 그 과정에서 중간에 증강현실이 겹쳐 등장하면서 추상적 기하학 개념이 물리적 세상에 접목된다. 이런 방식으로 나는 피라미드의 방과 외관을 활용해 기하학 문제의 답을 찾아낸다. 그건 마치 내가 직접 역사 속으로 들어가서 이 거대한 불멸의 기념비를 남긴 이집트의 건축가가 된 것 같은 기분이다.

나는 점심을 먹으며 휴식한다. 지금부터는 탐사에 나설 차례다. 이웃에 사는 친구 두 명이 놀러 온다. 아니면 내가 친구 집으로 가도 된다. 클리퍼드가 홀로그램을 비춰서 피라미드의 구체적 수치를 보여준다. 이제 우리는 피라미드를 건축해야 한다. 먼저 태블릿 컴퓨터에 디자인을 스케치하고 계산한 뒤 건축물을 설계한다. 설계도가 완성되면 두 시간 동안 열심히 공을 들여 건축물을 만든다. 조그만 피라미드가 우리 눈앞에 세워진다. 그건 고대 이집트의 위대함으로 통하는 관문이다.

이튿날, 클리퍼드는 삼각형과 피라미드의 오래된 수학적 연관성에 대해 가르친다. 나는 배운 내용을 유용하게 써먹기 위해 컴퓨터 프로그램 하나를 짠다. 그 프로그램을 이용하면 어떤 피라미드든 맨 아랫부분의 질량과 평균 압력 값을 계산해낼 수 있다. 피라미드 내부의 터널과 방 크기를 포함한 구체적 수치만 안다면 말이다. 나는 그 프로그램을 온라인에 올린다. 그러자 다른 학생들과 교사들이 내 프로그램의 정확도 및 구조에 대해 점수를 매긴다(제대로 작동하는지도 확인한다). 여기에 인공지능 시스템까지 합세해서 내가 작성한 프로그램을 시험한 뒤 개선점을 제안한다. 나와 내 친구들은 학기말 프로젝트로 가까운 놀이터에 설치할 수 있는 피라미드처럼 생긴 놀이 기구를 설계한다.

학기말 프로젝트용 피라미드 놀이 기구를 설계할 때는 학습 코치 레이철이 우리를 돕는다. 그녀는 우리의 추가 질문에는 답해주지만, 무엇을 해야 한다고 직접적으로 말하진 않고 우리가 옳은 방향으로 나아가도록 지도만 한다. 우리는 실현 가능성을 검토하기 위해 먼저 놀이 기구의 축소판을 만든다. 레이철은 어린아이들에게는 매우 가파를 수 있는 아래쪽에 안전그물을 설치하는 게 어떻겠냐고 제안한다. 청소년들은 똑똑하고 영특해 보여도 때로는 어른과 같은 판단력이나 공감 능력이 부족할 때가 있다.

레이철이 우리에게 가르치는 내용도 바로 이런 것들이다. 아무튼 놀이 기구 재료를 사는 데 쓴 푼돈을 제외하고, 우리는 피라미드 학습을 하면서 학비를 전혀 내지 않는다. 클리퍼드는 스마트폰에 장착된 무료 앱 같은 존재이기에 비용이 전혀 들지 않는다. 학습 코치 레이철의 교습은 공교육의 일부라서 현재 교사들처럼 정부의 지원을 받는다. 우리는 태블릿 컴퓨터에 깔린 무료 오토데스크 소프트웨어를 활용해 우리가 만든 창작물의 3D 파일을 캡처한다. 캡처한 내용은 설계도가 되어 다른 사람들도 이용할 수 있게 된다. 우리는 이 피라미드 놀이 기구 설계도를 대회에 출품한다. 이 대회에는 다른 학생들이 만든 수천 개의 놀이기구 설계도도 출품된다. 이처럼 피라미드 학습은 재미있고, 효과적이며, 유익하다. 심지어 그 과정에서 만든 실제 결과물은 건축적 측면과 예술적 측면에서 매우 뛰어날지도 모른다. 가장 중요한 건, 미래에는 교육이 더 이상 따분하거나 힘들지 않고, 교육을 통해 모두가 진정한 행복을 경험하게 된다는 것이다.

'인간'이 사라진 표준화된 교육

놀랍게도 이런 교육 방식은 고대 교육 방식과 매우 유사하다. 고대의 가르침은 스승과 제자 간의 일대일 상호작용에서 시작됐다. 그러다가 학교와 수업, 교육이라는 아이디어로 옮겨가게 됐고, 이후 가르침은 일 대 다수로 이뤄진 절차가 됐다. 이런 방식은 고대 그리스에서 소크라테스 문답법으로 나타났는데, 스승이 질문을 던져서 제자를 진리로 이끄는 방식이다. 그리고 그 당시 교육은 상류층만 누릴 수 있는 특권이었다.

중세와 르네상스 시대를 거치면서도 교육은 여전히 소수의 특권으로 남았다. 다만 학습 방식은 암기를 강조하는 주입식으로 점차 변모했다. 교회는 교육의 기회를 확대했고, 그 덕분에 형편이 좋지 못한 많은 학생이 종교 단체에 가입하는 조건으로 교육의 기회를 누릴 수 있었다. 실제로 교회는 암흑시대 동안 장서를 보관하고 지키는 역할을 수행함으로써 로마 시대부터 내려오는 귀중한 지식을 보존할 수 있었다.

19세기와 20세기 초에는 훨씬 폭넓은 계층의 학생들에게 교육의 기회가 돌아갔다. 이런 현상은 미국을 비롯한 여러 나라가 의무교육을 시작하며 더욱 가속화됐다. 하지만 일 대 다수 방식의 주입식 교육은 더 심화됐고, 교사의 주요 기능은 학생들에게 정보를 전달하는 것으로 변모했으며, 산업화된 복합 교육 단지도 서서히 등장했다. 기준 교과서가 제작되면 중앙에서 통제하는 교육구의 승인을 받아야 했다. 학교 시스템에서 창조적 과제는 최소화됐다. 인생의 핵심적 주제인 음악이나 미술 같은 예술은 산업화된 교육 시스템 내에서 그다지 각광받지 못했고, 학생들은 순수미술을 약간 맛보는 정도로 만족해야 했다. 학교는 학생들이 하루에 6~7시간 교실에 앉아 있도록 일정을 짰고, 그에 맞게 시설을 갖췄다. 학생들은 실력이나 선호하는 학습 방식과 무관하게 그저 똑같은 내용을 배워야 했다. 수업을 마치고 집에 돌아가면 친구들과 동일한 교과서로 동일한 숙제를 해야 했다.

이런 과정은 교육을 표준화하는 데 일조했다. 하지만 동시에, 모든 인간은 똑같지 않다는 지극히 당연한 진리를 간과하는 실수를 저질렀다.

신기술 발전이 가져올 맞춤형 교육의 장밋빛 미래

개인용 컴퓨터에 이어 노트북컴퓨터가 등장하면서 신기술로 인해 교육이 바뀌고 개인의 실력과 선호에 맞춘 개별화 교육이 등장할 것이라는 기대도 커져갔다. 하지만 현실을 직시해보자. 기술 혁신이 긍정적 변화를 가져오는 데 실패한 분야가 있다면, 다름 아닌 교육이다. 가장 먼저 모든 아이에게 노트북컴퓨터를 제공하겠다는 야심 찬 계획을 살펴보자. 문제는 수업과 숙제에 컴퓨터를 활용하는 학생이 그렇지 않은 학생보다 더 공부를 잘한다는 증거가 없다는 점이다. 또 LA 통합 교육구처럼 일부 거대 학군에서는 모든 학생에게 태블릿 컴퓨터를 제공하는 실험을 했지만, 크게 실패했다. 실제로 컴퓨터를 활용한 학습이 효과적인지에 대해서는 아직 결론에 도달하지 못한 상태다.

온라인 교육에 대한 부푼 희망도 있었다. 칸아카데미Khan Academy를 비롯한 온라인 웹사이트를 통해 학습해본 경험이 누구나 있을 것이다. 온라인 교육을 활용하면 다양한 지식을 전 세계 사람에게 제공할 수 있다. 적어도 온라인 동영상 강의가 끝날 때까지 꾹 참고 자리를 지킬 만큼 의지가 강하고 개념 이해가 빠른 학생에게는 꽤 효과적이라는 것도 증명됐다. 하지만 안타깝게도 이런 학생은 극소수에 불과하다. 그 결과 온라인 교육은 보편적 학습 방식이나 교육 기능으로 자리 잡지 못했다.

설상가상으로 어느 연구 결과에 따르면, 온라인 수업 이용자가 중산층과 중상위층 전문직 종사자들로 나타났는데, 그들은 교사의 도움 없이 혼자서도 충분히 학습할 수 있는 계층이다. 온라인 학습 커뮤니티를 구축하려는 초창기 시도(거대 온라인 공개수업 '무크MOOC: Massive Open Online Course' 같은)는 학생들의 높은 중도이탈률과 낮은 성적 때문에 실패로 돌아갔다. 그런데도 벤처투자자들은 여전히 신기술에 기반을 둔 교육 신생 벤처에 막대한 자금을 쏟아붓고 있다. 세계 교육산업 시장의 규모는 수십조 달러에 이르고 있지만, 여전히 우리가 살아가는 데 필요한 교육을 제대로 제공하지 못하는 게 현실이다.

교육자인 나는, 신기술을 활용한다면 교육을 재창조할 수 있다고 믿는다. 그런데 왜 지금까지는 그러지 못한 걸까? 왜 우리에겐 클리퍼드가 없는 걸까?

현실적으로 기술이 아직 그런 단계까지 도달하지 못했기 때문이다. 물론 조만간 그런 시대가 오겠지만, 현재 기술로는 교육 재창조가 역부족이다. 예를 들면 현재 인터넷 연결은 충분히 강하지 못하다. 설치된 센서도 여전히 부족하다. 인공지능 역시 아직은 만족할 만큼 영리하지 않다. 한마디로 우리는 지금 올바른 방향으로 나아가고 있지만, 클리퍼드가 등장하려면 적어도 10년은 더 있어야 한다.

새롭게 등장하는 기술이 우리가 꿈꾸는 교육의 미래를 따라잡는 수준까지 도달한다면, 신기술은 교사의 도움과 보조를 받아 모든 단계에서 진정한 의미의 일대일 교육을 통해 학습 효과를 극대화할 것이다. 그러면 비슷비슷한 구닥다리 교육 과정은 폐지될 것이다. 똑같은 교재를 사용해 모두에게 똑같은 내용을 가르치는 경직된 수업도 사라질 것이다. 똑똑한 친구를 따라가지 못해 힘들어하는 아이도 없을 것이며, 이해가 늦은 한 명 때문에 모든 학생이 진도를 늦춰야 하는 경우도 없을 것이다. 우리는 이제 기술이 주도하는 학습의 시대로 진입하고 있다. 그 시대에는 모든 사람이 각자 자신에게 필요한 교육을 받고, 인공지능의 도움을 받으며 스스로를 가르치게 될 것이다. 사실 이런 교육 방식은 생소한 게 아니다. 과거 소크라테스 역시 제자들이 스스로를 가르치길 원했기 때문이다.

이런 패러다임의 전환은 엄청난 가능성을 내포한다. 아바타와 인공지능, 연결 학습이 디지털화와 개인 맞춤형 교육을 통해 학습 과정을 극적으로 개선하면, 전 세계 누구나 인터넷을 통해 정보와 교과 과정에 접속할 수 있고, 나아가 최상의 교육을 받을 수 있다. 부유하건 가난하건 모두 동일한 수단으로 인공지능을 활용해 배울 것이다. 그건 마치 가장 부자인 아이나 가장 가난한 아이나 할 것 없이 통신과 소셜 미디어에 접속하기 위해 비슷한 스마트폰을 사용하는 것과 마찬가지다.

교육자의 역할이 지식을 전달하는 것에서 학습 방향을 지도하는 학습 코치로 바뀌게 되면, 그전보다 훨씬 많은 학생을 도울 수 있고, 심지어 원격으로 그 역할을 수행할 수도 있다. 실제로 원격 학습 지도는 이미 수년째 진행되고 있다. 예를 들어 영국 할머니들은 인터넷 전화 스카이프를 이용해 인도 아이들을 가르친다. 스카이프를 활용한 각종 외국어 학습이나 경영 수업도 한창 진행 중이다(당연하지만 이런 교습 방식은 가르치는 쪽에도 혜택을 가져다준다. 일례로 스카이프는 외국에 거주하는 교사를 미국 학생들과 연결해주는데, 학생들은 저렴한 비용으로 외국어 학습을 받고, 반대로 외국인 교사는 현지 기준으로 꽤 짭짤한 수입을 얻게 된다). 물론 동급생이나 선생님과 물리적으로 같은 장소에서 상호작용하는 것은 그 나름대로 장점이 분명히 있다. 다만 동영상 활용 학습과 가상현실 아바타 교사는 교실에 출석해 수업받는 방식을 상당 부분 대체할 수 있고, 실제로 그렇게 될 것이다.

더 놀라운 사실은 이런 교육 방식의 효과가 이미 10년 전부터 연구를 통해 증명됐다는 점이다. 심지어 자원이 매우 한정적인 극빈곤층에게도 효과적인 것으로 밝혀졌다.

수가타 미트라의 '벽에 난 구멍' 프로젝트

1978년에 수가타 미트라Sugata Mitra는 델리의 인도공과대학교에서 물리학 박사 과정을 끝마쳤다. 인도에서 인도공과대학교는 미국의 스탠퍼드나 하버드 대학교와 위상이 비슷한데, 입학 경쟁은 훨씬 더 치열하다. 인도에서 태어나고 자란 미트라는 인도공과대학교에서 공부하며 당시 한창 진행 중이던 컴퓨터 혁명을 온몸으로 경험했다. 그는 관심사를 정보 기술 교육으로 돌렸고, 후에 뉴델리에 위치한 컴퓨터 소프트웨어 및 정보 통신 교육의 선두 주자인 NIIT에 들어갔다.

미트라는 컴퓨터와 에어컨이 놓인 사무실에서 일했다. 하지만 시원한 사무실을 벗어난 바깥에서는 수많은 빈민가 아이들이 제대로 된 교육을 받지 못하고 있다는 사실을 알았다. 미트라가 맡은 일은 첨단 기술 교육 방식을 개선하는 것이었는데, 교과목을 구성하고 교재를 편찬해서 전통적 교육 과정을 설계하는 일도 포함됐다.[1]

미트라는 NIIT에서 일한 지 얼마 지나지 않아 오래된 교육 방식에 의문을 품었다. 인도에서 교사를 구하려면 돈을 많이 줘야 했고, 막상 구해도 실력이 부족한 경우가 있었다. 인도의 시골 마을에서 근무하겠다는 교사도 많지 않았다. 마침 당시는 개인용 컴퓨터 시대가 열린 무렵이었고, 미트라는 조만간 개인용 컴퓨터에 수십 권에 이르는 교재보다 더 많은 지식이 담길 것을 알았다. 한발 더 나아가 미트라는 아이들이 원래 호기심을 타고났고 생각에 막힘이 없기에 교사나 교과서를 비롯한 산업화된 교육의 도움 없이도 스스로 학습 방향을 잡아갈 수 있을 거라 믿었다.

그런 와중에 인터넷 시대가 왔다. 미트라는 자신의 생각을 실험해볼 기회를 얻었다. 1999년 1월 26일, 미트라는 NIIT 건물과 사람들로 바글대는 뉴델리의 칼카지 빈민가를 가로막고 있던 벽에 구멍을 뚫었다. 그런 다음 그 구멍으로 고속 인터넷에 접속할 수 있는 컴퓨터와 모니터, 키보드를 집어넣었다. 동네 아이들이 이 신기한 물건 곁으로 몰려들었다. 아이들은 컴퓨터 시스템 주변에서 무리를 이뤘다. 그리고 이내 학생이라면 누구나 학교에서 배우는 내용들을 스스로 학습하기 시작했다. 아이들은 과학을 배웠고, 영어를 익혔으며, 수학을 공부했다. 어떠한 지침이나 학습 계획, 어른의 도움 없이 스스로 배웠다. 미트라는 빈민가 아이들을 상대로 실험한 결과, 스스로 학습하는 아이들의 학습 속도가 학교에서 배우는 학생들의 학습 속도와 비슷하거나, 심지어 더 빠르다는 사실을 알아냈다.

나는 2000년에 NIIT와 칼카지 빈민가를 방문해서 내 눈으로 직접 그 사실을 확인할 수 있었다. 배움에 대한 빈곤한 아이들의 환희와 열정을 보며 나는 크게 감동받았다. 대다수는 영어를 몰랐지만, 야후 검색을 통해 웹서핑을 했다(당신에는 야후가 검색엔진 1위였다). 아이들은 서로에게 자신이 배운 것을 가르쳤다. 모두 이 첨단 기술을 편하고 신나게 다뤘다. 미트라를 비롯해 칼카지 빈민가를 방문했던 사람 모두에게 그 광경은 경이로운 발견이었다. 10억 명 인구로 구성된 인도에서 그중 절반은 문맹이었다. 그리고 뉴델리의 가장 빈곤한 지역에서 목격한 이 단순하고도 저렴한 교육 실험은 수십 명 아이에게 효과적인 교육을 제공하고 있었다.

미트라는 벽에 난 구멍이 인도인의 계몽으로 나아가는 문임을 깨달았다. 그는 다른 지역에서도 비슷하게 벽에 구멍을 뚫어 자신의 생각이 옳은지를 수차례 검증했다. 검증 결과 그의 생각이 옳았고, 그렇게 '최소 간섭 교육Minimally Invasive Education'이라는 개념이 태동했다. 미트라는 빈민가 아이들이 지식을 쌓을 수 있었던 이유가 애당초 그들의 뇌가 배움의 기회만 주어진다면 스스로 학습할 수 있도록 구성되어 있기 때문이라고 믿었다. 또 자기 주도적 학습의 핵심 성공 요소는 여럿이 어울리며 학습하는 것임을 알아냈다. 그룹 학습은 서구 사회에서는 오래전부터 무척 중요한 교육 방식으로 인식됐지만, 인도에서는 그렇지 않았다. 미트라는 무리 지어 함께 배우는 과정이 아이들의 창의성을 자극하고, 학습에 대한 관심도도 더 높인다는 사실을 밝혀냈다(이 사실을 놓고 볼 때 모든 아이에게 아바타 교사가 생기는 미래에도 그룹 학습은 가상현실이든 실제 교실에서든 꼭 필요한 학습 방식이다).

'벽에 난 구멍The Hole in the Wall'이라는 교육 실험은 어떤 아이든 함께 공부할 친구와 인터넷만 있으면 놀라운 일이 생길 수 있다는 것을 보여주는, 흥미롭고도 안타까운 발견이다. 미트라는 TED 상을 수상해 100만 달러를 상금으로 받았고, 전 세계를 돌며 강의를 했다. 또 학습 지도는 최소화하면서 아이들이 독립적으로 무리 지어 서로 가르치고 배우도록 설계된 최소 간섭 교육에 집중하는 '구름 속의 학교School in the Cloud' 프로젝트를 수십 개나 진행 중이다.

교사들은 더 이상 지식을 전달할 필요가 없다

다양한 형태의 자기 주도적 학습은 대부분이 이른바 역진행 학습Flipped Learning을 향한 작은 시도들이다. 만약 당신이 교육에 관심이 많다면, 역진행 학습이라는 단어를 어디서든 들어봤을 것이다. 역진행 학습은 이 장 앞부분에서 학습 코치 레이철을 언급하면서 설명한 내용이기도 하다. 역진행 학습 모델에서는 교사가 지식 정보를 전달하지도 않고, 학습계획서를 작성하지도 않으며, 교단에서 강의하지도 않는다. 그 대신 교사는 추가 도움이 필요한 학생에게 코치이자 안내자 역할을 해준다. 역진행 학습 모델에서 학생은 이미 녹화된 강의를 보거나, 온라인 동영상을 자신이 원하는 시간에 자신이 원하는 진도에 맞춰 시청한다.

따라서 역진행 학습에서는 인간 교사가 더 이상 학습 계획을 짜거나 행정 업무를 보는 등의 지루한 일을 하지 않아도 된다. 그 덕분에 쓸데없는 업무에 자신의 시간과 기술을 낭비하지 않고 판단력과 미묘한 감각, 감성 지능이 필요한 더 힘든 일에 온전히 자신의 능력을 쏟아부을 수 있다.

역진행 학습 이론은 상당히 설득력 있다. 역진행 학습에서는 시간이 많이 걸리는 교사의 업무를 교사보다 더 잘할 수 있는 사람으로 대체한다. 예를 들어 강의와 학습 계획을 매년 조금씩 지속해서 수정하는 건 전통적으로 교사의 업무였다. 그런데 왜 전국 모든 교사가 그 일에 매달려야 하는가? 이들을 대신해서 해당 주제 관련 최고 교육자가 강의한 동영상이나 직접 작성한 학습계획서를 교실에서 사용하면 안 될까? 이런 자료를 이용한다면, 교사들은 남는 시간에 학생들과 일대일로 더 많은 시간을 보내며 개개인에게 맞춰 학습을 지도하고 조언을 해줄 수 있다. 역진행이라는 개념이 나온 것도 이 때문이다. 즉 기본적인 기술과 지식은 학교가 아닌 집에서 배우고, 연습이나 프로젝트를 진행하고 토론하는 것은 학교에 모여서 하는 것이 바로 역진행 학습이다.

그렇다면 이 새로운 교육 방식은 기존 교육 방식의 개선된 형태일까? 이 질문에 대해 나는 힘을 주어 "그렇다!"라고 답하고 싶다. 교사들은 훌륭한 학습 코치다. 그들은 훌륭한 지식전달자이기도 하지만, 지식을 전달하기보다 학습 과정을 지도해서 학생 스스로 최고의 학습 능력을 발휘하도록 하는 게 능력 있는 교사가 할 일이다. 그리고 신기술의 발전은 교사들이 가장 잘하는 업무에 집중하고, 학생들에게 가장 유용한 것을 지도하는 데 집중하게 할 것이다.

당연히 머리 좋은 사업가들이 이런 기회를 놓칠 리 없다. 구루러닝Gooru Learning, 티처스페이티처스Teachers Pay Teachers, 셰어마이레슨 Share My Lesson 같은 온라인 학습 계획 마켓플레이스는 다른 활동에 더 많은 시간을 쏟고 싶어 하는 교사들이 고품질 학습 계획(저품질도 상당수다)을 구매해 즉각 사용할 수 있게 한다. 우리는 지금이라도 당장 센서와 데이터, 인공지능을 이용해 다양한 강의 방식 효과를 측정할 수 있다. 인간은 방대한 정보를 분석해서 반복적인 결정을 내리는 능력이 매우 약하기에, 가까운 미래에는 학습 계획을 컴퓨터가 대신 짜주는 경우가 갈수록 늘어날 것이다. 컴퓨터는 기본적인 학습 계획을 작성한 후 특정 학생에게 어떤 학습 방식이 효과적이고 어떤 학습 방식이 비효과적인지 알게 될 것이다. 이런 시대가 오더라도 창의적인 교사는 여전히 높은 가치를 인정받을 것이다. 그들은 컴퓨터가 스스로 생각해내지 못하는 방식으로 학습 계획을 개선하는 컴퓨터 알고리즘 자체 조절 방법을 배울 것이기 때문이다.

물론 이런 모든 상황이 벌어지면 좋으면서도 한편으로 씁쓸할 것이다. 원래 교사라는 직업은 이상적 측면이 강하다. 아마 당신도 당신 인생에 큰 영향을 끼쳤거나, 당신의 관심사를 계속 격려하고 학교에 가는 것을 신나게 했던, 특별한 선생님이 있을 것이다. 영화나 대중문화에는 박봉에 시달리면서도 학생들의 앞날을 열어주기 위해 희생하는 헌신적 교사에 대한 찬가가 가득하다. 하지만 갈수록 부인할 수 없는 사실은, 로봇의 진입에 저항해온 다른 많은 사무직 일자리와 마찬가지로 교사라는 직업도 로봇이 대체할 수 있다는 것이다. 심지어 정형화된 교과목에서는 로봇이 인간보다 더 나은 교사가 될 수도 있다.

신기술이 어떻게 효과적으로 교육과 접목해 지식 정보의 전달 방식을 바꿀지는 아직 지켜봐야 한다. 이런 불확실성은 기술 발전 초기 단계에서 나타나는 특징이자 모든 분야에서 목격되는 문제로, 인공지능의 급속한 개선과 함께 해결될 것이다. 인공지능의 발전에 저항하던 많은 분야(음성인식, 무인자동차, 작곡 등)에서 현재 인공지능이 급속도로 발전하고 있는 것처럼, 아바타 교사와 인공지능 기반 교육도 빠르게 발전하게 될 것이다. 컴퓨터가 개인에게 최적화된 맞춤형 학습 자료를 설계하게 되면, 비록 그로 인해 교사라는 직업에 대한 경외심과 신비감은 감소되더라도 전체적 교육 체계는 더욱 완벽해질 것이다. 그러면 반복 가능하고 비용이 적게 드는 개인별 맞춤형 교육 방식도 널리 대중화될 것이다. 우리가 해야 할 일은 뛰어난 교사들의 머릿속에 담긴, 학생에게 다가가는 효과적인 방법을 끄집어내서 이를 소프트웨어 기반의 인공지능으로 변환하는 것이다. 그런 식으로 기계는 최고의 교사를 관찰해 그들로부터 최고의 지도 방식만 배울 것이다. 그리고 교사는 기계를 활용해서 아이들 각각에게 최고의 교육경험을 전달하게 될 것이다.

미래의 교육 혜택은 모두에게 골고루 돌아갈까?

그렇다면 아바타 교사가 가르치는 미래의 교육은 모든 사람에게 골고루 혜택이 돌아갈까? 나는 결국 그렇게 될 거라고 확신한다. 다만 단기적으로는 아이들(그리고 어른들)을 가르치는 이런 새로운 교육 방식이 부유층과 선진국에 유달리 많은 혜택을 줄 것이다. 실제로 지금도 가난한 학교는 부유한 학교에 비해서 첨단 기술의 혜택을 덜 누리고 있다. 가난한 학교는 부자 학교보다 학생당 컴퓨터 숫자도 적다. 그나마 있는 컴퓨터조차 망가졌거나 제대로 관리되지 않을 가능성이 크다. 빈곤층일수록, 시골에 사는 사람일수록 부유한 도시 거주자들에 비해 인터넷을 사용하거나 초고속 인터넷의 혜택을 누릴 확률이 더 낮다. 그리고 대부분의 경우 초고속 인터넷을 사용하려면 시골 사람들이 도시 사람들보다 더 큰 비용을 지불해야 한다.

안정적이고 빠른 인터넷 접속은 데이터 기반의 역진행 학습을 실현하는 데 필수적인 핵심 요소다. 그런데 이 혜택은 오늘날 미국을 비롯한 많은 국가에서 부자와 가난한 사람 간에 차별적으로 불공평하게 배분되고 있다. 그러나 다음의 두 가지 기술의 발전은 이런 불공평한 상황을 완화할 것이다. 첫째는 인터넷 속도가 전 세계 전역에서 빨라지고 있다는 것이다. 둘째로 향후 우리가 들고 다니는 휴대용 장치는 온라인에 접속을 하지 않고도 충분히 인공지능을 작동할 만큼 발전하게 될 것이다.

따라서 교육에서도 무어의 법칙은 또다시 유효하다. 반가운 소식은 교육의 빈부 격차는 향후 10년 이내에 상당 부분 사라지고, 교육의 혜택도 더욱 골고루 돌아가게 된다는 것이다. 물론 부자일수록 새로운 기술을 더 빨리 접하게 될 것이다. 하지만 기술이 발전하고 전파 방식도 개선되면, 그 기술을 사용할 수 있는 계층도 피라미드의 아래쪽으로 빠르게 확장될 것이다.

교육은 인간의 자주성을 강화하는 데 가장 효과적이기에 더 나은 교육 혜택이 더 많은 사람에게 돌아간다면 모두가 승자가 될 수 있다.

유전자 혁명과 맞춤형 의료

24시간 개인 주치의 vs. 데이터화될 우리의 몸

의료 기술의 발전이 가져다줄 혜택은 결국 모두에게 돌아갈 것이다. 누구나 스스로 자신에게 고품질 건강관리를 제공하고 소프트웨어 주치의가 24시간 곁에서 함께할 것이다.

죽을 뻔한 경험을 하고 나면 우리가 약과 의료 체계에 얼마나 의존하고 있는지를 분명히 깨닫게 된다. 나는 2012년 심각한 심장마비를 겪었고, 거의 죽다 살아났다. 나를 살린 건 의사들이었다. 그 참혹한 사건 이후 나는 건강과 의학 분야의 기술 발전을 주의 깊게 관찰해왔다. 그 과정에서 왜 우리의 의료 체계가 질병을 예방하기보다 발병한 환자를 치료하는 데 더 집중하는지 의문스러웠다. 의료 종사자들은 이런 접근 방식을 건강관리 또는 예방의학이라 부른다.

의료 기술의 발전을 연구하는 과정에서 나는 환상적 미래가 다가오고 있음을 알게 됐다. 심박동 수와 다른 기본적 건강 상태를 모니터링할 수 있는 아이폰 앱들이 출시되기 시작했다. 이후

7. 유전자 혁명과 맞춤형 의료 **95**

훨씬 복잡해진 앱도 출시됐는데, 이런 앱들은 스마트폰 카메라로 이미지를 스캔한 뒤 반점 같은 특이 사항이나 피부색으로 건강에 이상이 있는지를 확인할 수 있었다. 그다음 단계로는 ECG 크래들 같은 아이폰 부착용 장비가 등장했다. 나는 유전학자들과 대화를 나눴는데, 그들은 내게 컴퓨터의 급속한 발전 덕분에 인간 게놈을 해독할 수 있게 되고 심지어 이전에는 없던 완전히 새로운 DNA를 작성할 수 있게 됐다고 말했다(최근에는 기술이 더욱 발전해 DNA를 편집하는 건 이제 고등학교 화학실을 운영하는 것만큼 쉬워졌다).

스마트폰 사용 확대와 드론, 무인자동차의 발명을 가져온 기하급수적 기술 발전 곡선은 이제 의료 기술 분야에서도 똑같이 발견되고 있다.

전반적으로 의료 기술의 발전은 우리가 의료 체계를 활용하는 방식과 그것을 바라보는 인식 자체를 완전히 바꿔놓고 있다. 비로소 건강관리와 예방의학 방향으로 나아가고 있다. 이제 우리는 과거와는 비교도 할 수 없을 만큼 개인화된 진단과 치료를 제공받게 됐다. 의료 소비자로서 우리는 미래에 자신의 건강관리에 대한 더 많은 지식을 갖게 되고, 더 많은 권한을 행사하게 될 것이다. 그리고 미래에 우리는 육체와 정신을 강화하기 위해 10년 전만 하더라도 상상조차 할 수 없었던 생물학적·기계적 수단을 사용하게 될 것이다. 물론 그러려면 우리 사회가 먼저 '증강 인간Human Augmentation'을 허용하기로 결정해야만 할 것이다.

다이어트와의 전쟁 그리고 맞춤형 의료의 새로운 패러다임

의료 분야의 최첨단 기술을 둘러보기 위해서는 아마 우리한테 친숙한 소재로 이 장을 시작하는 게 좋을 것 같다. 다름 아닌 우리의 허리둘레다. 나는 먹는 걸 좋아한다. 하지만 심장마비를 겪은 후로 식단을 세심하게 관리하기 시작했다. 그리고 인류가 직면한 가장 심각한 건강 문제가 이른바 '풍요의 질병'이라 불리는 비만임을 깨달았다. 미국 질병통제예방센터에 따르면, 미국 성인의 36.5%가 비만이다. 인도와 중국을 비롯한 개발도상국에서도 비만 인구가 급속도로 증가하고 있다. 비만은 치명적인 일상 질환인 당뇨병, 심장병과도 밀접한 관련이 있다. 컨설팅업체 맥킨지는 비만의 세계적 영향에 대해 분석한 후 비만으로 인한 의료비 지출, 생산력 상실, 사망에 따른 손해액이 매년 2조 달러에 이를 것이라고 예측했다.[1]

현재 비만 관리는 대체로 두 가지 범주로 나뉜다. 다이어트와 운동이다. 우리는 매년 수십억 달러를 헬스클럽과 다이어트약, 체중 감소 프로그램에 지출하지만 여전히 체중계 눈금은 계속 올라가기만 한다. 우리는 저탄수화물 다이어트, 구석기 다이어트, 황제 다이어트, 프리티킨 다이어트를 비롯한 다양한 다이어트 열풍을 모두 거쳐왔다. 스피닝부터 크로스핏, 줌바 댄스까지 기적의 운동법도 시도해봤다. 이렇게 우리는 다이어트와 헬스클럽, 살 빼는 약, 비만 대사 수술에 엄청난 돈을 썼지만 그중 어떤 것도 장기적 효과는 없어 보인다. 비만과 싸우는 게 이리도 힘든 이유는 여전히 수수께끼로 남아 있다.

비만과 마찬가지로 대다수 복합적 건강 질환의 원인은 여전히 우리의 이해 범주를 넘어선다. 아이폰과 아이패드, 노트북컴퓨터, 초강력 슈퍼컴퓨터를 활용하면서도 여전히 인간의 신체 기능에 대한 이해도는 놀랄 만큼 낮은 수준에 머물러 있다. 이런 무지는 의료 분야에서도 고스란히 드러난다. 신진대사부터 신경 과학, 인간 DNA의 중대한 분자운동, 장내 박테리아의 상호작용에 이르기까지 우리의 무지는 여실히 드러난다. 그나마 다행인 건 우리가 이런 수수께끼를 밝히기 위한 초기 단계에 진입했다는 것이다. 미래에는 개인의 생물학까지 모두 이해하게 될 것이다. 인간의 신체는 모두 조금씩 다르고, 따라서 치료 효과를 극대화하려면 당연히 처방도 게놈과 환경, 생활 방식에 따라 맞춤형으로 개인화되어야 한다.

사람들은 다양한 음식과 운동 방식, 행동 자극에 각기 다르게 반응한다. 일부 사람들은 정제당을 적당히 섭취했는데도 당뇨병에 걸린다. 반면 정제당을 더 많이 섭취해도 당뇨병에 걸리지 않는 사람이 있다. 이처럼 우리 몸의 생물학적 반응이 우리가 운동을 규칙적으로 하든 하지 않든 상관없이, 심지어 친구가 누구인지에 따라 매일, 매달 달라진다는 증거는 무수히 많다.

이런 외부적 자극에 대해 우리 신체가 다르게 반응하는 까닭은 우리가 이제 막 이해하기 시작한 생물학적 요인과도 관련 있을 가능성이 크다. 우리는 식습관과 유전자뿐 아니라 신진대사 수치의 변화와 내장 속 박테리아의 다양성, 우리의 환경(우리가 호흡하는 공기와 마시는 물, 섭취하는 음식에 포함된 화학물질)에 대해 이해하기 시작했다.

이런 기초적 지식을 알게 되면, 우리는 진정한 의미의 개인 맞춤식 의료 시스템에 착수할 수 있다. 인간 DNA 분석 비용은 현재 1,000달러 수준인데, 향후 5년 이내에 100달러 미만으로 떨어질 것이다. 10년 내에는 스타벅스에서 라테 한 잔을 사 마시는 비용 정도로 저렴해질 것이며, 『뉴욕타임스』 일요판을 읽는 데 걸리는 시간보다 더 빨리 끝날 것이다. 하지만 이 책에서 제시하는 비판적 시각으로 볼 필요가 있다. 과연 이런 혁신에 따른 혜택이 모든 사람에게 공평하게 돌아갈까? 아니면 이미 크게 벌어져 있는 건강 및 의료 혜택의 빈부 격차를 더욱 벌려놓을 것인가?

유전자 혁명이 이뤄낼 맞춤형 진단 의학 시스템

유전자 분석 비용이 급격히 낮아지면서 이제 유전학자들은 빠른 속도로 연구를 진행할 수 있게 됐다. 그 결과 많은 사람의 유전자를 갈수록 더 많이 해독할 수 있다. 표본군만 충분히 방대하다면, 과학자들은 우리의 유전자가 건강에 어떤 영향을 미치는지 더 분명히 이해하게 될 것이다. 그러면 조만간 우리의 환경과 우리가 섭취하는 음식, 우리가 복용하는 약이 어떤 식으로 우리 유전자와 신체의 복잡한 상호작용에 영향을 주는지도 알게 될 것이다.

인간 신체에 대한 유전자의 역할을 규명하는 공식의 첫 단계는 이미 이해가 되는 수준까지 도달했다. 이제 남은 건 유전학의 한층 더 깊은 단계이자 더 중대한 내용인 이른바 후성유전학 epigenetics이다. 후성유전학은 우리의 유전자 기능이 인간의 신체와 환경 또는 다른 자극과 상호작용하면 어떤 영향을 받는지를 연구하는 학문이다. 이미 최신 연구에서는 박테리아 생물군계를 해독해 마른 사람과 뚱뚱한 사람의 장에 서식하는 박테리아가 서로 어떻게 다른지를 연구하려는 시도가 진행되고 있다.

인간의 신체 기능을 이해하는 데 도움되는 다른 기술도 있다. 현재 과학자들은 기능성 자기공명영상fMRI: functional Magnetic-Resonance Imaging을 활용해 신체에서 일어나는 생물학적 현상을 포착한다. 센서의 크기가 작아지면서, 우리는 조그만 알약을 삼켜 생물학적 현상을 모니터링하고 그 결과를 실시간으로 의사와 우리의 스마트폰 또는 스마트워치로 전송하게 될 것이다. 그리고 이때 중요한 사실은, 당연한 말이지만 지금보다 더 나은 데이터를 수집하는 것이다. 이런 방대한 데이터는 건강과 예방의학을 위한 시도를 빅데이터를 활용한 기여도 분석 사안으로 바꿔놓을 것이다. 사실 기여도는 온라인 광고나 전자 상거래 종사자에게 아주 친숙한 개념이다.

온라인 동영상 서비스 넷플릭스Netflix에 중요한 기여도 문제는 수백 개 마케팅 메시지를 어떤 식으로 조합했을 때 특정한 잠재 사용자가 넷플릭스 서비스를 구독하게 할 수 있느냐이다. 얼마 전까지만 해도 실생활에서의 기여도 분석은 거의 불가능한 것으로 여겨졌다. 엄청난 컴퓨팅 용량이 필요했고, 그런 활동을 수행할 소프트웨어도 존재하지 않았기 때문이다.

오늘날 실생활 기여도 분석에 필요한 컴퓨팅 용량은 아마존에 적당 비용을 지불하고 인터넷에 접속하면 즉각 이용할 수 있다. 아마존은 슈퍼컴퓨터와 맞먹는 컴퓨팅 용량을 시간 단위로 임대한다. 넷플릭스 기술자들은 하둡Hadoop이나 헥사데이터Hexa-data 같은 최첨단 빅데이터 소프트웨어를 이용해 '사용자 여정'이라 부르는 활동을 추적한다. 사용자로부터 특정 반응을 원하는 대로 끌어내기 위해 어떤 사용자의 상호작용이 가장 중요한지를 포착하는 것이다. 고객들은 온라인 광고와 검색 엔진 결과, 유기적 뉴스 콘텐츠, 이메일, 그 밖의 다양한 매체를 통해 넷플릭스를 수십 번 접한 후에야 비로소 서비스를 구독하기 마련이다. 넷플릭스 개발팀은 매체별 사용자가 구독하기로 (또는 구독하지 않기로) 결심하는 데 얼마나 영향을 미치는지를 기준으로 가중치를 부여한다. 매체별 사용자들의 로그인 횟수, 영화 취향도 측정할 수 있다.

현재 우리는 의료 분야에서도 동일한 기술을 빠르게 개발 중이다. 2020년대 초반이면 당신의 게놈과 마이크로바이옴microbi-ome, 당신의 행동 양식과 주변 환경이 모두 지도화되고 측정될 것이다. 그러면 인공지능에 기반을 둔 맞춤형 진단 의학 시스템이 당신의 데이터를 입력해서 이런 모든 요인에 대한 일반 사람들의 데이터와 비교해 건강하게 장수할 수 있는 맞춤형 건강관리 프로그램을 당신과 당신의 의사에게 처방해줄 것이다.

지금보다 개선된 의료 기술을 활용한다면 당뇨, 심장병, 우울증, 황반병선 같은 일부 만성 질환을 즉각 진단해서 더 적극적으로 예방할 수 있고, 개인의 상태에 맞게 더욱 효과적으로 치료할 수 있다.

병든 자여, 스스로를 진단하라

다가오는 맞춤형 건강관리 시대에는 이전에는 원인을 알지 못했던 질환도 효과적으로 치료할 수 있을 뿐 아니라, 의료 지식이 없는 일반인도 자신을 더 잘 진단하고 치료할 수 있게 된다. 인공지능을 활용한 진단 도구는 환자들이 스스로 자신의 혈액검사 결과를 해석하고, 자신의 유전자와 최신 의료 기술을 선택하는 데 필요한 정보와 판단 근거를 제공할 것이다. 사실 이런 능력은 오늘날 의사들조차 얻기 힘들다. 의학 지식은 의사들이 새로운 정보를 흡수할 수 있는 능력보다 훨씬 빠른 속도로 방대하게 발전하고 있기 때문이다.

흥미롭게도 자기 진단에 반대하는 측에서 반복적으로 내놓는 논리가 바로 환자들이 해석하기에는 정보가 너무 방대해 오히려 혼란만 부추긴다는 것이다. 하지만 검진 비용이 갈수록 낮아지고 자가 의료 기술이 확대됨에 따라 의료계는 결국 게임의 형태를 바꿀 수밖에 없을 것이다. 즉, 가까운 미래에는 이런 새로운 형태의 의료 기술을 이해하는 영리한 의사들이 경쟁력을 얻게 될 것이다.

우리는 의료 정보에 대한 낮은 이해도 문제를 당장 해결해야만 한다. 현재 검진 결과 내용은 하나같이 의료계에서만 사용하는 상형문자 같은 용어로 적혀 있다. 만약 단순하고 명료한 용어를 사용한다면 평범한 환자라도 자신의 상태를 더 잘 이해할 수 있을 것이고, 그렇다면 더 중요한 질문을 던질 수 있다. 인도계 미국인 생체공학자 카나브 카홀Kanav Kahol이 개발 중인 의료 장비도 그런 노력의 일환이다. 그의 목표는 문어발처럼 복잡한 부분을 다 제거함으로써 건강관리 상품을 일반 소비용품처럼 간편하고 편리하게 만드는 것이다.

의료 분야의 구세주가 된 기업가들

애리조나 주립대학교 생체정보의학과 소속의 카홀은 2011년 고향 뉴델리로 돌아왔다. 당시 그는 기성 의료계가 건강검진 비용을 낮추는 데 전혀 관심이 없고, 그에 필요한 연구 자금을 받을 가능성이 없다는 사실에 상당히 실망한 상태였다.

카홀은 대부분의 의료 장비가 컴퓨터 디스플레이와 회로 구조가 거의 유사한데도 외형을 지나치게 복잡하게 만들어서 오직 숙련된 의료진만 사용할 수 있도록 해놨다는 사실을 깨달았다. 당연히 가격도 엄청나게 비싸서 한 대에 수천, 수만 달러에 달했다. 그 덕분에 미국 의료계는 비쌀 이유가 전혀 없는 검진조차 엄청난 비용을 청구할 수 있었다.

카홀은 의료 장비에 부착된 센서가 흔히 구할 수 있고, 몇 달러만 지불하면 살 수 있는 물건이라는 사실을 알았다. 그는 그 센서를 일반 컴퓨터 플랫폼에 연결하면 시장에서 판매하는 태블릿 컴퓨터 디스플레이에 검진 결과를 띄울 수 있겠다고 생각했다. 그러면 의료 장비 가격도 크게 낮출 수 있을 거라 확신했다. 또 센서가 감지하는 데이터를 기본적인 의료 훈련을 받은 사람이면 충분히 이해할 수 있게, 나아가 이 의료 장비를 가정에서 일반인들도 쉽게 이해하고 사용할 수 있게 만들고 싶었다.

카홀과 동료 인도인으로 구성된 기술팀은 진단 장비의 시제품을 만들었다. '스와스티야 슬레이트Swasthya Slate'라는 이 장비는 단 3개월 만에 만들어졌고, 제작비도 1만 1,000달러에 불과했다. 이 장비는 상용 안드로이드 태블릿을 사용했는데, 4-전극 심전도 장치, 의료용 체온계, 수질 측정기, 심박 모니터가 장착됐다. 기술팀은 2015년에는 완전히 새롭게 디자인한 '헬스큐브 프로HeathCube Pro'라는 장비를 만들었다. 이 장비는 33개 진단 절차를 수행하는데, 12-전극 심전도 장치가 장착됐고 혈압과 혈당, 심박 수, 혈중 헤모글로빈 수치, 단백뇨와 글루코스는 물론 HIV, 매독, 맥박과 산소, (심장마비와 관련된) 트로포닌까지 측정할 수 있는 센서도 장착됐다.

카홀이 저명한 경제학자이자 유행성 질병 전문가인 라마난 락스미나라얀Ramanan Laxminarayan과 공동 설립한 헬스큐브드Health-Cubed는 현재 미국에서 법인으로 등록되어 있다(나는 헬스큐브드가 선보인 저렴한 의료 진단 기술이 확산되면 그 혜택이 아주 클 거라 생각해 2016년 8월 회사 이사진에 합류했다. 그리고 회사의 이사로서 헬스큐브드가 남미와 아프리카에도 이 저렴한 진단 기술을 선보일 수 있도록 돕고 있다. 알다시피 이 두 지역은 값싼 의료 진단 기술이 가장 필요한 곳이며, 이 기술만 있으면 수백만 명의 목숨을 살릴 수 있다. 스탠퍼드 메디컬센터의 저명한 신경외과 의사 짐 도티도 헬스큐브드 이사회에 동참해 미국에서 저렴한 의료 진단 기술의 혜택을 가장 크게 볼 수 있는 계층에게 이 기술을 확산하는 데 일조하고 있다).

헬스큐브드의 최신 진단 장비는 대당 1,200달러에 팔리며, 현재 인도 북부에서 210만 명이 사용 중이다. 진단 결과도 병원에서 사용하는 최고급 의료 장비만큼 정확한 것으로 증명됐다. 그리고 미국에서라면 절대 빛을 보지 못했을 이 장비 덕분에 수많은 사람이 목숨을 구할 수 있었다.

빠르게 진입해서 시장을 뒤엎고 생명을 구하라

헬스큐브드 프로그래머들은 전문 지식이 부족한 사람도 진단 장비를 이용할 수 있고, 병원 일선에서 일하는 직원도 편리하도록 다양한 형태의 인공지능에 기반을 둔 앱을 개발했다. 그리고 인도 여러 지역에서 테스트를 진행했다. 첫 번째 장비의 시험 테스트는 크게 성공을 거뒀다. 혈압과 단백뇨 센서 임상 시험에서 임신중독증을 진단하는 데 성공한 것이다. 임신중독증은 인도에서 산모 사망률 15%를 차지하는 질병이자 서구에서도 중대한 질환 중 하나다. 임신중독증에 걸린 여성은 아이를 출산하다가 과다 출혈로 사망할 확률이 상당히 높다. 카홀이 내게 보여준 자료에 따르면, 이 진단 기기가 도입되기 전 펀자브주 무크차르에서 산모 250명을 대상으로 임신중독증 검사를 했는데, 그중 10명이 확진 판정을 받았다. 임신중독증은 임신 말기에나 발견되기에 결국 확진받은 10명 중 8명은 사망하고 말았다. 모두 합치면 그해에만 100명 넘는 여성이 이 질환으로 사망했고, 그중 상당수는 임신중독증 검사조차 받지 못했다. 헬스큐브드의 진단 장비가 도입된 이후 예비 엄마 약 1,000명이 임신 3개월 차에 임신중독증 검사를 받았고, 그중 120명이 확진 판정을 받았다. 다행히 임신 초기에 질환이 발견되어 모두가 필요한 치료를 받았고, 아무도 사망하지 않았다. 고작 1,200달러에 불과한 진단 장비 한 대가 한 번의 임상 시험에서 32명의 목숨을 살린 셈이다.

2014년 3월 인도 정부는 북부 잠무카슈미르주의 여섯 구역에 스와스티야 슬레이트 장비 1,100대를 시험 도입했다. 그 전까지 출산 전 임신중독증 검사는 14일이 걸렸고, 산모들은 이 병원 저 병원을 옮겨 다니며 여러 검사를 받아야 했다. 당연히 바쁜 예비 엄마들(상당수는 온종일 밖에서 일하며 가사일까지 도맡아야 했다)은 임신중독증 검사에 소극적일 수밖에 없었다.

하지만 새로운 진단 장비가 도입되면서 임신중독증 검사 전 과정은 단 한 번 병원 방문으로 45분이면 끝났다. 그리고 병원 직원들이 검사 결과 기록, 양식 작성 등 서류 작업에 근무 시간을 할애하는 비율도 54%에서 8%로 대폭 감소했다. 수만 명 인도인이 기존에는 경험하지 못한 의료 혜택을 누릴 수 있게 된 것이다. 그리고 인도에서 시행하는 임신중독증 검사는 미국 팰로앨토나 뉴욕에서 받는 검사와 동일하다. 맨해튼에 거주하는 헤지펀드 거물의 부인들에게나 허용되던 진단 도구를 가까운 미래에는 전 세계 모든 예비 엄마들이 이용할 수 있게 될 것이다. 이처럼 의료 혜택은 갈수록 모두에게 공평하게 분배되고 있다.

락스미나라얀은 헬스큐브 프로를 공장에서 대량생산할 경우 가격이 대당 150달러까지 떨어질 수 있다고 믿는다. 만약 그게 현실이 된다면 의사 대 환자 비율이 1:1,000에도 미치지 못하는 개발도상국에서는 엄청난 변화가 일어날 수 있다.[2]

놀랍게도 이런 상황은 개발도상국에만 해당하는 건 아니다. 미국의 상당수 시골 지역도 의사 수가 대단히 부족하다. 웨스트버지니아, 알래스카, 미시시피 같은 빈곤하고 고립된 지역들은 인도와 비슷한 의료 문제로 고통받고 있다. 미국 도심 내 빈곤 지역도 임산부들이 건강을 유지하는 데 힘겨워하고 있다. 충격적 사실은 미국에서 임신과 관련해 사망한 여성의 수가 1987년에 비해 두 배나 증가했다는 것이다.[3] 미국에서 자연분만 도중 흑인 임신부가 사망한 건수는 10만 건 중 42.8건으로, 백인 임신부의 사망 건수 12.5건과 비교할 때 세 배나 높다. 심지어 제약 회사 머크에 따르면, 미국 일부 지역의 경우에는 임신을 했거나 아이를 낳은 여성의 사망률이 사하라 남부 아프리카 지역보다 높다.[4]

아시아와 라틴아메리카, 아프리카 대부분 지역에서도 의사가 절대적으로 부족하다. 진단 장비는 너무 먼 곳에 있다. 시설을 제대로 갖춘 병원을 방문하려면 온종일 가야 하거나, 심지어 비행기를 타야 한다. 도심 내 빈곤의 늪에 빠져 있는 미국 여성이 최고 수준의 의료 혜택을 받으려면 엄청나게 높은 관료주의의 장벽을 넘어서야 한다. 헬스큐브 프로 같은 의료 장비가 있으면 의사를 만나기 힘든 환자들도 스카이프나 페이스타임을 이용해 진단을 받을 수 있다. 원격 의료는 급성장하는 분야인데, 문제는 환자가 병원을 직접 방문해야만 간호사들이 진단에 필요한 정보를 충분히 수집한다는 것이다. 따라서 환자 스스로 집에서 편하게 정기 검사를 실행하고, 그 데이터를 서버에 올려 의사와 공유할 수 있다면 건강관리의 질은 현격히 향상할 것이고, 반대로 비용은 극적으로 낮아질 것이다.

인공지능을 활용한 앱이 건강 데이터를 지속적으로 모니터링하면 질환을 예방할 수 있다. 특히 생활 습관에서 비롯되는 질병인 당뇨나 심혈관 질환을 예방하는 데 탁월한 효과를 보일 것이다. 나아가 스마트하게 디자인된 사용자 인터페이스를 지닌 건강관리 시스템을 사용할 수 있는 환자라면 충분히 IBM 왓슨이나 다른 인공지능을 사용해 자가 진단도 가능할 것이다. 그러면 초기 질병 발견과 진단 과정에서 의사의 도움이 전혀 없어도 된다(물론 고난도의 치료를 위해서는 여전히 의사의 도움이 필요할 것이다). 따라서 고품질 건강관리 방식을 제공하는 데 드는 비용은 확실하게 떨어질 것이며, 초고가 의료 서비스를 제공하는 최고급 병원의 악랄한 저항에도 예방을 중시하는 건강관리는 점차 지역

사회로, 결국에는 모든 가정으로 확산될 것이다. 그러면 왕진이 다시 유행할 것이다. 다만 미래의 왕진은 우리가 아는 개념과 다르다. 미래에는 의사가 집에 상주할 것이다. 인공지능의 도움을 받으면 당신 자신이 의사가 될 수 있기 때문이다. 자, 당신은 의대에 갈 준비가 됐는가?

건강관리의 중심을 병원이 아닌 가정으로

소비자용 전자 장치와 건강관리 장비의 경계는 이미 흐려지고 있다. 『와이어드』 매거진의 책임편집자를 역임한 토머스 괴츠Thomas Goetz가 만든 앱 '아이오다인Idodine'은 일반인이 자신에게 맞는 치료약을 고를 수 있도록 돕는다. 이 앱은 실제 복용자들이 매긴 평점과 부작용 정보를 활용하는데, 이런 정보는 의사조차 모르는 경우도 있다. 임신 가능 확률을 추적하는 인기 앱인 '글로우Glow'는 여성이 자신의 배란기를 알고 성공적으로 임신할 수 있도록 돕는다. 거대 제약회사 로슈는 '아큐첵 커넥트Accu-Check Connect'를 개발했다. 이 앱은 소형 포도당 모니터링 시스템과 연결되어 당뇨 환자들과 담당 의사들이 적절한 인슐린 투여량을 결정하는 것을 돕는다. 이와 비슷하게 현재 개발 중인 장비는 수백 가지가 넘고, 우리의 건강 상태를 모니터링하기 위해 개발 중인 앱은 자그마치 수천 가지에 이른다.

카나브 카홀과 라마난 락스미나라얀이 뉴델리에서 헬스큐

브 프로를 만들어낸 것처럼 각국 기업가들은 자신이 속한 공동체의 건강 문제, 나아가 전 세계인의 건강 문제를 해결하기 위해 첨단 의료 기술 시장에 뛰어들고 있다. 사실 이런 시도는 수익 측면에서도 긍정적이다. 건강관리 시장은 전 세계 단일 산업이라 규모가 가장 크고, 불황이나 경제 위기의 영향을 거의 받지 않는다. 기업가들이 의약 산업을 완전히 새로운 시각으로 재창조하려는 것도 이 때문이다.

건강관리 패러다임이 병원 아닌 가정으로 전환되면 우리는 각자의 건강을 더 잘 관리할 수 있을 뿐 아니라, 건강 상태에 대한 더 나은 정보를 얻을 수 있다. 또 건강 진단 비용도 급격히 낮아질 것이다. 모든 사람이 스마트폰 앱을 누르는 것만큼이나 쉽고 편리하게 최고급 건강관리 서비스를 누릴 것이다. 이제 환자가 스스로 자신의 상태를 책임지게 될 것이다. 방대한 데이터를 토대로 한 분석은 우리의 건강 증진을 위해 활용되고, 나아가 불필요한 통증과 고통, 사망을 초래한 기존 의료 체계의 문제점을 해결하는 데도 적용될 수 있다. 지식을 더 많이 이해하면, 결국 가장 정밀한 의료 절차까지 상당 부분 자동화해서 안전하게 만들 것이다.

맞춤형 의료는 인간의 자율성을 높여줄 것인가?

지금까지 우리는 맞춤형 의료가 가능해질 미래의 건강관리 체계를 쭉 훑어봤다. 그 과정에서 나는 의료 기술의 발전 범위와 깊이에 대해서도 대략 설명했다. 확실한 건 의학이 점차 정보기술화되면서 기하급수적 속도로 발전하고 있다는 것이다. 인간의 몸은 이제 데이터화되고 있다. 의사들은 점차 소프트웨어로 변모하고 있다. 그리고 전 세계 기업가들이 의료 기술의 혁명에 앞장서고 있다.

따라서 핵심 질문은 이런 미래에 모든 사람이 동등하게 혜택을 누릴 것인가이다. 의료 기술의 경우에 나는 그렇다고 확신할 수 있다. 미국과 다른 여러 국가에서 건강관리는 빈부에 따른 격차가 극명한 분야다. 상류층과 중산층 그리고 의료보험이 활성화된 국가에 거주하는 국민은 나머지 사람들보다 상대적으로 훨씬 좋은 의료 혜택을 누린다. 건강관리 체계는 여전히 지극히 불합리하고 불투명하며, 너무 복잡하고 이해하기 힘들다. 당연히 이런 구조는 더 나은 교육을 받은 이들(대체로 이들은 돈도 더 많다)이 더 나은 의료 혜택을 누리게 되는 구조다. 미국에서 지역마다 산모 사망률 차이가 큰 것도 이런 이유 때문이다.

위에서 언급한 건강관리 기술과 아직 시장에 출시되지 않은 여러 기술은 우리의 스마트폰을 심장 전문의나 진찰 전문의 혹은 진찰실로 바꿔놓을 것이고, 그러면 고품질 건강관리 혜택도 모두에게 돌아갈 것이다. 유전자 분석 비용이 인하되면 모두가 쉽게 이용할 수 있게 된다. 이 책에서 우리가 살펴볼 모든 신기술 중에서도 의료 기술의 발전은 진정한 민주화를 가져올 수 있다. 누구나 스스로 자신에게 고품질 건강관리를 제공하고, 자신의 건강 상태에 대한 양질의 정보를 얻게 될 것이다. 이것을 민주화라고 주장하는 이유는 현재 미국을 비롯한 여러 국가에서 '건강관리'라 불리는 것들이 어느 것 하나 제대로 작동되지 않고, 무엇보다 사용자들이 다가가기에 지극히 어려운 구조이기 때문이다. 사용자들의 욕구와 요구에 고질적으로 귀를 닫고만 있는 현행 의료 체계의 문제는 신기술 등장과 함께 하나씩 차츰차츰 극복될 것이다.

신기술을 활용해 건강관리 체계가 개선되면 상류층뿐 아니라 가난한 사람들에게도 혜택이 크게 돌아갈 것이다. 새로운 건강관리 기술의 발전과 맞춤형 유전학은 건강관리 비용을 낮출 뿐 아니라 불필요한 중간 단계를 없애기 때문이다. 그러면 건강관리는 더 이상 소수 엘리트 의사 집단의 전유물이 아닌 일반 사람 모두가 이해할 수 있고, 바르게 활용하며 소비할 수 있는 상품으로 변모하게 된다.

이건 아주 반가운 소식이다. 여기에는 많은 보상이 뒤따르기 때문이다. 다만 소비자에게 이해할 수 없는 의학 정보가 제공되면 오히려 위험할 수 있다. 따라서 의사는 일종의 여과 장치가 되어 이런 정보를 해석한 후 사용자 친화적이고 사용자 중심적으로 전달해야 한다. 유전자 검사 후 당신이 특정 질환에 걸릴 확률이 높다는 결과가 나오면, 당신은 그 결과를 매우 심각하게 받아들여서 스트레스에 시달릴 수도 있다. 하지만 실제로 질환을 일으키는 요인은 훨씬 복잡하고, 대체로 통제할 수 있는 것들이다. 이처럼 의료에 대해 잘 모르는 사람이라면 소비자용 장치에서 보여주는 진단 결과를 잘못 해석해 어리석은 결정을 내릴 수도 있다. 게다가 인공지능 의사는 인간 의사와 달리 환자를 진정으로 공감하지 못한다. 적어도 10년, 20년이 흐르기 전까지는 그럴 것이다.

크게 우려되는 점은 보안과 사생활 보호다. 유전자 검사는 조만간 혈액검사만큼이나 보편화될 것이다. 그러면 우리의 유전자 데이터를 보호하기도 쉽지 않을 것이다. 23앤미가 미국 식품의약국의 규제를 어긴 사안도 사람들에게 발병 가능성이 큰 질환을 미리 알려줬기 때문이다. 앞에서도 언급한 것처럼 유전자 검사에서 중요한 건 진단의 정확성과 진단 정보의 활용법이다.

사실 이보다 더 큰 문제는 사람들의 유전자 데이터를 기업들이 어떻게 사용할 것인가다. 유전자 검사 기업들은 대체로 계약서에 고객들의 유전자 정보를 활용하고, 나아가 제3자에게 판매할 수 있다는 조항을 삽입하고 있다. 기업들은 유전자 정보에서 개인 식별 정보는 제거한다고 주장하지만, 연구 결과에 따르면 유전자 정보만으로도 그 사람이 누구인지 충분히 식별 가능하다.[5]

2008년 제정된 미국의 유전자 정보 차별 금지법Genetic Information Nondiscrimination Act은 보험이나 고용 차별을 목적으로 한 유전자 정보 사용을 금지한다.[6] 반면 장기요양보험, 장기장애보험, 장기생명보험이 유전자 정보를 활용해 가입자를 차별하는 것은 금지하지 않는다. 대출 기업들과 고용주들이 소셜 미디어 데이터를 활용하는 것처럼 기업들이 방대하게 수집한 유전자 데이터를 사용하는 것을 금지하는 법안은 없다. 즉 마케팅 회사가 유전적

결함을 지닌 이들에게 맞춤형 광고를 하더라도 막을 수가 없는 셈이다.

문제는 우리가 아직 개인의 의료 기록을 수집하고 공유하는 방안에 대한 사회적 합의에 이르지 못했다는 것이다. 심지어 개인의 DNA 정보가 누구의 것인지조차 명확하게 알지 못한다. 미국의 일부 주에서는 당신의 DNA가 당신의 소유물임을 명시하는 법안을 통과시키고 있지만, 이 모든 사항을 종합적으로 규정하는 법안도, 엄중한 보호 조치도 아직은 없다. 게다가 유전자는 패스워드와 달리 인터넷에 유출됐다고 해서 새것으로 교체할 수도 없지 않은가.

고용주가 마치 신용 정보 보고서를 구매하듯 당신의 DNA 데이터도 쉽게 구매할 수 있다고 상상해보라. 현재로서는 유전자 데이터를 활용해 직원을 선발하는 것을 막을 도리가 없다. 더욱 아이러니한 것은 고용주가 지원자에게 종교나 성적 취향, 정치적 성향을 물었다가는 법적 책임을 져야 하지만, 소셜 미디어를 통해 신앙이나 외모, 취미 등을 확인한 뒤 지원자를 선발하는 것은 법적으로 문제가 없으며, 실제 그런 일이 벌어지고 있다는 것이다. 그렇다면 우리는 앞으로 유전자 데이터를 토대로 한 지원자 선발 과정을 대비해야 하는 걸까?

마케팅 회사들이 우리의 유전자 조합 데이터를 토대로 암 치료제 또는 다이어트 약을 판매하거나 우리의 마이크로바이옴 분석 결과로 프로바이오틱스를 판매한다면 과연 기분이 어떨까?

다음으로 의료 기술의 발전과 관련해 인간의 자율성과 의존성의 문제를 살펴보자. 아마도 병원에 입원해 인간 의사에게 치료를 받거나 매주 검진을 받으러 병원에 가는 것보다는 24시간 당신 곁을 지키는 인공지능 의사에게 의존하는 것이 훨씬 나을 것이다. 실제로 만성질환을 앓는 사람들은 이미 주치의가 처방한 약에 의존해 살아간다. 그런데 만약 우리가 질병을 예방할 수 있다면, 의사에게 지나치게 의존하지 않아도 된다.

반면 집에 건강 진단 장비를 설치해두면, 현재 우리가 스마트 건강 팔찌 핏빗Fitbit이나 칼로리 추적 앱으로 건강 상태를 체크하는 것처럼 지나치게 가정용 장비에 의존하고, 심지어 집착하게 될 수도 있다. 가정용 건강 진단 장비가 제공하는 데이터를 정확하게 이해하지 못하고 마음대로 해석한 나머지 자신의 건강 상태를 지나치게 확신하거나 걱정하게 될지도 모른다.

이미 눈치챘겠지만, 나는 의료 기술 발전에 대해 아주 긍정적인 기대를 품고 있다. 그렇다. 현재 의료 장비 및 건강관리 앱을 개발 중인 애플과 구글 모두 어쩌면 내게 더욱 정교한 맞춤형 광고를 제공하기 위해 내 건강 데이터를 원할 수도 있다. 하지만 그들의 목적은 내가 건강을 유지하고 질환을 예방하는 것이다. 그래야 더 오래 살아서 더 많이 검색하고 더 많은 앱을 다운로드할 테니까. 반면 지금까지 건강 의료 산업의 목적은 오로지 내가 더 자주 병원과 약국에 방문하는 것이었다. 그러니 나는 애플이 내 데이터를 가져가서 내게 더 많은 맞춤형 광고를 제공한다 해도, 내 건강을 유지할 수 있게 도와준다면 전혀 개의치 않는다.

"드론을 둘러싼 논의는 내 주장의 핵심을 잘 보여준다.
즉 일반 시민들 역시 신기술의 발전에 대해
제대로 이해할 필요가 있다.
그럼으로써 윤리적 허용 범위를 결정하고
정책 입안자들에게 구체적인 규제안을 요구할 수 있어야 한다."

신기술은 위험보다
더 큰 혜택을 줄 수 있을까?

Chapter 8

로봇과 인간의 필연적 공생
친구이자 동반자 vs. 인간을 위협하는 로봇

문제의 핵심은 인간이 통제력을 유지함으로써 로봇이 지나치게 발전하는 것을 막는 것이다. 비록 그 과정에서 로봇의 기능이나 속성이 저하된다 할지라도 원칙은 지켜져야만 한다.

어린 시절 나는 어른이 될 때쯤이면 모두가 애니메이션 〈우주 가족 젯슨〉에 등장하는 로지와 같은 로봇을 집에 두고 허드렛일을 처리하게 할 거라고 믿었다. 1970년대에 방송된 이 애니메이션에서 로지는 2062년을 살아가는 젯슨 가족의 노련한 가정부 로봇으로 등장한다. 모든 것이 척척 제공되는 미래의 온디맨드 on-demand 경제가 어린 내 눈에도 무척 좋아 보였다. 왜 굳이 설거지나 빨래를 하는 데 시간을 허비해야 한단 말인가?

게다가 나는 학교에서 인기가 별로 없어서 친구도 많이 사귀지 못해 언제나 〈스타워즈〉에서 루크 스카이워커의 로봇 친구로 등장하는 C-3PO 같은 안드로이드가 있기를 바랐다. 하지만 그 후로 긴 세월이 흘렀는데도 로지는 끝내 현실에 등장하지 않았다. 다만 21세기로 넘어간 직후에 나는 '룸바'를 얻게 되었다. 룸바는 자동 진공청소기 로봇으로 실내를 이리저리 돌아다니다가 양탄자 가장자리의 술에 걸리거나 모서리에 막혀 옴짝달싹 못 하곤 했다. 현재도 시중에서 C-3PO에 가장 근접한 기술은 시리나 구글 홈, 아마존 알렉사 같은 인공지능 비서 정도다.

로봇에게는 빨래 개는 것이 가장 어려운 일

실제로 과학자들과 기술자들은 로봇에게 가르치기 가장 어려운 것 중 하나가 인간이 가장 빠르게 배우는, 어쩌면 타고나는 것처럼 보일 정도로 쉬운 기술이란 사실을 발견했다. 2008년에 UC 버클리의 로봇공학자 피터 아빌Pieter Abbeel은 '브렛BRETT'이란 로봇을 만들기 시작했다(BRETT은 '귀찮은 일을 없애줄 버클리 로봇 Berkeley Robot for the Elimination of Tedious Tasks'의 약자이다). 아빌이 브렛에게 처음으로 대신하게 한 귀찮은 일은 바로 빨래를 개는 것이었다. 하지만 아빌과 연구팀은 로봇에게 빨래를 개도록 가르치는 게 생각보다 훨씬 힘들다는 것을 깨달았다.

로봇은 빨래 더미를 다루는 것을 지극히 힘들어했다. 수건과 양말, 바지가 어지럽게 엉켜 하나같이 형태도 달랐고 복잡했다. 아빌 연구팀은 수개월 동안 빨래를 연구하면서 빨래를 허공으로 들어 올리거나 빨래 바구니 속에 접어둔 빨래와 헝클어진 빨래의 모습을 일일이 사진으로 찍었다. "여러 장의 이미지를 사용해서 지금 형태를 3D 모델로 구현할 수 있을까요?" 아빌이 미국 공영 라디오 방송 NPR의 '플래닛 머니Planet Money' 팟캐스트에서 물었다.[1] "그게 가능하면 그 3D 모형을 분석해서 모서리가 어디인지를 파악할 수 있거든요."

수년간의 노력 끝에 아빌의 연구팀은 브렛이 20분 이내에 수건을 갤 수 있도록 하는 소프트웨어를 개발해냈다. 이후 무수한 연습과 빨라진 컴퓨팅 처리 속도 덕분에 브렛이 수건을 개는 시간은 90초로 단축됐다. 하지만 여전히 빨래 바구니에 담긴 예상치 못한 형태의 빨래(예를 들면, 공처럼 돌돌 말아놓은 티셔츠 같은)와 직면하면 브렛은 작동을 멈추고 만다. 아빌은 팟캐스트에서 이렇게 말했다. "로봇공학 분야에서 일하게 되면 10세 정도 아이가 배워서 할 수 있는 일들이 로봇에겐 가장 어려운 일임을 깨닫게 되죠."

로봇에게 사다리를 오르게 하고, 문을 열게 하고, 빨래를 개게 하는 건 엑스레이 사진을 판독하고, 법률 문서를 검색하고, 스포츠 기사를 작성하게 하는 것보다 훨씬 어려운 일이다. 로봇은 인간이 아주 자연스럽게 여기는 활동도 명확한 규칙이 없으면 수행하는 데 큰 어려움을 겪기 때문이다. 만약 내가 당신에게 수건을 개어보라고 하면, 당신은 내가 어떤 말을 하는지 즉각 알아들을 것이다. 하지만 실제로 수건을 개는 방법은 셀 수 없이 많다. 그리고 수건을 개는 과정도 셀 수 없이 많은 단계로 이뤄져 있고 그중 일부 단계는 기계에 설명해주기가 무척 어렵다. 로봇에게 "수건 양쪽 끝을 잡아"라고 말하려면 일단 로봇이 '끝'과 '모서리'를 구분할 수 있어야 하고 수건과 양말, 속옷도 분간할 수 있어야 한다. 그런데 여러 가지 옷과 천이 마구 뒤섞여 있는 빨래 바구니에서 로봇이 이런 구분을 하기란 결코 쉽지 않다.

상황이 이렇다 보니, 우리와 대화를 나누고 집안을 잘 정돈하고 무작위 활동을 수행할 수 있는 로봇을 만들기란 요원해 보인다. 만약 당신이 최근의 다르파 세계 재난 로봇 경진대회DRC: DARPA Robotics Challenge 동영상을 본 적이 있다면, 아마도 죽기 전에 로지와 같은 로봇을 만나는 건 절대 불가능하다고 생각했을 것이다.[2] 경진 대회에 참가한 로봇은 재난 구조 상황을 모방한 여덟 가지 활동으로 구성된 코스를 통과해야 했다. 그 활동 중에는 자동차를 운전하고, 걸어서 잔해를 통과하고, 차단기를 작동하고, 밸브를 돌리고, 계단을 올라가는 활동이 포함됐다. 세계 최고 로봇공학자들의 노력이 집약된 로봇들이었지만, 그것들은 하나같이 느리고 동작도 어설펐다. 아주 느리게 움직이면서 계속 넘어지길 반복했다. 그리고 빨래를 개거나 옷장을 정리하고 화장실 선반을 채우는 것처럼 인간이라면 지극히 단순하게 여기는 활동을 빠르게 수행할 수 있는 로봇은 아직 이 세상에 존재하지 않는다.

하지만 가정부 로봇 '로지'는 곧 등장할 것이다

로봇의 구성요소 중 가장 중요한 건 프로세서와 전자두뇌이기에 무어의 법칙에 따라 기하급수적 성능 향상을 보일 가능성이 매우 크다. 로봇은 본질적으로 소프트웨어에 의해 조종되는 하드웨어라 할 수 있다. 여기서 말하는 소프트웨어는 내가 앞서 언급한 제한적 인공지능으로 볼 수 있다. 소프트웨어가 개선되면, 로봇의 움직임도 더욱 안정되고 더욱 효과적인 의사소통도 가능해질 것이다.

우리가 (너무나 최근에까지) 다르파 세계 재난 로봇 경진대회에 참가한 로봇들이 계속 넘어지는 것을 보고 웃은 이유는, 그리고 로지가 공상과학소설에나 등장할 허황된 상상이라고 생각하게 된 이유는 급속히 발전하는 기술은 때로 우리 눈을 속이기 때문이다. 기하급수적으로 발전하는 기술의 경우 초기 발전 속도는 아주 느리기 마련이다. 하지만 시간이 지나면서 그 실망감은 이내 놀라움으로 변하게 된다. 나는 2020년대에 이르면 로봇공학 분야에서도 그런 놀라움을 경험하게 될 거라고 믿는다. 실제로 현재 로봇공학 분야에서는 소프트웨어와 하드웨어 모두 놀라운 기술 발전이 진행 중인데, 그 이유 중 하나는 비용의 급격한 감소 덕분이다. 로봇의 내부가 작동하는 데 핵심적인 구성품 중 하나인 1축 조절기의 가격은 1,000달러에서 10달러까지 급락했다. 방향조절과 장애물 회피에 중요한 센서의 가격은 5,000달러에서 100달러로 급격하게 떨어졌다. 그리고 소프트웨어(5장에서 설명한 인공지능)도 비슷한 기하급수적 곡선을 따라가고 있다.

2004년 다르파 자율주행자동차대회에서 정해진 코스를 완주한 무인자동차는 단 한 대도 없었지만, 11년이 지난 후 무인자동차는 미국의 10여 개 주에서 법적으로 허용됐고, 특히나 샌프란시스코 베이 에어리어 도로에서는 흔히 목격할 수 있게 됐다. 2015년에 열린 다르파 자율주행자동차대회에서는 세 개 팀이 제작한 세 대의 다른 무인자동차가 정해진 코스를 완주했다.

음성인식 분야에서 로봇은 이미 C-3PO의 능력에 근접하고 있다. 애플과 아마존, 구글은 아주 시끄러운 환경에서도 음성을 텍스트로 전환하는 데 거의 성공했다. 아직까지 억양이나 어려운 발음, 일상적인 약어 등에서 어려움을 겪긴 하지만, 대체로 충분히 사용 가능한 수준에 올라섰다. 아직까지 튜링 테스트(인간이 대화를 나눠보고 사람인지 인공지능인지 구분할 수 있는지를 검증함으로써 인공지능의 우수성을 측정하는 기준)를 통과한 인공지능은 없지만 이 또한 점점 더 가능해지고 있다. 한마디로 시리를 비롯한 인공지능은 얼마 지나지 않아 마치 인간처럼 당신과 아주 복잡한 대화를 나눌 수 있게 될 것이다.

그럼에도 기계는 여전히 한층 복잡한 다중 음성인식, 즉 시끄러운 환경에서 여러 인간이 동시에 의사소통하는 것을 인식하는 수준에는 도달하지 못하고 있다. 다중 음성인식은 단일 음성인식에 비해 훨씬 어렵다는 점에서 그만큼 우리 인간의 뇌가 고도화돼 있음을 잘 보여준다.

이런 어려운 활동을 수행하는 데 필요한 처리 능력은 꾸준히 발전하는 로봇 기술로도 결코 넘어설 수 없는 장벽처럼 보인다. 하지만 앞에서 설명한 것처럼 2023년 정도면 당신의 아이폰은 인간의 두뇌와 맞먹는 정도의 처리 능력을 보유하게 될 것이다. 그렇다면 인공지능의 급속한 발전을 고려할 때 로봇 제작자와 인공지능 프로그래머들이 현재 직면한 처리 능력의 장벽도 곧 사라지게 될 것이다.

머신러닝machine learning의 발전도 새로운 형태의 로봇 등장을 알리는 신호다. 이런 신세대 로봇은 실행을 통해 스스로 학습할 수 있고, 따라서 인간과 더 많은 시간을 보낼수록 더 영리해진다. 실제로 구글은 실시간 문자 및 음성 번역 소프트웨어를 거의 완성했는데, 구글 번역을 통해 인간들이 입력한 데이터를 활용해서 만든 것이다. 2016년 세계 최고의 바둑 기사를 꺾은 구글의 딥마인드 시스템은 인간들이 직접 대국하는 것을 보면서 수천 년의 전통을 자랑하고 체스보다 훨씬 복잡하다는 바둑을 익혔다.[3] 더욱 흥미로운 사실은 딥마인드가 언뜻 보기에는 터무니없는 수를 두었지만 결국에는 그 수가 대단히 혁신적인 신의 한 수였음을 증명하면서 인간 프로 기사들마저 깜짝 놀라게 했다는 점이다. 한마디로 인간이 로봇에게 인간처럼 바둑 두는 법을 가르쳤을 뿐만 아니라 더 나아가 새로운 수를 생각해내는 방법까지 가르쳐준 셈이다. 물론 튜링 테스트를 통과한 것은 아니지만 적어도 인간의 지시를 벗어나서 스스로 생각하는 지능의 모습을 보여준 셈이다.

이런 모든 이유로 나는 2025년경이면 로봇 가정부(로지와 같은 로봇)가 내가 어지럽힌 것을 대신 치워줄 거라고 예상한다. 조만간 로봇은 넘어지지 않고 안정적으로 움직이게 될 것이다. 그저 단순하게 문을 여는 게 아니라 한 손에 장바구니를 든 채로 강아지가 문 밖으로 빠져나가지 못하게 막으면서 문을 열 수 있게 될 것이다. 로지는 구매 직후에 딱 한 번만 집 안을 안내해주면 금세 내가 무엇을 원하는지, 세탁기와 건조기가 어디에 있는지 즉각 알 것이다. 집 안 구석구석을 자유롭게 돌아다니며 화장실을 청소할 것이다. 내 예상에 로지는 애니메이션에 나온 것처럼 유머가 있고 사랑스러울 것이다. 물론 그녀는 인간처럼 보일 정도의 인공지능을 지니고 있진 않겠지만 적어도 나와 즐겁게 대화를 나눌 수는 있을 것이다.

실제로 아주 제한적인 버전의 로지는 미국 전역의 병원에 이미 존재한다. 그녀의 이름은 터그Tug인데, 피츠버그에 위치한 에이손Aethon이라는 회사에서 생산된다. 터그는 오늘날 병원 말단 직원이 주로 하는 가장 기본적인 업무를 수행하는데, 예를 들어 각 층마다 약이나 장비를 배달한다. 그리고 터그는 자신이 대체한 병원 말단 직원보다 훨씬 비용이 적게 든다.

하지만 터그는 병실을 청소하지도 않고, 병원 복도를 이리저리 이동하는 것 이외에 다른 복잡한 업무는 수행하지 않는다. 로봇이 인간의 모든 일을 빠르게 대체하게 될 것이라는 생각은 비현실적이다. 오히려 로봇은 전문화되어 인간의 특정한 업무를 대신하게 될 것이다.

이런 식으로 로봇은 서서히 제조 공장이나 식료품점, 제약회사 등에서 인간이 수행하던 일을 하나씩 대신하게 될 것이다. 실제로 현재 병원들은 서로 상극인 약품이 처방되는 것을 방지하는 데 인공지능 시스템을 활용한다. 따라서 내가 보기에 약사라는 직업은 미래에는 완전히 자동화될 것이다. 식품 분야에서는 맥도날드가 계산원 대신에 자동 주문 시스템을 빠르게 확대하고 있다. 이와 더불어 미래에는 햄버거와 프렌치프라이를 조리하는 자동 로봇도 등장하지 않을까? 사실 이런 기계는 이미 존재한다. 벤처캐피털의 투자를 받은 모멘텀 머신스Momentum Machines라는 회사에서 개발한 로봇은 10초에 1개씩 햄버거를 조리할 수 있다. 왠지 불길한 느낌이 드는가? 그렇다. 로봇은 우리의 일자리를 앗아갈 것이다. 하지만 고령화가 급격하게 진행 중인 선진국에서 어쩌면 우리는 노년층을 돌봐줄 로봇이 필요할 수 있다. 인구 구조가 달라짐에 따라 해야 할 일에 비해 충분한 노동력이 공급되지 않는 상황에서 경제적 안정성을 유지하려면 로봇의 노동력이 필요할 것이다.

로봇이 고령화 사회를 구원할 것이다

미국 통계국에 따르면 2020년부터 2030년 사이에 인류 역사상 처음으로 전 세계에서 65세 이상 인구가 5세 이하의 인구를 앞지를 거라고 한다.[4] 특히 이런 현상은 선진국에서 가장 빠르게 진행 중이지만, 개발도상국에서도 그 속도가 점차 빨라지고 있다. 미국의 민간단체인 인구 조회국Population Reference Bureau에 따르면, 1950년 이후로 개발도상국에서 65세 이상의 인구가 차지하는 비중은 4%에서 6%로 자그마치 50%나 증가했다.[5] 선진국의 경우 65세 이상 고령 인구 비중이 1950년에 8%에서 2014년에는

16%로 증가했고, 2050년에는 26%까지 증가할 것으로 예상된다. 또한 선진국의 출산율은 지속해서 하락 중이다.

이런 수치는 의료보험과 세금을 납부해서 노년층을 부양하는 인구는 갈수록 줄어드는 반면, 혜택을 받는 노년층은 풍선처럼 급격히 부풀어 오르는 상황으로 나아가는 현실을 잘 보여준다. 일본과 같은 국가에서는 노동 가능 인구수 대비 은퇴자의 수가 현재의 기록을 넘어서 갈수록 치솟을 것이다. 그러면 일본은 전에 없던 큰 부담을 짊어질 수밖에 없다. 노년층을 부양하는 것이 다른 모든 경제적·정치적 주요 사안을 압도하는 최우선 과제가 될 것이다. 이런 이유로 일본 정부는 노년층을 도울 로봇 요양사라는 개념을 적극적으로 수용하고 있다.

필연적인 고령화 문제에 대해 일본 정부가 내놓은 로봇이라는 해결책에 대해 불안감을 느끼는 사람도 많다. 노인들이 로봇에만 의존하게 되면 자녀가 부모를 보살피는 데 거의 신경을 쓰지 않을 것이라는 우려 때문이다. 더욱이 어린 시절 자신을 돌봐준 부모님에게 효도하고 자식으로서 도리를 다하는 것을 대단히 중시하는 일본 사회로서는 특히나 불편할 수밖에 없다. 하지만 갈수록 생산 가능 인구가 줄어드는 상황에서 경제를 유지하려면 어쩔 수 없이 이런 상황을 감수해야만 한다. 이런 우려에는 내심 과연 인간이 거의 모든 일을 로봇에게 맡겨도 괜찮을까 하는 지극히 감성적인 이유도 깔려 있다.

결론부터 말하자면, 로봇은 고령화되는 이 세상을 구원할 뿐만 아니라 우리의 가장 좋은 동반자가 될 것이다.

로봇의 살상을 허용해도 될까?

일본이 노년층을 돌보고 경제를 유지하기 위해 로봇을 활용한다면, 그보다 더 논란이 될 만한 논의도 진행 중이다. 로봇을 파괴적인 용도로 활용하는 문제에 대한 논의로, 이는 인류에게 아주 중대한 의미를 지닌다. 이 논쟁의 핵심은 인공지능으로 움직이는 로봇이 자율적으로 인간을 살해하는 것을 허용해도 될 것인가이다.

2015년 7월에 2만 명이 넘는 사람이 자율적 살인 기계를 세계 모든 곳에서 금지하자는 청원서에 서명했다. 서명한 사람 중 수천여 명은 인공지능 개발자들과 기술자들이었는데 그중에는 일론 머스크, 스티븐 호킹, 스티브 워즈니악도 포함돼 있었다.[6] 그들의 논리는 단순했다. 자의적으로 인간을 살해할 수 있는 군사용 로봇의 개발이 시작되면, 이 기술 또한 기하급수적으로 저비용 고성능의 곡선을 따라갈 수밖에 없으리라는 것이었다. 그러면 가까운 미래에 인공지능을 탑재한 살인 기계가 아주 흔한 일상품이 돼 모든 독재자나 군부 세력, 테러 조직도 쉽게 구매할 수 있게 된다. 독재정권(또는 변덕스러운 민주주의 정권)은 이런 살인 기계를 활용해서 국민을 다스리려 들 게 분명하다.

소수의 군대 지지자들을 제외하면 살인 로봇 개발에 동의하는 사람은 없을 것이다. 심지어 로봇에 가장 우호적인 레이 커즈와일조차 인간 관리자에게 허락을 받지 않고 독자적으로 사람을 죽일 수 있는 로봇을 개발하는 것은 강하게 반대한다. 커즈와

일은 그런 로봇을 개발하는 것 자체가 비도덕적이라고 믿는다. 오픈 로봇 윤리 이니셔티브ORi: Open Roboethics initiative의 공동 설립자인 문아정 같은 다른 전문가들도 로봇이 자율적으로 치명적인 힘을 사용할 수 있도록 허락했다가는 결국 기계가 인간의 의도를 벗어나 마음대로 행동하는 위기 상황으로 이 세상을 몰아갈 수 있다고 우려한다.[7] 그리고 딥마인드가 바둑판 위에서 보여준 것처럼 충분히 영리한 로봇은 적어도 자신이 완벽하게 이해하는 규칙과 상황 내에서는 자신만의 독자적인 생각을 품게 될 가능성이 크다.

반면 독자적인 살인 기계를 지지하는 군대 지지자들은 전장에 투입된 로봇이 인간보다 훨씬 윤리적으로 행동할 거라고 주장한다. 예를 들어 여자와 아이를 살해하지 못하도록 설계된 로봇은 아무리 긴박한 전투 상황에서도 절대 인간처럼 겁에 질려 마구 날뛰지 않을 것이다. 로봇이 지휘관이었다면 절대로 미라이 학살My Lai Massacre(1968년 베트남전쟁 기간 중에 미국 육군이 347~504명으로 추정되는 비무장 민간인을 학살한 사건)과 같은 비극은 일어나지 않았을 것이라고 그들은 주장한다. 나아가 논리적 프로그램을 탑재한 로봇은 중대한 도덕적 사안을 양자 선택으로 단순화할 수 있다고 주장한다. 예를 들어 자동차 충돌을 앞둔 상태에서 로봇은 인간과는 달리 졸음운전을 하며 달려오는 운전자 한 명의 생명과 버스에 가득 탄 아이들 중에서 어느 쪽을 구해야 할지 즉각 판단할 수 있다.

이런 의견은 매우 흥미롭고 어느 정도 근거가 있다. 가장 경험이 많은 군인조차도 치열한 전투 중에는 잠시나마 이성을 잃고 비도덕적으로 행동할 수 있다. 만약 이런 인간의 정신적 약점과 감정적 연약함을 보완한 로봇이 등장한다면 과연 인간이 이런 로봇보다 더 도덕적이라고 말할 수 있을까? 이슬람 급진 무장 세력인 ISIS처럼 상대방이 윤리적 기준을 조금이라도 따르는지가 불분명한 상황이라면 인간의 감정이 섞인 상황 판단에 의존하기보다는 차라리 로봇의 냉철한 논리에 기대는 게 훨씬 낫지 않을까? 만약 무국적 테러 조직이 전투에서 우위를 점할 수 있는 치명적인 살상 로봇을 만든다면? 과연 우리는 그런 위험을 무릅쓰고라도 로봇의 폭력성을 허용해야 할까?

오픈 로봇 윤리 이니셔티브는 자율적 살상 로봇의 전면적 금지를 주장한다. 그리고 거의 모든 인권 단체와 많은 정치가가 이 주장에 동의한다. 이 논쟁은 향후 몇 년 동안 지속될 것이다. 이 사안에 대해 UN을 비롯한 다국적 협의체가 어떤 최종 결론을 내놓을지도 흥미롭지만, 과연 미국 군대가 어떤 입장을 보일 것인지, 그리고 이 사안에 대해 세계적 합의를 따를 것인지도 큰 관심사다(참고로 UN은 미국이 전 세계를 통틀어 확연한 우위를 보이는 군사 기술에 대한 제약 조치를 따를 것을 꾸준히 강요한다).

로봇은 위험보다 혜택이 더 큰가?

이제 결정적인 질문에 답할 차례이다. 로봇은 인간에게 위험보다 더 많은 혜택을 가져다줄 것인가? 만약 그렇다면, 우리는 어떻게 위험을 줄일 것인가? 이제는 로봇이 인간 사회로 진입하는 것을 완전히 막을 만한 명분이 없다. 터그를 다시 포장 상자 안에 집어넣는 일은 없을 것이다. 구글 무인자동차(이 또한 운전해서 우리를 목적지까지 태워다주는 로봇이다)는 이미 우리 삶에 들어왔고, 멈출 방법은 없을 것이다. 자율주행 기능이 장착된 테슬라 자동차도 인간이 만든 고속도로를 이미 수백만 킬로미터나 달렸다. 그리고 인공지능을 장착한 로봇이 발전하면서 우리가 전혀 예상하지 못했던 능력도 등장하게 될 것이다. 반면에 최악의 상황이 벌어진다면 그 결과는 인류의 종말로 이어질 수 있다. 즉 인간보다 영리해진 로봇이 세상을 정복하고 지구라는 행성의 주인이었던 우리를 미약한 존재로 만들어버리는 것이다.

인간의 생존을 위협할 정도는 아니지만 여전히 치명적이고 더욱 현실적인 위협은 로봇이 우리의 일자리를 갈수록 더 많이 앗아가고 있는 것이다. MIT의 에릭 브리뇰프슨Erik Brynjolfsson이나 앤드루 맥아피Andrew McAfee 같은 학자는 로봇이 결국에는 우리의 일자리를 상당 부분 집어삼킬 거라고 예상한다.[8]

2013년 9월, 옥스퍼드 대학교의 칼 베네딕트 프레이Carl Benedikt Frey와 마이클 A. 오즈번Michael A. Osborne은 인공지능 때문에 미국 일자리의 47%가 '위기에 처할' 것이라는 중요한 보고서를 발표함으로써 큰 반향을 일으켰다.[9] '고용의 미래The Future of Employment'라는 제목의 보고서에는 기술 혁신이 노동 시장과 고용시장에 미칠 영향에 대한 꼼꼼하고 자세한 역사적 고찰이 담겨 있다.

한편, 맥킨지 앤드 컴퍼니는 최신 연구 논문에서 이렇게 밝혔다. "현재의 기술 수준으로 완전 자동화될 수 있는 직업은 5% 정도에 불과하다. 하지만 모든 직업군에서 인간이 돈을 받고 수행하는 활동 중 45%가 현재의 기술로 자동화가 가능하다. 더 나아가 전체 직업군 중 60% 정도는 현재 맡은 업무의 30% 이상을 자동화할 수 있다."[10]

이 논문은 또한 무조건 일을 자동화하는 것만이 현명한 것은 아니라고 지적한다. 예를 들어 패스트푸드 레스토랑에서 시간당 10달러를 받는 조리사를 쓰는 비용이 모멘텀 머신스를 이용하는 비용보다 더 낮은 한, 레스토랑 일자리가 자동화되지는 않을 것이다.

한편 극단적인 반대 상황(로봇이 없는 세상)도 현실적이지는 않다. 노년층의 급속한 증가는 대다수 선진국은 물론이고 중국과 같은 상당수의 개발도상국에서도 부담이 될 것이다. 자율주행자동차는 향후 수십 년 동안 수백만 명의 목숨을 살릴 것이다. 더 민첩하고 영리한 로봇이 등장해서 채광이나 화재 진압, 인명구조, 고층건물이나 송신탑 정비와 같은 위험한 일을 대신할 것이다.

간단히 말해 우리 인간은 로봇이 인간의 가장 고유한 능력을 앗아가거나 인간보다 더 영리해지지 않는 한에서 힘들고 어려운 일은 모두 로봇이 대신해주길 원하는 것 같다. 어쩌면 그건 좋은 일일지도 모른다. 로봇 간병인은 언뜻 보기에 상당히 비인간적인 선택처럼 보일 수도 있지만 아예 간병인을 제공하지 않거나 지나치게 자식에게 부담을 지우는 것에 비하면 훨씬 인간적이다. 그리고 이런 긍정적인 관점을 확장해서 본다면 경제적 효용 가치가 큰 로봇은 결국 우리의 일자리를 앗아가겠지만 한편으로는 그로 인해 여유 시간이 늘어날 것이다. 그러면 우리는 우리가 진정으로 좋아하는 일에 더 많은 시간을 투자할 수 있을 것이다.

내가 생각하는 이 문제의 핵심은 인간이 로봇을 이해하고 통제하는 능력을 유지함으로써 로봇이 지나치게 발전하는 것을 막는 것이다. 구글은 인공지능 시스템에 킬 스위치 장착을 검토 중이다.[11] 일부 학자들은 인공지능 스스로 딥러닝 시스템을 활용해서 만들어낸 알고리즘을 이해하고 포착할 수 있는 시각화 기능을 개발 중이다. 그리고 인공지능과 로봇을 개발할 때 우리는 이런 중대한 고려 사항을 늘 유념하면서 시스템을 설계해야 한다. 비록 그 과정에서 인공지능과 로봇의 기능이나 속성이 저하된다고 할지라도 이 원칙은 꼭 지켜져야만 한다.

로봇 혜택을 모두 공평하게 누릴 수 있을까?

다양하게 활용할 수 있는 로봇이 등장하면 모두가 공평하게 혜택을 누릴 것인가라는 질문에 대한 답변은 '아니다'이다. 오히려 부자는 가난한 이들보다 더 많은 혜택을 누릴 것이다. 가장 최신 로봇은 모두 부자들 차지가 될 것이다. 일례로 미국에서 사용 중인 스마트폰과 중국이나 인도에서 사용 중인 스마트폰을 비교해보라. 미국에서 사용하는 기기는 대부분 600달러가 넘지만 중국이나 인도에서는 40달러짜리 스마트폰이 흔하다. 미국인들이 지닌 스마트폰에는 가장 빠른 프로세서와 오래 지속되는 배터리, 선명한 화면이 장착돼 있다. 반면 중국과 인도인들의 스마트폰은 미국인들의 스마트폰에 비해 2, 3년 정도 뒤처진 기종이다. 솔직히 나는 이게 큰 문제라고 생각하지 않는다. 부자들이 더 비싼 최신 기술을 구매하는 건 기술 발전에 대한 비용을 지불하는 것이기에 어떤 면에서는 가난한 이들에게 보조금을 지급하는 것과 같기 때문이다. 일론 머스크도 테슬라 자동차를 만들 때 이런 전략을 활용했다. 그는 최고급 시장을 겨냥한 로드스터와 모델 S를 통해 나 같은 사람들이 발전된 신기술에 돈을 지불하게 했다. 그런 후 그 돈으로 더욱 가격이 저렴한 모델 3를 만들었다.

〈우주 가족 젯슨〉 팬들은 아마 1화를 기억할 것이다. 1화에서 제인 젯슨은 로지를 구매하는데, 그 이유는 로지가 '사용한 흔적이 많은 오래된 전시 상품'이었기 때문이다. 로지는 미래의 중산층 가정인 젯슨이 구매할 수 있는 유일한 로봇이었다. 로지는 최신 기능은 없었지만, 그럼에도 젯슨 가족에게 큰 혜택을 제공했다. 이게 바로 로봇과 함께하는 우리의 미래상이다. 그 미래에서 비록 일부는 남보다 더 좋은 기종을 더 빨리 활용하게 되겠지만, 결국에는 모든 사람이 혜택을 누리게 된다.

사회적 형평성을 고려할 때 우려되는 점은 앞에서도 말한 것처럼 로봇이 고용 시장에 미치는 파괴적인 영향력이다. 만약 우리가 일자리 부족의 시대에 대응하기 위한 사회안전망이나 직업 재훈련 계획, 사회 구조적 대비책을 마련하지 않는다면 심각한 문제가 발생할 것이다. 또한 우리는 일자리로만 인간의 가치를 매기기보다는 여러 다양한 기여를 통해 삶의 가치를 정의하는 새로운 사회질서에 모두가 적응할 수 있도록 도와야 한다.

정부는 어떤 노력을 하더라도 노동의 자동화를 막을 수 없을 것이다. 결국 자동화는 경제 성장의 핵심 요소이기 때문이다. 신기술로 인한 고용 시장의 충격을 그럴듯하게 포장할 방법은 없다. 우리가 할 수 있는 건 그저 그 상황에 대비하는 것이다. 우리는 신기술이 어디로 향하는지 알아야 한다. 그 영향력의 세기를 이해해야 한다. 그리고 신기술로 인해 가장 큰 피해를 볼 이들의 충격을 완화해줘야 한다.

로봇은 과연 인간의 자율성을 높여줄 것인가?

과연 우리는 로봇에 의존하는 삶을 살게 될까? 사실 우리는 이미 일정 수준 그런 삶을 살고 있다. 자동차나 엘리베이터, 식기세척기 등 전기로 움직이는 모든 것은 지극히 초기 단계의 로봇으로 봐야 한다. 물론 우리에게는 로봇을 사용하지 않을 선택권이 있다. 하지만 로봇이 없는 삶을 살아가기란 절대 쉽지 않을 것이다. 장담컨대 이제 우리에게 로봇은 전기 코드가 달린 기계

그 이상이다.

실제로 나는 스마트폰과 인터넷이 없으면 어찌할 바를 모른다. 그렇다면 친구이자 동반자로서 우리를 돕는 로봇에게 우리가 의존하게 되는 건 너무나 당연하지 않을까?

Chapter 9

모든 것이 연결된 유비쿼터스 시대
정보의 공유 vs. 사생활의 공유

편의성을 위해 우리의 정보와 사생활을 희생하는 것은 옳지 않다. 당신의 모든 데이터를 온라인에 공유하고도 나쁜 일이 전혀 벌어지지 않을 것이라 믿는 건 멍청한 생각이다.

인기 있는 TV 드라마 〈홈랜드〉의 에피소드 중에 테러리스트가 미국 부통령 윌리엄 월든의 심장박동기를 해킹해서 암살하는 장면이 등장한다. 해커는 월든의 심장박동 수를 높여서 치명적인 심장마비를 일으킨다. 월든의 심장박동기는 의사가 건강 상태를 확인할 수 있도록 인터넷에 연결되어 있었다. 그게 치명적인 실수였다. 시청자들은 이 장면을 보고 크게 놀라며 믿기 힘든 일로 여겼지만 공상과학소설에나 나올 법한 이런 암살 시도는 실제로 그다지 허황된 생각이 아니다.

오늘날 생명 유지에 중요한 의료기기의 상당수에는 컴퓨터와 무선 접속 기능이 내장돼 있다. 인슐린 주입 장치와 혈당 모니터, 심장 제세동기는 이제 모두 사물인터넷의 대열에 합류했다.

매년 보안 세미나에서 해커들은 우리의 생존을 담보하는 이런 의료 기기에 침투하는 새로운 방식을 선보인다. 전 미국 부통령 딕 체니Dick Cheney가 자신의 가슴에 심어둔 심장박동기의 무선 연결 기능을 꺼달라고 의사에게 요청한 일화는 널리 알려져 있다. "누군가 허공의 밧줄에 매달린 채 또는 호텔 옆방이나 아랫방에서 해킹할 수 있는 장치가 부통령의 가슴속에 있다는 건 좋지 못한 상황이죠." 2013년 10월, 체니의 심장병 주치의이자 워싱턴 DC에 있는 조지워싱턴 대학교의 조너선 라이너Jonathan Reiner는 시사 프로그램 〈60분〉에서 이렇게 말했다.[1]

우리가 살아갈 미래는 황홀할 만큼 놀라운 기술과 지속적인 불안감이 공존하는 시대일 것이다. 그리고 이런 위협은 갈수록 더 흔해질 것이다. 우리에게 해를 가하려는 개인이나 집단은 과거보다 더 많은 능력을 지니게 될 것이다. 훔쳐낸 개인 정보를 이용한 협박 범죄가 급격히 늘어날 것이다. 우리는 늘 정보를 수집하는 기기와 무료로 제품과 서비스를 제공하는 기업들의 해로운 점을 이해하게 될 것이다. 사이버 보안은 추상적인 위협에 대한 보호에서 점차 모든 사람에게 중요한 개인 안전의 문제로 대상이 달라질 것이다.

그러니 험난할 향후 20년을 대비하라. 단 좋은 소식도 있다. 사이버 보안 산업이 이미 미래의 위협에 대응하고 있고 이런 위협을 줄일 수 있는 기술도 개발 중이라는 점이다. 차세대 보안 전문가들은 진화하는 위협에 맞서면서 혁신적인 해결책을 고안하고 있다. 전 세계 모든 정부와 기업, 사업가들은 이미 사이버 위협의 문제를 해결하는 것이 유익하다는 사실을 잘 안다. 그렇기에 새로운 접근 방식과 혁신적인 수단을 빠르게 선보이고 있다. 물론 사이버 보안 기술이 발전하면서 때로는 좌절도 맛보겠지만 우리는 그런 걸림돌을 이겨낼 것이다. 문제는 우리가 그 과정에서 무엇을 잃게 될 것인가이다.

사이버 교전 한가운데 노출된 시민들

충분히 구매할 수 있을 만큼 저렴한, 당신의 호주머니 속에 있는 개인용 슈퍼컴퓨터를 이용해서 이 세상의 모든 정보에 접속할 수 있는 능력은 당연히 엄청난 혜택을 가져다줬다. 우리는 언제든 즉각 사랑하는 이에게 연락할 수 있고, 갈수록 많아지는 다양한 서비스를 즉각 이용할 수 있으며, 언제 어디서든 모든 것을 알아보고 배울 수 있다. 오로지 부자들만 이런 혜택을 누리는 것도 아니다. 오히려 가장 많은 혜택을 본 이들은 전 세계의 빈곤층이라는 주장도 나름대로 설득력이 있다. 가난한 이들도 휴대폰 덕분에 서로 통신하고 협업할 수 있게 됐고, 그동안 그들을 옥죄던 제도적 장벽마저 넘어설 수 있게 됐기 때문이다.

온갖 형태의 기기를 활용해서 언제 어디서나 고속 인터넷에 접속하게 되면서 우리는 기술과 인터넷에 더욱 얽매이게 됐다. 그 결과 향후 20년을 지배할 거대 트렌드는 '사이버 보안이 국가 안보에서 갈수록 중요한 요소로 자리할 것'이라는 점이다.

2007년에 신종 컴퓨터 웜 바이러스 '스틱스넷Stuxnet'은 이란 나탄즈의 우라늄 농축 시설에 침투해 값비싸고 중요한 원심분리기를 통제 불능 상태로 빠르게 돌아가게 만들었다.[2] 그리고 단지 몇 개월 만에 미국과 이스라엘 군대는 우라늄을 정제하기 위해 이란이 운영하던 원심분리기 5,000대 중 1,000대를 원격으로 파괴할 수 있었다. 코드명 '올림픽 게임'이라고 불린 정부 주도의 웜 바이러스 개발 프로그램은 부시와 오바마 행정부 시절에 개발된 것이었다. 스틱스넷은 정부 주도하에 이루어진 타국의 산업 시설에 대한 사이버 공격 중에서 외부에 공개된 최초의 사례이다.

그러다가 2015년에는 미국 첩보기관이 중국에서 시작된 것으로 보이는 해커들에 의해 현대 역사상 가장 큰 패배를 당하게 된다. 미국 정부 직원들을 검증하고 관리하는 미연방 인사관리처는 참혹한 데이터 해킹을 당했고, 그 결과 자그마치 2,150만 명에 이르는, 30년치의 정부 직원 기록이 전부 유출됐다.[3] 해킹된 데이터에는 대체 불가능한 500만 건이 넘는 지문 정보도 담겨 있었다. 더욱 심각한 건 기밀정보를 다루는 직원 400만 명의 개인 정보와 기밀이 함께 유출됐다는 점이다. 그로 인해 미국은 해외 첩보 활동에 회복할 수 없는 타격을 입었다.

2016년에는 러시아인으로 추정되는 해커들이 미국 민주당 간부들의 이메일 서버를 해킹해 얻은 정보를 활용해서 미국 선거의 신뢰성에 흠집을 내려 했다.

앞으로 벌어질 지정학적 분쟁에서는 적의 미사일이나 통신

시스템 교란에 대비하는 전자적 보호 장치뿐만 아니라 인터넷을 통해 민간 시설을 마비시키거나 파괴하는 사이버 공격도 포함될 것이다. 그리고 사이버 통제권을 둘러싼 국가 간의 분쟁 속에서 우리의 개인 정보와 보안도 부수적 피해를 받게 될 것이다.

사물인터넷의 시대와 모든 사물이 상호 연결된 세계로 빠르게 진입하는 과정에서 신기술은 허점을 드러내게 될 것이다. 지난 20년 동안 개인 정보 도난은 급격히 증가했다. 하지만 갈수록 정교해지는 해킹 기법에 대해 여전히 대중은 속수무책이다. 그리고 향후 20년은 해킹이 일상생활에 불편함을 주는 단계를 넘어 실질적인 피해로 전환되는 시기가 될 것이다. 우리는 유명 인사의 누드 사진 해킹이나 개인의 이메일 유출에 대한 소식을 갈수록 자주 접하게 될 것이다. 그리고 그런 과정을 거치면서 해킹은 우리 모두가 우려하는 사안이 될 것이다.

금융 정보 유출도 심각하지만 오늘날의 해킹은 그보다 훨씬 더 추악하고 개인적 피해도 크다. 예를 들어 '애슐리 매디슨Ashley Madison'(기혼자를 대상으로 한 데이트 알선 사이트)에 대한 해킹으로 인한 정보 유출은 금융정보 유출보다 훨씬 더 피해가 심각하며 회복하기도 어렵다.[4] 이 서비스의 고객 이메일 주소가 외부에 공개되면서 수백만 명이 놀림거리가 되고 주홍글씨가 새겨졌다. 바람을 피운 것으로 추정되는 이들의 명단은 지금도 여러 데이터베이스에서 검색할 수 있으며 영원히 지워지지 않을 것이다. 심지어 이 사건 때문에 자살한 사람까지 있었다. 데이터 해킹은 사정을 봐주지 않는다. 데이터가 해킹된 고객 중 당시 배우자와 불화를 겪고 있었거나, 불륜을 저지를 생각까지는 없이 그저 호기심에 가입했던 사람들도 해킹으로 인해 삶과 사회활동에 치명적 피해를 입었다.

오늘날 우리의 정체성과 평판은 말과 행동뿐만 아니라 우리와 관련해 수집된 데이터로 구성돼 있다. 당신이 평소처럼 차를 몰고 집으로 향할 때도 경찰차와 교통 표지판에 장착된 카메라는 자동 차량 번호 인식 기술을 활용해 당신 차의 동선을 모두 녹화해서 데이터베이스로 저장한다. 당신이 어디에 있든 건물과 신호등에 설치된 감시카메라는 잠시도 쉬지 않고 사진을 찍고 영상을 녹화한다. 집 앞에 차를 대려고 하면 가정용 자동시스템은 당신이 정확히 몇 시 몇 분에 귀가했는지를 기록한다. 당신이 딱 좋아하는 실내 온도를 맞추기 위해 구글의 네스트 자동 온도조절 장치는 집 안에서 당신의 움직임을 추적한다. 스마트 TV에 부착된 카메라와 마이크는 모든 대화를 엿들으면서 당신이 TV에 내리는 명령어를 기다린다. 이처럼 당신이 웹브라우저를 켜기도 전에 이미 상당한 양의 데이터 수집이 진행되는 셈이다.

당신의 취약점을 한곳에 모아뒀어요

모든 것이 연결된 사회로 진입하고, 우리의 모든 삶이 데이터로 전환돼 클라우드 서비스로 연동되는 이 순간에도 우리는 삶을 한순간 파탄으로 내몰 수 있는 취약점을 갈수록 많이 만들어가고 있다. (지금은 버즈피드의 기술 분야 편집인이지만) 『와이어드 매거진』 기자였던 맷 호난Mat Honan은 한때 모든 디지털 연결을 끊은 적이 있다. 그러자 해커들은 호난의 삶에 침입하기 위해 굳이 최첨단 기술이나 완력을 사용하지 않았다. 대신에 사회공학 기법을 사용해서 애플과 구글의 고객 상담 직원을 설득했다. 놀랍게도 그들은 일면식도 없는 이들에게 호난의 계정 정보를 알려줬다.

호난은 그 상황에 대해 이렇게 썼다. "고작 한 시간 만에 내 디지털 인생 전부가 완전히 파괴됐다. 제일 먼저 내 구글 계정이 해킹으로 삭제됐다. 그다음에는 트위터 계정이 뚫렸고, 해커들은 내 계정을 이용해서 인종차별적인 메시지와 동성애를 혐오하는 트윗을 날렸다. 최악은 내 애플 아이디 계정이 해킹당한 것이다. 해커들은 그 계정을 이용해서 원격으로 내 아이폰과 아이패드, 맥북에 저장된 모든 데이터를 삭제했다."[5] 호난이 분실한 데이터 중에는 깜박 잊고 백업하지 않은 어린 자녀의 사진도 있었다. 이제 그 사진은 영원히 이 세상에서 사라져버렸다.

호난이 해커들의 먹잇감이 된 이유는 그가 누구나 탐내던, 세 개의 철자로 이뤄진 트위터 아이디(@mat)를 가지고 있었기 때문이다. 앞으로 몇 년 동안 더 많은 맷 호난이 등장할 것이다. 계속해서 많은 이들의 드롭박스와 구글 클라우드, 아이클라우드 계정이 (적어도 임시로나마) 해킹당할 것이기 때문이다. 해커들은 그들의 삶을 엉망진창으로 만들고, 그들의 명성을 더럽힐 것이며, 돈을 갈취하거나 다른 무언가를 요구할 것이다. 우리가 소셜미디어에서 무심코 하는 모든 행동이 해커들에게 공격의 기회를 제공한다. 실제로 우리는 우리가 모는 자동차 사진을 게시하고, 식사한 레스토랑을 올리고, 과거 직장 경력과 인간관계를 공개하며, 구독하는 기사나 글의 링크를 남긴다. 그러면서 나중에 이 모든 흔적이 우리의 개인정보를 해킹하는 데 사용될 수 있다는 생각은 조금도 하지 않는다.

집중적으로 관리되는 데이터베이스와 개인 정보는 금융 정보와 소셜미디어 해킹뿐만 아니라 또 다른 위험에도 노출돼 있다. 의료 정보 해킹도 급격히 늘어나고 있다. 누군가가 훔쳐낸 당신의 주민등록번호를 이용해서 당신의 명의로 의료보험 혜택을 받고 당신의 보험으로 치료비를 청구할 수 있다. 그리고 불행히도 진료비를 지불해야 하는 건 당신이다. 나아가 우리 사회의 모든 전자 의료기록 시스템이 상호 연결돼 IBM 왓슨과 같은 더 큰 인공지능 시스템에 제공되면, 누군가 우리 건강에 대한 허위 정보를 집어넣는다고 해도 쉽게 삭제할 수 없을 것이다.

해킹에 의한 의료 기록의 조작은 결국 잘못된 진단으로 이어지고 그로 인한 잘못된 처방이나 치료의 문제를 일으킬 수 있다. 다음과 같은 상황을 가정해보라. 당신의 보험을 이용하는 누군가가 당신의 의료 차트에 당신에게 알레르기 질환이 전혀 없다고 기록했다. 그런데 막상 당신은 치명적인 약물 알레르기를 지니고 있다. 만약 당신이 교통사고를 당했는데 알레르기 반응을 보이는 약물이 기본적인 치료약으로 제공된다면? 당신의 최신 의료 기록에는 알레르기 질환이 없다고 기록돼 있지만 교통

사고로 의식을 잃은 당신은 그 의료 기록의 오류를 수정할 수 없다. 결국 당신은 치명적인 알레르기 반응을 일으킨다. 비극적이지만, 한편으로는 막을 수 있던 일이다.

사용자 친화적 보안 기술을 개발하기 위한 경쟁

높은 수준의 정보 보안과 사생활 보호를 위한 수단은 지금도 넘쳐난다. 문제는 평범한 일반인들은 이용이 불가능하다는 것이다. 일단 기술적으로 아주 복잡할 뿐더러 고도의 전문성이 필요하며 보안 수준이 낮은 다른 대안과 비교할 때 지극히 사용자 친화적이지 못하다. 한마디로 보안 기술은 지금보다 훨씬 사용자에게 친근해질 필요가 있다.

사용자 친화적 보안 기술은 이미 상당한 발전 단계에 있다. 예를 들어 안전한 개인용 클라우드 서비스는 드롭박스와 같은 서비스를 대신할 수 있고 데이터를 아예 다른 곳에 옮기기보다는 사용료를 내고 데이터에 접속하는 시스템을 구성하기 위한 근간이 될 수 있다. 우리가 남기는 디지털 족적을 추적하고, 그 족적을 변형할 수 있는 권한을 누구에게 허용할 것인지를 관리하는 보안 기술도 한창 개발되고 있다. 기업들도 사용자들을 속여서 더 많은 정보를 공유하도록 유도하기보다는 사용자의 서비스 이용 방식을 감안해서 보안을 강화하는 설정을 기본으로 제공하고 있다. 예를 들어 페이스북은 사회공학 해킹을 방지하는 최적의 시스템을 서비스에 적용했다. 즉 페이스북은 누군가가 패스워드를 요청할 때 위치, 컴퓨터 기종, 요청 시간, 브라우저 버전 등의 중요한 데이터를 토대로 그게 당신인지 아니면 해커인지를 파악한다.

미래의 사이버 보안과 사생활 보호와 관련해 가장 암울한 사안은 다름 아닌 우리 유전자 정보가 해독돼 우리 의사와는 상관없이 생체 정보(안면 인식, 음성이나 걸음걸이, 지문 등)가 어딘가에 저장되고, 우리 삶의 모든 순간도 데이터로 수집될 것이라는 점이다. 따라서 우리는 개인의 사적 정보를 얼마나 소중하게 다룰 것인지에 대해 깊게 고민할 필요가 있다.

정보화 시대와 사생활 침해 간의 어려운 균형 잡기

보안 위험을 방지하기 위한 대안은 투명성과 침투 감지, 명확한 책임이다. 일단 기업들은 해킹 시도를 가정하고 시스템을 개발해야 한다. 해킹을 당했을 때 사용자에게 그 사실을 통보하고 자동으로 해커를 차단할 수 있는 기술을 개발해야 한다. 또한 시스템을 분산해 해킹 시도에도 계속 작동할 수 있도록 설계해야 한다. 예를 들어 블록체인Blockchain security technology 같은 시스템 분산 기술은 정보 조작이나 유출을 방지하는 데 유용하다.

사생활 보호와 관련해서는 정보 공개를 어디까지 허용할 것인지에 대한 사회적 합의가 필요하다. 우리 스스로 온라인에 공개하는 정보는 우리의 선택에 따른 것이지만, 우리에 대해 수집되는 정보는 우리가 통제할 수 없다. 따라서 사생활 보호의 실질적 가치를 얼마로 매길지는 결국 시민과 정부, 나아가 전 세계인이 결정해야 할 몫이다. 어쩌면 안면 인식 정보를 몰래 수집하는 것에 대한 전면적 금지가 필요할 수도 있다. 또는 공공장소에서 우리의 얼굴을 스캔하는 모든 시스템을 사람들이 분명히 알 수 있게 표시하고 안내하는 것을 의무화해야 할지도 모른다. 그리고 손해배상법을 수정해서 우리가 사용하는 기기의 개발 업체와 제조 기업이 보안을 더 심각하게 고려하도록 만들 수도 있다. 앞으로 개인의 데이터는 해당 개인의 소유임을 헌법에 명시해야 할 수도 있다. 그래야만 기술 기업들이 아무런 처벌도 받지 않고 일반인의 데이터를 마음대로 가져다 쓰는 데 대해 법적 조치를 취할 수 있을 것이다.

공공을 보호하는 법안을 제정하는 건 정부의 의무이다. 하지만 그러기 위해서는 정책 입안자들에게 우리가 원하는 것이 무엇인지를 똑똑히 알려줘야 한다. 앞에서도 말한 것처럼 법률은 명문화된 윤리이다. 정치인들은 우리가 말하는 대로 행동하고, 우리가 사회적 합의에 도달한 사안에 대해 정책을 수립해야 한다. 유럽인들은 미국 기업에 대해 개인 데이터에 대한 강력한 기준을 준수하게 하고, 나아가 유럽인들의 개인 데이터를 해외가 아닌 유럽 내 서버에 저장하게 하는 식으로 규제를 한층 강화하고 있다. 하지만 이런 규제는 어디까지나 상처에 반창고를 붙이는 것과 같은 일시적 조치에 불과하다.

기술 기업들이 개인 데이터를 더 신중하게 다루도록 만들 또 다른 방법이 있다. 현재 사이버 보험을 판매하는 보험사들은 수수료율을 인상하고 있다. 그리고 사업을 영위하는 데 필수적인 사이버 보험에 가입하려는 기업들은 우선 정보 보호 감사를 받아야 한다. 따라서 개인 사생활 정보에 더 높은 가격을 매기고, 사생활 정보를 침해하는 기업에는 가혹한 벌금을 부과해야 한다. 그러면 기업들은 개인 데이터의 보호에 대해 더 진지하게 고민하게 될 것이다. 단기적으로 해킹에 의한 금전 갈취, 신원 도용, 데이터 유출의 피해가 더욱 극심해지면서 사생활 보호의 가치에 대한 대중의 인식도 향상될 것이다. 그러면 사생활 정보 유출에 대해 더 높은 벌금을 부과하는 규제안도 충분히 통과될 수 있을 것이다. 사실 사람들을 설득하기 가장 좋은 때는 안타깝게도 그들이 피해를 본 직후이다. 그야말로 대응 조치의 필요성을 분명하게 느끼기 때문이다.

우리는 개인정보가 도난당할 수 있다는 사실을 예상해야 한다. 그로 인해 금전 갈취 협박을 받을 수도 있다. 산업에 대한 섬뜩한 대규모 해킹도 언제든 발생할 수 있다. 하지만 이전 세대의 가장 발전한 기술로부터 파생되는 문제는 차세대에 개발될 신기술로 쉽게 해결되곤 한다. 물론 이런 신기술도 결국에는 해결이 필요한 문제가 드러나긴 하지만 말이다.

정보 공개와 수집은 위험보다 혜택이 더 많은가?

언제 어디서나 디지털 정보의 수집이 증가하면서 우리 모두
는 갈수록 더 큰 위험에 노출되고 있다. 사실 디지털 정보 수집
은 추적하기가 매우 어렵다. 누가 나에 대해 어떤 정보를 가졌는
지, 그 정보를 어디에서 수집했는지 갈수록 알기가 어려워진다.
그렇다고 온라인 사진 공유나 소셜 네트워크, 온라인 문서 공유
처럼 우리가 편리하게 이용하는 디지털 환경을 이제 와서 없애
거나 되돌릴 수도 없는 노릇이다. 그렇다면 과연 이러한 기술은
위험보다 혜택이 더 많을까?

우리가 별다른 보호 장치 없이 너무나 많은 개인 데이터를 온
라인에 올리는 것이 그로 인한 위험만큼이나 많은 혜택을 가져
다준다고 확신할 수는 없다. 우리가 온라인에 올린 데이터를 관
리하는 시스템은 법적 보호 장치나 실생활에서의 보호 조치가
거의 없는 얄팍한 상술에 불과하기 때문이다. 따라서 단 한 번의
클릭으로 온라인에서 물품을 구매하고, 페이스북 계정을 이용
해서 여러 다른 웹사이트에 자동으로 로그인하는 편리함은 그
로 인해 우리가 직면할 수 있는 해킹의 커다란 위험에 비교하면
빛 좋은 개살구일 뿐이다. 가장 큰 문제는 사용자(당신과 나를 의미
한다)에게는 두 가지 선택사항밖에 없다는 것이다. 이런 상황에
동참하거나, 아예 동참하지 않거나 둘 중 하나다.

우리는 이런 선택을 강요받을 필요가 없다. 지금은 민감한 데
이터를 관리하는 더 새로운 방법이 등장했고, 이런 방식을 사용

하면 사용자가 자신의 데이터를 직접 관리하거나 또는 특정 활동을 수행하는 데 필요한 최소한의 데이터만 기업이 수집하도록 할 수 있다. 우리는 데이터 수집에 대한 우리의 인식을 완전히 바꿀 필요가 있다. 시스템을 다 설계한 뒤에 고민하기보다는 시스템을 설계하는 단계에서부터 사용자의 데이터 관리와 사생활 보호 권리를 고려해야 한다. 사용자들은 온라인으로 투표할 수 있어야 한다. 저명한 미래학자이자 작가인 케빈 켈리Kevin Kelly는 저서『인에비터블 미래의 정체The Inevitable』에서 "허영심이 사생활을 이긴다"라고 지적했다. 그 말은 우리는 타인의 인정을 받기 위해서라면 지극히 사적인 정보도 기꺼이 공개하고 싶어 한다는 것이다. "사람들은 마치 벌거벗은 것과 같은 개인정보의 공유도 받아들일 것이다. …… 오늘날 소셜 미디어를 통해 인간이란 종족에 대해 알게 된 사실이 있다면, 인간의 공유하려는 본능은 사생활을 지키려는 본능을 압도한다는 것이다."[6]

이런 지적이 어느 정도 옳은 까닭은 개인 데이터에 대한 통제력을 상실한다는 것이 어떤 의미인지 사람들이 잘 이해하지 못하기 때문이다. 하지만 신원 도용 범죄가 전에 없던 수준으로 증가하고 우리의 거의 모든 사적 정보가 신용정보사는 물론이고 사악한 온라인 해커들의 수중에 들어가면서, 예상컨대 앞으로 많은 사람이 데이터 보안에 훨씬 민감해질 것이고 정보 보안과 사생활 보호도 더 이상 외면할 수 없는 이슈가 될 것이다. 그러면 결국에 사생활이 허영심을 이길 것이다.

한마디로 온라인의 편의성을 위해 우리의 정보와 사생활을 희생하는 것이 옳다고 보지 않는다. 더욱 분명하게 말하자면 나는 온라인 정보 보안과 사생활 보호의 구조적 문제와 부족한 규제 때문에 우리가 둘 중 하나를 선택하도록 강요당하는 이 상황 자체에 너무 화가 난다. 당신의 모든 데이터를 온라인에 공유하고도 나쁜 일이 전혀 벌어지지 않을 거라고 믿는 건 멍청한 생각이다. 만약 당신이 데이터를 공유해야 한다면 적어도 그 데이터가 어떻게 사용될지를 이해하고 관리해서 위험을 최소화해야 한다.

물론 나도 안다. 현재로서 그러기란 불가능하다. 다만 분명한 건 우리가 압박을 가하지 않으면 상황은 지금보다 나아지지 않을 것이다. 이런 신기술을 이해하고 그로 인한 영향을 파악하는 것이 중요한 까닭도 이 때문이다.

Chapter 10

드론이 온다

더 빠르고 정확한 배송 vs. 더 빠르고 정확한 무기

드론 사용을 규제할지 자율에 맡길지는 모두 결국 우리가 선택하기 나름이다. 드론의 전반적인 효율성은 결국 드론 남용의 심각성을 파악하고 대비책을 얼마나 빨리 마련하느냐에 달려 있다.

당신은 디너 파티에 필요한 것을 사려고 식료품점에 다녀와야 했던 적이 있을 것이다. 또는 장기 여행을 떠나기 전에 처방약을 받으려고 급하게 약국으로 달려가야 했던 적도 있을 것이다. 2020년대 초반이면 이런 일은 모두 드론이 대신해줄 것이다. 그뿐만이 아니다. 드론은 당신을 위해 이보다 더 많은 일도 처리해줄 것이다.

아마존과 구글 같은 기업은 오래전부터 드론 배송 서비스를 준비해왔다. 하지만 미국에서는 2016년 7월에야 상용 드론의 첫 배송이 허용됐는데, 세븐일레븐이 드론을 이용해서 슬러피 음료수와 치킨 샌드위치, 도넛과 뜨거운 커피, 사탕을 네바다주 리노에 사는 고객에게 배송한 것이다.[1] 영국에서는 2013년에 도

미노피자 대리점 주인이 드론 헬리콥터를 이용해서 배송을 하고 신문 1면을 장식했다. 오늘날 전 세계에서 드론을 이용해서 물품을 배송하는 기업이 수없이 많이 생겨나고 있다. 벤처캐피털 투자 회사 클라이너 퍼킨스는 2015년에 430만 건의 드론 배송이 있었고, 그 시장은 매년 167%씩 커질 것으로 예측했다.[2]

자동차 이후로 교통수단 분야에서 드론만큼 사업가들이 열광한 기술은 없었다. 드론 개발 사업은 진입 장벽이 대단히 낮다. 흔하고 단순한 구조의 드론일지라도 충분히 상용 드론과 경쟁할 수 있으며, 아두이노Arduino(디지털 기기에 사용되는 오픈소스 기반의 마이크로 컨트롤러를 내장한 기판을 설계하고 제조하는 회사 – 옮긴이 주) 기판과 오픈소스 소프트웨어 덕분에 열정이 있는 프로그래머와 해커라면 누구나 맞춤형 드론을 제작해서 이 환상적이고 큰돈이 되는 영역으로 쉽게 뛰어들 수 있다. 군대에서 드론을 원격조종 살상 무기로 본격적으로 이용한 지 10년 정도가 지난 지금은 모두가 이 기술을 활용할 수 있게 된 셈이다(물론 지금은 더 이상 드론의 목적이 테러리스트를 추적하는 게 아니다).

드론의 놀라운 유용성

드론은 무인 항공 시스템이나 무인 항공기로도 알려져 있다. 드론의 진화는 신기술의 폭발적인 발전을 잘 보여주는 사례이다. 사실 사람들은 50년이 넘도록 무선 신호를 사용해서 원격으로 항공기를 조종해왔다. 다만 원격조종 항공기를 안정적으로 유지하고 난기류로 인한 추락을 막기는 절대 쉽지 않은 일이었다. 그래서 원격 항공기 조종을 위해서는 고도로 숙련된 조종사가 필요했다. 과거에 드론은 조종사에게 이미지와 데이터를 전송하기 위해 커다란 카메라를 매달고 여기저기 떠다니며 통신을 해야만 했다. 이제 값싸고 강력하고 가벼운 컴퓨터와 센서가 등장해 그 일을 대신하고, 드론 제작 비용 역시 크게 감소하면서 드론의 비행 추진체가 허공으로 매달고 올라갈 수 있는 화물의 배송 기간도 급격히 단축됐다.

드론 기술의 혁명을 가져온 건 무엇보다도 자동 운항 장치였다. 자동 운항 장치는 군대와 상용 항공기 업체에서는 이미 수십 년 동안 이용됐지만 제대로 작동하는 자동 운항 소프트웨어를 일반인들이 이용할 수 있게 된 것은 몇 년 되지 않았다. 자동 운항 소프트웨어는 반드시 필요한 장치로 여겨지지는 않았는데, 미국 연방항공국이 공공장소에서의 드론 운항을 여전히 금지하고 있기 때문이다. 다만 이제 연방항공국도 드론 운항을 허용할 낌새를 보이고 있다.

게다가 드론 제조사들은 이미 꽤 오랫동안 사유지에서 드론 운항을 실험해왔다. 요즘 실험 중인 드론은 지도상에 정해진 지점을 따라 운항하고 필요한 경우 자동으로 착륙하거나 충전 지역으로 복귀할 수 있다. 예를 들어, '패럿 AR 드론Parrot AR Drone'은 아마존에서 200달러 정도면 구입할 수 있다. 네 개의 프로펠러가 달린 이 드론은 조종기로 사용되는 아이패드나 스마트폰으로 720P HD 해상도의 동영상을 실시간으로 전송할 수 있다. 드론에는 3축 가속도계와 자이로스코프, 자력계, 압력 센서와 초음파 센서가 장착돼 있다. 20~30년 전만 해도 이런 센서는 가격만 수천 달러에 무게도 수십 킬로그램에 이르렀다. 이런 부품은 군대에서나 사용이 가능했다. 실제로 중국에서는 수천 달러만 지불하면 미국 군용 모델과 유사하거나 더 우수한 드론을 구매할 수 있다.

한마디로 우리는 3D 로보틱스의 설립자 크리스 앤더슨Chris Anderson이 말한, '드론의 시대'로 접어들고 있다. 앤더슨은 자체 제작 드론 열풍의 초창기에 시장에 진입한 사람 중 한 명이자 드론 보급의 선구자이기도 하다. 2012년 앤더스는 『와이어드 매거진』에 기고한 글에서 이렇게 말했다. "장담컨대 드론은 장난감 산업과 동호인들이 손잡고 복합적 군사 산업을 앞지른 역사상 최초의 기술이다."[3]

드론의 상용화는 장단점이 공존한다. 드론은 붐비지 않는 항공 노선을 이용해서 목적지까지 일직선으로 접근할 수 있는 능력 덕분에 모든 형태의 지상 배송뿐만 아니라 도시와 교외를 오가는 배송 차량을 대체할 것이다. 그러면 도심 교통 체증이 완화되고 탄소 배출량도 줄어들며 병원비와 응급실 방문 횟수도 감소할 것이다(알다시피 교통사고는 사람을 죽일 수 있다). 지금은 당신이 피자를 주문하면 450g 정도의 밀가루 반죽에 토핑과 토마토소스를 올린 뒤 사람이 직접 당신의 집 앞까지 이산화탄소를 배출하는 2톤짜리 배달 차량을 몰고 와야 한다. 반면에 고작 무게가 몇 킬로그램밖에 안 되는 드론은 눈이 오든 비가 오든, 낮이든 밤이든 피자를 더 잘 배달할 수 있다.

또한 드론은 인간이 하기에 위험한 일도 대신해줄 수 있다. 지붕의 안전 검사, 스마트폰 기지국이나 교량을 점검하는 일도 드론이 대신할 수 있다. 나아가 캘리포니아처럼 건조한 지역에서는 드론을 활용하면 24시간 쉬지 않고 캘리포니아주 전 지역의 화재 발생 여부를 감시해서 신속하게 산불을 감지할 수 있다.

드론은 현재도 가격이 싼 편이지만 향후 더욱 저렴해질 것이기에 서구 선진국에서 조만간 드론을 이용해 누리게 될 항공 서비스를 얼마 지나지 않아 개발도상국에서도 누릴 수 있게 될 것이다. 그러면 상대적으로 가난한 국가들도 더욱 현대적이고 보다 효율적인 사회로 빠르게 진입할 수 있을 것이다. 예를 들어 사하라 남부 아프리카와 일부 아시아 지역에서는 드론 서비스가 아주 중요할 수 있다. 이런 지역에서는 불안정한 수송망 때문에 농기계 부품이나 의약품 배송에 수 주, 심지어는 수 개월이 소요되기 때문이다.

실제로 이미 예상한 상황이 벌어지고 있다. 유니세프는 말라위에서 먼 지역까지 의약품을 배송하는 데 드론을 사용하는 방안을 시험해볼 예정이다.[4] 드론 배송은 개발도상국에만 해당되지 않는다. 실제로 웨스트버지니아의 시골 지역에서도 이와 동일한 드론 배송을 시험한 적이 있다. 2015년 7월, 호주의 신생기업 플러티Flirtey는 웨스트버지니아주의 시골 지역 와이즈 카운티에서 운영 중인 오지 임시 진료소로 처방 약품을 담은 상자를 배송하는 서비스에 여섯 개의 프로펠러가 달린 드론을 투입했다.[5] 기존의 수송 수단 대신 드론을 이용해 배송하자 중요한 의약품의 재보급이 훨씬 빨라졌는데, 필수 의약품은 대부분의 경우 당일 배송이 가능했다.

미국 의사들이 시골 지역에 의약품을 배송하는 수단으로 드론을 선택했다는 건 만인에게 평등한 혜택을 제공할 수 있는, 드론의 또 다른 가능성을 제시한다. 미국은 급격하게 도시화가 진행됐다. 일자리와 자원이 도시와 인구 밀집 지역에 집중되면서 시골 지역은 급격하게 인구가 감소하고 더욱 빈곤해졌다. 그러자 사회간접자본 투자도 갈수록 축소됐고, 결국에 미국은 도심과 교외 지역에 사는 가진 자들과 시골 지역에 사는 가지지 못한 자들로 양분되고 말았다. 드론은 미국 도시 지역과 마찬가지로 시골 지역에서도 생활수준 향상에 기여할 수 있다. 만약 드론이 웨스트버지니아에 거주하는 당신에게 저렴한 비용으로 식료품을 배송해줄 수 있다면 당신은 가장 가까운 월마트로 한 시간씩이나 운전해서 가야 하는 주유비를 아낄 수 있다(당연히 시간도 아낄 수 있다). 시골 지역의 소규모 공장에서 가까운 대리점으로부터 부품을 배송받아야 할 때 드론을 이용하면 페덱스 배송보다 가격 면에서 훨씬 싸고 시간도 훨씬 줄어들 것이다.

드론은 또한 농업에도 다각도로 활용될 수 있다. 잡초와 작물의 성장 상태를 모니터링하거나 필요할 때 농약을 살포하고 토양 내 수분량을 추적해서 적절하게 물을 공급하는 데 드론을 이용할 수 있다. 한마디로 드론으로 이른바 정밀 농업precision agriculture

이 가능하다. 드론을 이용하면 자원 활용을 최적화하고 가까운 강이나 개천으로 농업용수가 흘러. 들어가는 것을 막을 수 있다.

드론의 어두운 측면

2015년 6월, 6,900만km²에 이르는 지역을 휩쓴 산불을 진압 중이던 소방용 항공기의 경로에 취미용 드론이 침투했다. 그로 인해 캘리포니아주 소방청은 가까운 지역의 항공 소방 작전을 저녁 내내 중단해야만 했다. 같은 해 8월 16일 일요일에는 미국 연방항공청이 정체불명의 드론으로 인해 총 열두 건의 사고를 겪어야 했다. 그날 5개 주에서 열여섯 대의 드론이 사람이 모는 항공기를 위험에 빠트렸다. 같은 날 크게 놀란 비행기 조종사들은 LA 국제공항 상공에서 두 대의 대형 민간 여객기가 드론에 부딪힐 뻔했다고 보고했다. 이처럼 미국 연방항공청의 집계에 따르면 드론이 비행 금지 구역을 침입해서 다른 항공기와 부딪힐 뻔했던 사건은 지금까지 수백 건이 넘는다.

드론의 부정한 사용은 의도하지 않은 무단 침입에만 한정되지 않는다. 범죄자들도 드론 기술을 빠르게 수용했다. 예를 들어 오하이오주에 위치한 교도소로 불법 약물을 밀반입하는 데 드론이 활용됐다. 2015년 7월에는 멕시코의 마약 운반책이 약 13kg에 이르는 마약을 미국 국경 안으로 들여오는 데 드론을 사용했다.[7] 심지어 18세의 기계공학과 대학생이 드론을 개조해서 원격으로

발사할 수 있는 권총을 장착하는 일도 있었다(그는 이 사건으로 체포됐다).[8]

심지어 반서구 세력이 드론을 무기로 이용한 사실도 있다. 이슬람 무장 세력 헤즈볼라는 이스라엘 공군에 맞설 거대한 규모의 드론 공군을 조직하고 있다. 이스라엘 국경 너머로 드론을 보내 중요 시설에 수차례 접근하기도 했다. 2016년 10월에는 IS세력의 드론이 폭발하면서 드론의 정찰을 막으려던 쿠르드 민병대원 두 명의 목숨을 앗아갔다.[9]

헤즈볼라나 IS를 비롯한 비국가 무장 세력에게 드론은 전투력의 균형을 유지할 수 있는 효과적인 수단이다. 또한 드론은 폭발물이 부착된 조끼를 입고 자살 테러를 감행할 지원자가 없어도 언제든 폭탄 테러를 일으킬 수 있는 방법이기도 하다. 물론 여러 국가에서 드론 테러에 대한 방비책이 마련 중이다. 예를 들어 속도가 느린 드론을 격추하거나 위치 추적 장치를 먹통으로 만드는 방법이 있다. 하지만 수많은 드론이 폭탄을 장착한 채 떼로 몰려들면 과연 막을 방법이 있을지는 의문이다. 나아가 향후에는 폭탄이 아닌 기관총이나 독가스와 같은 무기가 장착된 드론도 등장할 게 뻔하다.

드론은 위험보다 혜택이 더 큰가?

드론의 전반적인 효율성은 결국 드론 남용의 심각성을 파악하고 이에 대한 대비책을 얼마나 빨리 마련하느냐에 달려 있다. 개인 정보 보안이나 사생활 보호의 어려움과는 달리 드론의 경우에는 원천적으로 판매를 금지하거나 사용을 제한하고 원격조종을 방해하는 대비책을 마련함으로써 무력화할 수 있다. 그리고 특정 분야에 한해 드론 기술 자체를 무력화하는 신기술을 개발할 수도 있다.

다만 드론은 이 책에 등장하는 다른 신기술과 비교하면 어느한쪽에 치우치지 않고 위험과 혜택을 동시에 가지고 있다. 그리고 위험을 줄일 수 있는 방법도 있다.

가장 먼저 충돌 방지를 위해 모든 드론에 공통으로 적용할 수 있는 기술적 토대가 필요하다. 물론 결코 쉬운 일은 아니지만 다행히도 기술이 발전하면서 충분히 가능성이 있어 보인다. 일례로 자율주행 자동차는 충돌 방지 기술을 다각도로 활용해 공중보다 더 붐비고 위험한 환경에서도 안전하게 주행한다. 심지어차세대 자율주행 자동차는 차량의 몸체에 레이저 센서가 내장될 것이다. 드론의 경우 충돌 방지를 위해 이렇게까지 복잡한 기술을 활용할 필요는 없다. 그저 시그널을 전송해서 다른 드론이가깝게 접근하는 것을 경고하기만 해도 충분할 것이다(물론 이 기술로는 가끔 새와 충돌하는 사고를 피할 수 없다).

드론의 위험을 줄일 수 있는 또 다른 방법은 드론을 위한 항공관제 시스템을 만드는 것이다. 이 시스템은 자동화돼야 하고오작동하거나 드론이나 사고 위험이 있을 때 비행을 중지시키는 비상용 킬 스위치와 같은 안전 기능이 있어야 한다. 또한 도심에 드론 전용 항로를 지정해 모든 드론을 그 항로 내에서만 이동하도록 제한해야 한다.

우리는 군대에서 개발 중인 대공 시스템을 개인용이나 상업용으로 만들어서 드론의 정찰과 공격으로부터 학교와 가정, 기업을 방어해야 한다. 이런 기술이 최고로 발전하면 최종적으로는 〈스타트렉〉에 등장하는 투명 보호막 같은 형태가 될 것이다.

이런 수단은 기술적으로 모두 가능하다. 이보다 더한 수단이나 조치에 대해서는 사회적으로 허용 범위를 논의한 뒤 법적 토대를 마련해야 한다. 예를 들어 배송용 드론이 고객의 집 가까이에 진입하는 순간부터 카메라로 동영상을 녹화하고 저장하는 것을 허용해야 할까? 이에 앞서 드론이 사적 공간 위를 비행하도록 허용해도 되는 걸까? 아니면 공적으로 지정된 경로로만 이동하고 드론 정류소만을 경유하도록 제한해야 할까? 사유지에 무단침입한 드론을 총으로 쏴서 떨어뜨리는 것은 허용해야 할까? 미국 수정헌법 2조에서 개인이 자기 방어의 목적으로 총기를 소유하는 것을 허용한다면, 같은 이유로 방어용 드론을 날리는 것도 허용해야 할까?

미국 연방항공청은 2016년 8월에 미국에서 상용 드론의 비행을 허용하는 새로운 규정을 정하고 드론의 활용도와 필요성에 맞게 계속해서 내용을 손보고 있다.[10] 이 규정에 따르면, 드론은 절대 조종사의 시야를 벗어나선 안 된다. 드론은 반드시 낮에만 사용해야 하고, 조종사의 연령은 16세 이상이어야 한다. 드론의 최대 이동 속도는 160km이고, 최대 고도는 122m로 제한한다.

그리고 모든 드론 조종사는 자격증이 있어야 한다. 이런 규정은 항공 측량이나 지형 사진 촬영, 현장 조사 같은 활동에만 적용되고 배송용 드론은 제외된다. 배송용 드론은 인간 조종사가 아닌 자동 조종 시스템에 의해 작동하기 때문이다.

미국 내 여러 주에서도 인간이 조종하는 드론에 대한 규제책을 두고 논쟁 중이다. 주 의회는 경찰의 요구를 들어주고 주민들이 제기하는 의문에 대해 답을 제공하려 노력하고 있다. 드론은 취미나 놀이로 활용되거나 사냥에도 이용될 수 있다. 미국 주의회협의회에 따르면 2016년에 32개 주가 무인 항공 시스템에 대한 법안을 제정했고, 그 밖에 다섯 개 주에서도 유사한 결의안을 채택했다.[11]

미국 연방항공청과 주 의회에서 드론 기술을 적극적으로 연구하고 기업과 시민의 목소리를 귀담아들으려 한다는 건 좋은 신호다. 앞으로 드론 산업은 더 빨리 발전할 것이며 명확하고 합리적인 규제안이 있다면 더 나은 대비책도 등장할 것이다.

드론은 과연 인간의 자율성을 높여줄 것인가?

드론의 경우에는 규제와 자율성 모두 결국 우리가 선택하기 나름이다. 배송료가 저렴해지고 좀 더 쉽고 빠르게 필요한 곳으로 상품을 보낼 수 있다면 모두가 혜택을 보게 된다. 특히 가난한 사람들에게도 부자들만큼 많은 혜택이 돌아간다. 실제로 드론은 거의 모든 사람이 구매할 수 있을 정도로 가격이 낮아지고 있다. 자율성과 관련해서도, 우리에겐 분명한 선택권이 있다. 만약 스타벅스가 드론으로 아침에 커피를 배달해주는 게 싫다면 언제든 가게로 차를 몰고 가서 직접 가져오면 그만이다. 또는 자율주행 자동차를 타고 갈 수도 있다.

　드론을 둘러싼 논의는 내가 이 책에서 주장하고픈 핵심을 잘 보여준다. 즉 일반 시민들 역시 신기술의 발전에 대해 제대로 이해할 필요가 있다. 그리고 윤리적 허용 범위를 결정하고 정책 입안자들에게 구체적인 규제안을 요구할 수 있어야 한다. 이게 바로 〈스타트렉〉에 등장하는 찬란한 미래로 가기 위한 열쇠다.

Chapter 11

맞춤형 유전자, 마이크로바이옴과 정밀의료
인간을 치료하다 vs. 인간을 제조하다

우리는 유전자 조작이 어떤 예기치 않은 위험을 가져올지 알지 못한다. 그러
므로 그에 따른 위험을 이해할 수 있을 때까지, 나아가 위험보다 더 많은 혜
택을 누릴 수 있게 될 때까지 기술 발전 속도를 늦출 필요가 있다.

가까운 미래에 우리는 정기적으로 유전자 분석 검사를 받게
될 것이다. 그리고 2020년대 말쯤에는 우리의 유전자 특성에 맞
춰 제작된 의약품과 세포조직, 박테리아 설계도를 다운로드받
아 집에서 직접 '프린트'해서 제작함으로써 건강을 유지할 수
있을 것이다. 한마디로 우리 모두는 유전자 해커이자 아마추어
유전공학자가 돼 우리 자신의 유전자 작동 방식을 이해하고 한
발 더 나아가 유전자를 수정하게 될 것이다. 그 이유는 유전자
기술이 기하급수적 기술 발전 곡선을 따라 움직이기 때문이다.

과학자들이 최초로 인간 게놈 분석 결과를 내놓은 건 2001년
이었다. 인간 게놈을 분석하려는 시도는 오랜 기간이 걸렸고 비
용도 많이 들었다. 정부 자금 지원으로 출발한 인간 게놈 프로

젝트는 이후 셀레라 지노믹스Celera Genomics의 최고경영자 크레이
그 벤터의 도움을 받아 분석 기간만 자그마치 10년이 넘게 걸렸
고 비용도 30억 달러 넘게 들어갔다. 오늘날 많은 기업이 1,000
달러 정도의 비용이면 인간의 유전자를 3일 만에 완벽히 분석할
수 있다. 그중에는 벤처 캐피털의 투자를 받아 의사의 도움이나
처방 없이 소비자를 대상으로 최저 199달러에 유전자 분석 서비
스를 제공하는 23앤드미23andme 같은 회사도 있다.

유전자 검사가 혈액 검사만큼 간단해질 것이다

유전자 분석 비용은 2020년대 초가 되면 지금의 일반적 혈액
검사 비용만큼 떨어질 것으로 예상된다. 그리고 얼마 지나지 않
아 그 비용은 거의 무료가 될 것이다. 이런 일이 가능한 이유는
18~24개월마다 가격은 절반으로 떨어지고 성능은 곱절로 증가
하는 마이크로프로세서의 급격한 발전 속도에 맞춰 유전자 분
석 작업을 수행하는 컴퓨터의 성능과 속도 역시 급격하게 발전
하기 때문이다. 결국에는 누군가 감지기가 내장된 스마트폰 앱
을 개발해서 현장에서 단 몇 초 만에 유전자를 분석하는 기술을
내놓게 될 것이다. 그러면 손가락을 살짝 찔러서 유전자를 분석
하면 즉각 결과가 나오게 된다.

2020년대 중반이면 유전자 분석 결과는 일반적인 건강 진단
수치 중 하나가 될 것이고 의사들은 그 결과를 토대로 치료제와

부작용 위험성을 결정할 것이다. 그리고 유전자 분석은 다른 어떠한 검사보다 더 정확할 것이다.

2014년 3월, 『뉴잉글랜드 저널 오브 메디슨』에 한 연구팀의 논문이 게재됐다. 논문은 태아의 다운증후군을 예측하는 데 유전자 분석이 일반 혈액검사나 초음파 검사보다 열 배, 또 다른 장애인 18번 세염색체증의 예측에는 다섯 배나 더 정확하다고 밝혔다. 세포분열 오류로 인해 발생하는 이런 돌연변이 질환은 어린 나이에 발병할수록 더 치명적이다.[1]

뉴욕에 위치한 메모리얼 슬로언 케터링 병원은 암 치료 분야에서는 세계적인 기관이다. 이곳에서 과학자들은 유전자 검사를 통해 의사들이 환자의 종양에 유용한 돌연변이가 있어서 특히나 효과적인 치료제가 무엇인지 찾아내고, 개별 환자마다 가장 효과적인 치료법이나 임상시험을 제공하도록 돕는다.

물론 이런 과정이 순탄하지만은 않다. 비관적인 시각도 만만치 않기 때문이다. 과학자들은 유전자 맞춤형 치료제 개발에서 상당히 처참한 실패를 거듭했다. 화학물질로 암세포 분자를 집중 공격해 암을 줄어들게 하려던 시도는 오히려 암을 더 왕성하게 키우는 상황을 초래했다. 그리고 이런 치료 방식을 일컫는, 이른바 정밀의료Precision Medicine를 비난하는 이들은 과학자들이 아직은 유전자가 실제로 어떤 식으로 작용하는지 이해하지 못한다고 지적하면서 이른바 '정크 DNA'의 발견을 그 사례로 지목한다. 정크 DNA는 과거에는 아무런 역할을 하지 않는 수동적인 유전조직으로 여겨졌지만, 최근 들어서는 오히려 생물학적 과정에서 중대한 역할을 하는 것으로 드러났다.

현재 유전자 기술 분야에서는 많은 변화가 일어나고 있다. 결국 우리는 이런 걸림돌을 넘어서 새로운 기술과 기법을 개발해 낼 것이다. 이미 방대한 양의 유전자 데이터가 존재하는 상황에서 유전자 분석도 점점 단순해지고 있다. 그 결과 과학자들은 더 쉽게 유전자를 실험하고 빠르게 시행착오를 줄이면서 새로운 아이디어로 옮겨갈 수 있게 됐다. 결국에 과학자들은 DNA와 생물학적 과정 간의 복잡한 관계를 이해하게 될 것이다. 그 과정에서 인공지능과 빅데이터도 큰 역할을 할 것이다. DNA에 대한 지식이 갈수록 정확해지고 이해도도 더욱 깊어지면서 우리가 의학과 건강에 대해 생각하는 방식도 크게 달라질 것이다. 그리고 우리는 보편적이고 일반적인 치료법에서 벗어나 마침내 맞춤형 건강관리의 시대로 들어서게 될 것이다.

보편적 의료에서 정밀 유전자 치료로, 의약품의 대전환

1971년에 미국 대통령 리처드 닉슨은 암과의 전쟁을 선포했다. 닉슨은 천연두와 소아마비처럼 암도 근절됐다고 선언하고 싶어 했다. 암과의 전쟁은 고귀한 투쟁이었지만 한편으로 바보 같은 짓이기도 했다. 당시에도 의사들은 암이 하나의 질환이 아닌 복합질환임을 알았다. 그런데도 항암 화학요법이나 방사선 치료는 구체적인 암세포의 생명작용에 집중하기보다는 암세포의 위치와 전반적인 활동에만 더 집중했다.

암은 지금까지도 우리 삶에 만연해 있다. 다만 폭넓은 질환에 관한 이러한 자세한 연구 덕분에 이제 암에 대한 의료계의 생각은 크게 변해서 암세포보다 더 많은 요인을 고려하게 되었다.

지금은 의사뿐만 아니라 환자들도 유방암이 생물학적 요인보다는 다양한 환경적·유전적 요인이 복합적으로 작용해 발생한다는 사실을 잘 안다. 안젤리나 졸리를 비롯한 여러 유명인사가 유전자 검사를 통해 유방암 발병 가능성이 매우 높다는 사실을 알고는 유방절제술을 받기도 했다. 다만 이런 식의 대응이 꼭 적절한 건 아니다.

미국 국립인간게놈연구소National Human Genome Research Institute의 연구소장 에릭 그린Eric Green은 암은 본질적으로 유전 질환이라고 설명한다. "이제 의사들은 암세포 조직이 발견된 부위에 따라, 예를 들어 대장암, 유방암, 뇌종양 등으로 암을 분류하기보다는 유전적 특성에 따라 암을 분류하고, 각기 다른 유전자 변이에 맞춰 치료법을 결정합니다. 이런 접근 방식을 이용하면 부작용은 최소화하면서도 가장 효과적인 약물로 환자를 치료할 수 있게 됩니다. 특히 항암 치료가 별로 효과가 없는 환자에게 아주 큰 도움이 됩니다." 에릭 그린은 암 치료 기술의 미래에 관해 설명하면서 내게 이렇게 말했다.

유전자 분석의 효용성은 이미 유전자 연구를 벗어나서 유전자를 이용한 진단이나 임상 시험, 의약품 개발에까지 확대됐다. 과학자들은 방대한 양의 유전자 데이터 덕분에 단백질 합성 유전자의 돌연변이로 인해 발생하는 5,000가지가 넘는 유전병의 중대한 유전적 특성을 파악하게 됐다. 멘델유전체학센터Centers for Mendelian Genomics는 방대한 연구를 통해 2,500만 명의 미국인에게 고통을 주는 유전병의 근본 원인을 밝히기 위해 노력하고 있다. 또한 2015년 8월에 발표한 논문을 통해 2,937개의 유전자에서 돌연변이를 발견했고, 차세대 유전자 분석 기술 덕분에 많게는 매주 세 건의 돌연변이를 발견 중이라고 밝혔다.[2]

메모리얼 슬로언 케터링 병원은 IBM 왓슨을 활용해서 환자들에게 맞춤형 진단을 제공한다. 왓슨은 방대한 양의 의학 지식을 학습하고 약물 간의 복잡한 상호작용을 고려한 뒤 환자와 유사한 유전적 구조와 성장 환경, 암세포 변이를 지닌 다른 환자들의 치료 사례를 모두 검토해 환자에게 가장 좋은 치료법을 알아낸다. 인간 의사는 단기간에 도저히 해낼 수 없는 일이다.

메모리얼 슬로언 케터링의 사례는 의료 기술의 또 다른 중요한 변화를 보여준다. 이 병원에서는 인공지능을 활용해서 의사들을 더욱 현명하게 만들며, 그들이 인간적 교감이나 판단력이 필요한 의료 부문에 더욱 집중할 수 있도록 돕는다. 다만 왓슨은 의사에게 가장 좋은 결과가 예상되는 항암 치료 계획을 조언할 수는 있어도 환자들이 회복 가능성이 아주 낮은데도 계속해서 고통스러운 치료를 이어갈 것인지 말 것인지를 결정하는 데 조언해줄 수는 없다. 치료 여부에 대한 판단은 결국 인간의 몫으로 남을 것이다. 그렇기에 우리는 미래에도 여전히 의사와 간호사를 비롯해 환자에게 진정한 연민을 느낄 수 있는 인간의 도움이 필요하다(인공지능이 이런 역할까지 대신하려면 아주 오랜 세월이 흘러야 할 것이다).

정밀의료의 새 시대가 열리고, 모든 유전물질과 환경의 자극이 어떤 식으로 상호작용하는지에 대해 세밀하게 이해하게 됨으로써 인간의 수명에 대한 관심도 더욱 높아졌다. 구글은 칼리코Calico라는 신생기업을 설립해서 인간의 수명 연장을 연구하고 있다. 한편 크레이그 벤터가 공동 설립자로 참여한 또 다른 회사 휴먼 롱제버티Human Longevity는 유전공학에 기반을 둔 줄기세포 치료법을 활용해 질환을 줄여서 건강하게 오래 살 수 있게 하는 방법을 연구 중이다. 이 회사는 현재 수만 개의 유전자를 분석하면서, 한편으로는 기능성 자기공명영상fMRI을 활용해서 살아 있는 인간 신체에서 생성되는 데이터와 처리 과정을 일일이 스캔하고 있다. 그런 뒤 스캔한 생물학적 처리 과정 데이터를 유전적 처리 과정 데이터와 비교한다.

의료 분야에서는 유전체학 이후로 등장할 중대한 변화도 이미 그 모습을 드러내고 있다. 다름 아닌 마이크로바이옴microbiome이다. 마이크로바이옴은 인간의 장 내에서 서식하는 박테리아이다. 나는 이 분야가 가장 흥미로운데, 마이크로바이옴은 인간이란 유기체를 하나의 온전한 체계로 인식하기 때문이다. 오늘날 과학자들은 마이크로바이옴이야말로 환경, 유전자, 인간의 건강을 이어주는 잃어버린 연결고리라고 점점 더 확신하고 있다. 과학자들은 당신의 몸 안에 어떤 종류의 박테리아가 살고 있는지, 당신의 유전자가 어떻게 행동하는지, 그리고 당신이 얼마나 건강하다고 느끼는지가 서로 연관되어 있다는 것을 밝혀내는 중이다.

마이크로바이옴: 당신 장 속의 박테리아 열대우림

많은 아이가 1형 당뇨병에 걸리기 쉬운 유전적 소인을 가지고 태어난다. 다만 이런 아이 중 일부만이 어린 나이에 당뇨병 진단을 받는다. 마이크로바이옴은 이런 차이를 만드는 핵심적인 원인일 수도 있다. 2015년 2월에 MIT와 하버드 대학교 학자들은 방대한 피실험군을 대상으로 다양한 형태의 장내 세균이 1형 당뇨에 끼치는 영향에 대한 상세한 종단연구 결과를 발표했다.[3] 과학자들은 많은 수의 피실험자를 대상으로 태어나서 3세가 될 때까지 장내 박테리아의 변화 과정을 추적했다. 그 결과 당뇨병에 걸리는 아이들은 장내 박테리아의 다양성이 25% 정도 감소한다는 사실을 밝혀냈다. 그뿐만 아니라 장내 박테리아의 혼합체도 건강을 강화하는 쪽에서 오히려 염증을 일으키는 쪽으로 변화했다는 사실을 알아냈다.

이런 연관성을 직접적인 발병 원인으로 볼 수는 없지만 어쨌든 이런 결과는 장내 박테리아가 우리 건강에 강력한 영향을 미친다는 사실을 잘 보여준다. 그런 면에서 마이크로바이옴을 조작하는 기술은 유전체학이나 유전자를 활용한 치료제 기술보다 더 중요할 수 있다. 유전체학이나 유전자 치료가 신체적 변화를 가져오려면 힘든 노력이 필요한 것과는 달리, 마이크로바이옴을 조작하는 건 상대적으로 훨씬 쉽고 안전하다. 그저 적당한 박테리아를 혼합해서 장내에 이식하기만 하면 된다.

오늘날 의료계에서 가장 뜨거운 화제 중 하나는 대변 이식을 통한 크론병의 성공적인 치료이다. 소화관 내 자가면역 질환인 크론병은 미국에서만 수백만 명의 삶을 힘들게 하고 있다. 지금도 계속 치료법을 연구 중이고 다른 복합 증세도 등장할 수 있지만 현재로서는 크론병 치료법은 아주 간단하다. 바로 건강한 사람의 대변 샘플을 소량 채취해서 혼합기를 사용해 물과 섞은 다음 크론병 환자에게 관장하는 것이다.[4] 더럽게 느껴질 수 있다는 건 나도 안다. 하지만 지금까지 이 치료법은 아주 효과적인 것으로 드러났다. 그리고 다른 질환에 대해서도 이와 비슷한 연구가 진행 중이다.[5]

섭취하는 음식도 장내 박테리아에 영향을 끼친다. 『네이처』에 발표된 연구에 따르면, 식단을 바꾸면 3~4일 만에 장내 마이크로바이옴도 극적으로 변한다.[6] "우리는 사람의 장내에 서식하는 박테리아가 식단의 변화에 놀랄 만큼 민감하게 반응한다는 사실을 밝혀냈습니다." 듀크 대학교 게놈과학정책연구소Duke Institute for Genome Sciences and Policy의 부교수이자 논문 저자 중 한 명인 로렌스 데이비드Lawrence David는 『사이언티픽 아메리칸Scientic American』과의 인터뷰에서 이렇게 말했다. "단 며칠 만에 우리는 다른 종류의 박테리아가 다양하게 증식하는 것을 목격했고, 나아가 그들이 대표하는 유전자의 종류도 크게 달라졌죠." 연구원들은 특히 치즈나 육류처럼 박테리아가 서식하기 좋은 음식을 섭취하면 담즙산의 분비량이 크게 증가하면서 박테리아가 장 내에 대량 증식한다는 사실도 발견했다.

이러한 발견은 식단의 중요성을 말해준다. 다만 이런 주장이 사람들에게 건강한 식단을 유지해야 한다는 동기를 부여할지는 몰라도, 실제로 식단을 바꾸게 하기란 쉽지 않다(온갖 다이어트가 죄다 실패하는 것도 이 때문이다. 아닌가?). 하지만 우리는 이 문제도 해결할 수 있을 것이다. 그저 식품 보조제나 다른 전달 방법을 사용해서 장내 박테리아의 균형을 바꿔주는 방법만 찾아내면 된다. 그리고 이 부분에서 급속한 의료 기술의 발전은 커다란 성과를 가져올 수 있다.

광범위한 마이크로바이옴 분석을 통해 수많은 사람의 장내 박테리아 구성 패턴을 파악한다면 건강한 사람과 질환을 앓는 사람의 장내 박테리아 구성이 어떻게 다른지를 알게 되기 때문이다. 이른바 장내 박테리아 인구 총조사라고 할 수 있는 이런 연구가 완료되면, 그에 맞는 치료제를 제안할 수 있고, 의사들도 더욱 효과적으로 마이크로바이옴을 조작할 수 있을 것이다. 그렇게 되면 하루에 요구르트 한 병만 섭취하면 의사를 멀리할 수 있게 된다. 또는 적당한 치즈를 배부르게 먹는 것이 약을 복용하는 것이나 생활양식을 바꾸는 것보다 훨씬 더 대사증후군에 효과적일 수도 있다.

유전적 치료제, 특정 유전자를 치료하는 약품의 개발, 마이크로바이옴 조작 기술은 하나같이 DNA를 읽는 기술을 활용한다.

그런데 이미 수년 전부터 우리는 DNA를 해독하는 것은 물론 새로운 DNA를 작성할 수 있게 됐다. 즉 이제 우리는 자연적으로 진화하지 않은 생물체를 창조할 수 있는 경지에 도달한 셈이다.

생명 자체를 바꾸다: 부상하는 합성생물학

컴퓨터가 설계한 바이러스가 치명적 질환을 치료한다. 새로운 형태의 박테리아가 인류에게 무한한 연료를 공급하고 지구상의 모든 사람을 없애버릴 수 있다. 조작된 독소가 미국 대통령의 유전자를 노린다. 태아가 잉태되는 순간부터 신장과 힘을 조절해서 올림픽 선수로 성장하게 만들 수 있다……. 공상과학소설에 등장하는 이야기일까? 실제로 우리는 이미 이 지점을 넘어섰다. 약 100년 후에는 현재를 회상하면서 인류 역사상 유전공학의 가장 큰 전환을 가져온 시기로 기억할 것이다. 현재 기술로는 DNA를 해독하고 이해하는 단계에서, 살아 있는 생물의 DNA를 조작하는 것은 물론이고 DNA 염기쌍으로부터 새롭게 형성된 염색체를 활용해서 완전히 새로운 생명체를 창조하는 단계에 돌입했다.

2010년 5월, 크레이그 벤터는 자신이 이끄는 연구팀이 역사상 처음으로 완전히 새로운 DNA를 활용한 합성 생물체를 창조하는 데 성공했다고 발표했다. '마이코플라스마 마이코이데스 JCVI-syn1.0'라고 명명되고, '신시아Synthia'라고도 알려진 이 생물체는 아주 느리게 움직이는 무해한 박테리아다. 신시아는 107만 7,947개의 DNA 염기쌍을 활용한 합성 게놈으로 만들어졌다. 벤터의 연구팀은 신시아를 만들기 위해 DNA가 없는 세포에 합성 게놈을 삽입했다.

벤터가 새로운 생명체의 유전자를 '작성'하기 위해 사용한 기술은 DNA를 '프린트'할 수 있는 레이저프린터가 발명된 것에 비유할 수 있다. 사실 DNA는 매우 단순한 구조물로, 핵산이 사슬처럼 연결된 고조를 포함한 이중나선 구조이다. 이미 서모피셔사이언티픽Thermo Fisher Scientific이나 진아트GeneArt를 포함한 많은 기업이 DNA 프린트를 제공 중이며 DNA 합성과 조립을 서비스 형태로 판매하고 있다. 현재 가격은 조립될 아미노산 염기쌍(유전자의 화학 구조)에 따라 책정된다. 2003년부터 2015년에 이르기까지 DNA 조립 비용은 염기쌍당 4달러에서 20센트로 급격히 떨어졌다. 심지어 2016년 3월에 젠나인Gen9이라는 기업은 기다란 DNA 합성 구조물의 조립 가격을 염기쌍당 3센트까지 낮춰서 제공했다.[7]

2030년대에는 웹에서 유전자 설계도를 검색해서 컴퓨터에 다운로드하고 사용자의 요구에 맞게 변형하는 수준에 이르게 될 것으로 예상된다. 그러면 감기와 독감 백신은 물론이고 전염병 백신 설계도도 맞춤형으로 제작해 온라인으로 전 세계 소비자들에게 배포할 수 있다. 나아가 설계도에 맞춰 합성 유전자를 프린트하는 과정도 오늘날 스마트폰에 앱을 설치하는 것만큼 쉬워질 것이다. 유전자 프린트 기술이 보편화되면 모든 사람이 자신에 맞는 치료제를 직접 제작할 수 있다. 하지만 다른 한편으로는 누구든 몰래 우생학자 노릇을 할 위험도 존재한다.

라디오 프로그램 '프레리 홈 컴패니언A Prairie Home Companion'(미국의 주간 라디오 프로그램으로 1974년에 시작됐다. 특히 미네소타주에 위치한 가상의 마을 워비곤 호수Lake Woebegon의 뉴스를 전달하는 풍자적인 내용으로 유명하다. 워비곤 호수 마을의 모든 여자들은 스스로 강하다고 생각하고, 남자들은 다들 잘생겼다고 생각하며, 아이들은 모두 평균 이상이라고 믿는다. - 옮긴이 주)에는 "모든 아이는 평균 이상입니다"라는 대사가 자주 등장한다. 실제로 미래 자녀들의 평균치는(그 비용을 지불할 수 있는 부모들에게는) 과거 자녀들의 평균치보다 훨씬 높을 것이다. 만약 오로지 부자들만이 우생학적 개선 기술을 구매할 수 있다면 미국 정부는 나머지 그렇지 못한 이들에게 보조금을 지불해서라도 기회의 평등을 제공해야 할까? 더 나은 유전자를 가지기 위해 그 비용을 지불할 수 있는 부자들이 그렇지 못한 이들보다 더 오래 살고, 더 건강하게 사는 시대가 다가올까?

우리는 예상했던 것보다 훨씬 빨리 이런 질문에 직면하게 될 것이다. 왜냐하면 또 다른 유전체학 기술이 등장하고 있기 때문이다.

2014년에 중국 과학자들은 배아 단계에서 유전자 변형 원숭이를 만들어내는 데 성공했다고 발표했다.[8] 2015년 4월에는 중국의 또 다른 연구팀이 인간 배아 유전자를 변형하려는 첫 시도에 대한 상세한 논문을 발표했다.[9] 이 시도는 실패로 끝났지만 전 세계에 충격을 던져줬다. 인간 배아 유전자 조작이 이렇게 빨리 우리 앞에 다가올 거라고 누구도 예상하지 못했기 때문이다. 그러다가 2016년 4월에 또 다른 중국 연구팀이 HIV 감염에 면역력을 가지도록 인간 배아 유전자를 조작하는 데 성공했다고 발표했다.[10] 이 연구팀은 새로운 기법을 사용했는데, '크리스퍼 카스9CRISPR-cas9'이라고 불리는 이 기술은 원래 미국 캘리포니아 버클리 대학의 제니퍼 다우드나Jennifer A. Doudna와 MIT의 펑 장Feng Zhang이 개발했다. 크리스퍼 카스9은 세포에서 DNA 조직을 잘라 냄으로써 세포가 잘린 부분을 스스로 접합하게 한다. 즉 이 기술은 DNA에서 오류가 있는 부분을 제거할 수 있는 셈이다.

크리스퍼 카스9을 활용해서 유전자를 조작하는 데 드는 기본적인 재료비는 50~100달러 정도이다. 유전자를 조작하거나 새로운 DNA 구조를 만드는 비용이 NBA 농구 시합의 입장권보다 더 저렴한 셈이다.

한마디로 과학자들은 크리스퍼 카스9 기술로 인간 유전자를 조작해서 낭포성 섬유증을 비롯한 다양한 치명적인 유전병을 치료하려 한다. 장기적으로 합성생물학에 찬성하는 이들은 이 기술에 잠재된 거대한 혜택을 강조할 것이다. 인류는 더 이상 느리게 진행되는 진화의 속도에 속박당하지 않아도 된다. 그저 유전자를 조작하거나 새로운 유전자를 만들어내 모든 유전병을 박멸할 수 있다. 수천만 명의 목숨을 앗아간 스페인 독감처럼 무서운 전염병이 발생하더라도 재빨리 유전자를 변형해서 맞설 수 있다. 또한, 현존하는 어떤 채소나 과일보다 훨씬 더 영양이 풍부하고 재해에 강하며 맛있는 식물을 설계할 수도 있다.

유전자 조작 기술의 위험성

한편 유전자가 조작된 생명체를 자연 속에 풀어놓는 데 대한 윤리적·과학적 우려도 상당하다. 미국 남부에서 모기가 옮기는 열대성 질환의 발병률을 낮추기 위해 유전자 변형 모기를 풀어놓으려는 계획은 거센 반대에 부딪혔다.[11] 벌레의 유전자를 변형하는 것도 이처럼 큰 논쟁을 불러일으키는 상황에서 인간의 유전자를 조작하는 시도(이른바 현대적 우생학)를 둘러싸고 과학계는 크게 대립하고 있다. 그럼에도 결국 인간의 유전자 변형 기술에 관한 연구는 전 세계에서 진행될 것이다. 아직까지 우리는 컴퓨터 하드디스크를 포맷하는 것처럼 우리 유전자를 완전히 새롭게 포맷할 기술에는 도달하지 못했지만 점점 더 가까이 다가가고 있는 것도 사실이다.

하지만 유전자 조작 기술은 많은 위험성을 내포하고 있다. 실제로 일류 과학자들조차 거대한 위험을 불러올 수 있다며 인간 유전자 조작을 금지해야 한다고 주장한다. 크리스퍼 카스9의 발명자인 제니퍼 다우드나 역시 인간의 생식세포를 조작하는 것은 신중해야 한다는 입장이다. 그녀는 『뉴욕타임스』와의 인터뷰에서 이렇게 말했다. "인간의 진화에 영향을 끼친다는 건 아주 심각한 사안이니까요."[12]

나는 어떤 경우에도 기술의 발전 속도를 늦춰야 한다고 주장한 적이 없다. 그럼에도 나는 2015년 9월 『워싱턴포스트』에 '유전자 조작의 전면적 중단이 시급한 이유'라는 제목의 기사를 기고했다.[13] 그 기고문에서 인간 배아의 유전자 조작법을 연구하기에 앞서 먼저 그 기술의 영향력을 이해하고 그에 대한 윤리적 공감대부터 형성해야 한다고 주장했다.

우리는 유전자 조작이 어떤 예기치 않은 위험을 가져올지 알지 못한다. 만약 유전자 조작으로 오히려 끔찍한 질환이 발병한다면 어떻게 할 것인가? 만약 누군가가 뇌의 화학작용을 조작해서 감정이라곤 없는 초인적인 사이코패스를 만든다면? 또는 합성 박테리아가 연구실에서 유출돼 수백만 명의 목숨을 앗아가는 전염병이 유행한다면 어떻게 할 것인가?

2015년 12월에 저명한 과학자들로 구성된 위원회도 비슷한 우려를 표출했다. 미국국립과학원National Academy of Sciences과 미국의학연구소Intitute of Medicine, 중국과학원Chinese Academy of Sciences, 런던왕립학회Royal Society of London 회원들은 워싱턴 DC에 모여 후대까지 영향을 미칠 인간 유전자 조작에 대한 절대적 금지와 다름없는 조치의 필요성을 주장했다.[14] 과학자들은 위험성에 대해 더 잘 이해하기 전까지는 연구를 지속하는 것이 무책임한 행동이며, 유전자 조작에 대해서도 그 적정선에 대한 사회 전반의 폭넓은 공감대가 필요하다고 주장했다. 그들은 유전자 조작이 미래에는 가능한 선택 중에 하나라고 양보하는 입장을 취하면서도 향후 과학기술이 발전할수록 인간 유전자를 영속적으로 바꾸는 사안에 대해서는 정기적으로 검토가 필요하다고 덧붙였다.

하지만 이런 학술 기관에는 유전자 조작을 규제할 수 있는 권한이 없다. 따라서 그들의 주장은 그저 지침에 불과할 뿐이다.

나아가 그들은 유전자를 조작한 배아를 여성의 자궁에 착상해 임신하는 건 반대하지만, 여전히 유전자 조작에 관한 기본적인 연구에는 찬성하는 입장이다.

윤리적 문제를 차치하고라도 합성생물학은 국가 안보에 있어서 판도라의 상자를 열게 될 수도 있다. 미래 보안학자인 마크 굿맨Marc Goodman은 합성생물학이 새로운 형태의 생화학 테러나 지금껏 보지 못했던 새로운 생물 독소의 출현으로 이어질 수 있다고 경고한다.[15] 이런 형태의 생물학적 위협은 감지하기가 거의 불가능하다. 특정한 개인이나 무리의 유전자에 맞게 맞춤형으로 제작될 수 있기 때문이다. 사이버 범죄와 테러리즘과 관련해 인터폴과 UN에 협조한 경험이 있는 굿맨은 생물학적 위협의 위험성이 지나치게 과소평가되고 있다고 주장한다. "오늘날의 생물학적 범죄는 1980년대 초반의 컴퓨터 범죄와 유사합니다. 당시엔 누구도 그런 문제가 있다는 사실조차 알지 못했죠. 하지만 지금 사이버 범죄가 얼마나 큰 위협으로 성장했는지는 굳이 말하지 않아도 알 겁니다."

만약 어떤 기술이든 이용할 수만 있다면, 범죄자와 테러범들은 그 기술을 악용할 것이다. 그들이 드론 기술과 사이버 범죄를 적극적으로 수용한 것도 그것이 유용한 수단이기 때문인 것처럼 향후 그들은 합성생물학도 그런 식으로 활용할 것이다. 따라서 우리는 악의적인 합성 독소나 합성 생물체에 대한 새로운 형태의 대비책이 필요하다. 또한 정부가 직접 나서서 완벽한 운동선수나 군인을 '제조하는' 것을 막기 위한 국제적 합의도 필요하다.

유전자 기술은 위험보다 혜택이 더 큰가?

이미 눈치챘겠지만, 나는 인간 게놈 조작이 끼칠 영향력을 매우 우려하고 있다. 합성생물학은 인간의 생존에 심각한 위협을 가한다. 그리고 우리는 인공적으로 설계된 생물체를 실험실에서 꺼내 이 세상에 풀어놓기 전에 이 위협에 대해 면밀히 검토할 필요가 있다. 그 이유는 합성생물학 실험이 잘못됐다가는 절대 막기 힘든 처참한 질병이 유포되거나 거대한 환경 피해를 불러올 수 있기 때문이다.

물론 나는 합성생물학이 인간의 목숨을 살리고 질병을 치료할 수 있기에 기술 발전을 서둘러야 한다는 사실도 잘 안다. 하지만 우리는 균형을 잡을 필요가 있다. 이런 기술이 실험실을 벗어난 일상에서도 제대로 작동하려면 과학자들은 유전적으로 제조된 생명체를 (이렇게 얘기하면 잔인하게 들리겠지만) 필요할 경우에는 즉각 죽일 수 있는 다양한 방비책을 고안할 필요가 있다.

나는 유전자 기술 개발을 멈추자고 주장하는 게 아니다. 그저 그에 따른 위험을 이해할 수 있을 때까지, 나아가 위험보다 더 많은 혜택을 누릴 수 있게 될 때까지 기술 발전 속도를 늦추자는 것이다.

이런 관점에서 보면 이번 장에서 논의한 다양한 혁신 중에서 가장 유망하고 논란이 적은 기술은 현재 진행 중인 마이크로바이옴에 대한 분석이다. 마이크로바이옴 분석은 우리의 장내 체계를 과거의 건강한 상태로 돌려놓을 수 있다. 나아가 이 과정은 생명체를 극단적으로 바꿔놓거나 영원히 변형시키는 게 아닌 자연스럽게 진화하는 과정이다. 따라서 마이크로바이옴 분석은 우리의 건강에 긍정적인 영향을 끼치고 모든 변화 시도에 극심하게 저항하는 생활 습관으로 인한 질환을 치유할 수 있는 가장 중요하면서 위험도가 낮은 기술이다. 이 기술은 또한 모든 이에게 공평하게 혜택이 돌아갈 것이다. 약물이나 의사에게 지나치게 의존할 필요도 없고 모든 사람이 이용할 수 있을 만큼 가격도 저렴할 것이다. 따라서 우리가 유전자 조작의 안전한 활용에 대한 지침을 마련할 때까지 일단 우리는 마이크로바이옴 분석 기술에 더 많은 에너지를 쏟아야 한다.

다행히도 미국 정부는 마이크로바이옴 분석의 기술적 가치를 인정한 것 같다. 2016년 5월, 백악관은 '국가 마이크로바이옴 계획National Microbiome Initiative'을 추진한다고 발표했다. 백악관은 이 계획을 통해 여러 다양한 생태계의 마이크로바이옴에 대한 복합 연구를 주도하고 해당 연구에 1억 2,000만 달러를 지원하기로 결정했다.[16]

"피터 디아만디스는 인류의 모든 욕구가 충족되는
이상적인 세계는 실현될 것이라 했다.
나 역시 우리가 현명하고 올바르게 행동하고
기술 발전에 따른 혜택을 공평하게 나누는 법을 찾고
제대로 된 경로를 선택한다면, 가능하다고 믿는다."

Part IV

더 나은 미래 선택을 위한 기준 3

신기술이 더 자율적이고
독립적인 삶을 보장할까?

Chapter 12

자율주행 자동차와 트럭, 비행기
교통 체증이나 사고가 없는 도로 vs. 사고의 책임은?

인간 운전자에게 필요한 복잡한 부품을 제거하면 쓸데없는 무게를 줄일 수 있다. 그러면 무인자동차는 우리가 사랑하는 두 가지 요소를 완벽하게 갖추게 된다. 바로 효율성과 속도다.

아이들이 아주 좋아하는 책인 『내가 차를 만든다면If I Built a Car』에는 상상력이 뛰어난 초짜 과학자(아마 열 살 정도일 것이다)가 등장해서 수영장이 있고, 밀크셰이크를 만들고, 하늘을 날거나 물속에서도 다닐 수 있는 자동차를 설계하는 상상의 나래를 펼친다.[1] 당연히 이 차에는 로봇 운전기사가 있어서 운전을 대신해줄 수 있다.

아마도 우리는 밀크셰이크를 만들어주는 자동차 또는 수영장을 설치할 만큼 커다란 자동차를 갖지는 못할 것이다. 그리고 하늘을 나는 자동차도 20년 정도 뒤에나 가능할 것이다. 하지만 로봇 운전기사는 이미 우리 곁에 와 있다.

대중매체에서는 운전사가 없는 자동차가 보편화될 것인지,

우리의 목숨을 기계에 맡겨도 될지에 대한 논쟁이 한창이다. 2016년 3월에 미국자동차협회가 실시한 조사에 따르면, 미국 운전자 네 명 중 세 명은 여전히 자율주행 자동차에 타는 게 겁이 난다고 답했고 자기 목숨을 맡길 수 있다고 답한 응답자는 고작 다섯명 중 한 명에 불과했다.[2]

이미 로봇 운전기사는 우리 곁에 와 있다

2014년 마운틴뷰에서 처음으로 구글 자동차를 목격했을 때 나 역시 비슷한 의심을 했다. 만약 그때 설문조사에 답했다면 나도 겁이 나는 네 명 중 세 명에 속했을 것이다. 그러다가 2016년 7월에 나는 테슬라 자동차를 구입했다. 그 자동차에는 약간의 자율주행 기능이 장착돼 있었다.

처음에는 내 차가 스스로 알아서 운전한다는 게 두렵기만 했다. 하지만 고속도로에는 차가 거의 없었고 차선도 뚜렷하게 표시돼 있었다. 그래서 나는 위험을 무릅써보기로 하고 자율주행 기능을 켰다. 물론 내 손은 여전히 운전대를 단단히 움켜쥐고 있었다. 소프트웨어에 내 목숨을 맡기고 싶지 않았기 때문이다. 하지만 그 두려움은 5분 정도가 지나자 사라졌다. 오히려 강력한 호기심이 생겨나면서 나는 어떤 일이 일어날지 확인해보려고 운전대를 쥐고 있던 손을 놓았다. 자동차는 아무 문제 없이 순조롭게 달렸다. 내 도움은 전혀 필요하지 않은 듯했다. 20분 정도가 지나자 나는 한 손은 운전대에 올려둔 채 다른 손으로는 이메일을 확인하고 있었다. 그 상황에서도 자동차는 나를 대신해서 운전했다. 길이 좁아지거나 도로가 울퉁불퉁할 때는 다시 내가 운전을 했지만 점차 자동차의 자율주행 기능에 크루즈 컨트롤 기능만큼이나 익숙해졌다.

테슬라 자동차의 자율주행 기능은 완전한 자율주행 자동차로 넘어가는 과정일 뿐이다. 그리고 무어의 법칙이 통하는 다른 모든 신기술과 마찬가지로 자율주행 시스템도 점점 더 빠른 속도로 기능이 완벽해지고 있다. 실제로 모든 테슬라 자동차는 도로를 달리면서 주행 학습을 하는 셈이다. 지금껏 출시된 모든 테슬라 자동차가 달린 거리를 합치면 아마 수천만 킬로미터에 이를 것이다. 따라서 대략 3, 4년 뒤면 내 테슬라 자동차는 더 이상 내 도움 없이도 혼자 알아서 달릴 수 있을 것이다.

물론 그렇다고 교통사고가 절대 일어나지 않을 것이란 말은 아니다. 실제로 교통사고가 일어났고, 커다란 화제가 됐다. 플로리다에 거주하는 남자가 테슬라 자동차의 자율주행 기능을 이용하다가 방향을 틀던 트럭과 충돌한 것이다.[3] 물론 남자는 사망했다. 하지만 음주운전으로 인해 발생하는 수천 건의 치명적인 교통사고와 비교할 때 적어도 확률로만 보면 지금 상황에서는 아직 완벽하지 않은 자율주행 기능이라도 인간보다 훨씬 더 안전하게 운전한다.

현재 복잡해 보이는 기술도 몇 년 후에는 사소한 기술에 불과할 것이다. 크고 투박하고 값비싼 시스템은 작고 안정적이며 저렴한 자율주행 소프트웨어와 차량용 센서로 대체될 것이다. 내 생각에 당신도 나만큼이나 금세 자율주행 기능에 익숙해질 것이다. 자율주행은 놀라운 발전이며 이후로 우리는 절대 과거로 돌아가지 않을 것이다.

자율주행 자동차가 가져다줄 혜택

무인자동차가 우리 삶을 얼마나 극적으로 향상시킬 수 있는지 사람들은 잘 이해하지 못한다. 무인자동차가 대중화되면 교통사고도 줄고 그로 인한 사망률도 크게 낮아지면서 수백만 명의 목숨을 구하게 될 것이다. 또한 무인자동차는 도심 도로에서 3분의 1, 많게는 절반 정도의 자동차를 사라지게 만들 것이다. 실제로 뉴욕이나 샌프란시스코, 런던의 도심을 활보하는 차량 중 상당수는 주차할 공간을 찾는 차들이다. 반면에 자율주행 자동차는 주차할 필요가 없다. 지속적으로 도로를 활보하면서 승객을 실어 나르면 되기 때문이다.

컬럼비아 대학교 지구연구소는 차량을 소유하는 비용도 75%나 감소할 것으로 예상한다. 왜냐하면 공유형 무인자동차라면 기존의 개인용 자동차보다 훨씬 적은 숫자로도 동일한 서비스를 제공할 수 있기 때문이다.[4] 특히 피크 타임에는 공유용 무인자동차의 활용률이 자그마치 90%에 이를 것이다. 인간의 조종이 필요하지 않다면 당연히 운전대나 다른 기기도 필요하지 않을 것이기에 무인자동차는 더 가볍고 연료 효율도 높을 것이다. 가장 중요한 건 무인자동차 공유 비용이 오늘날의 차량 소유 비용에 비하면 껌값 정도라는 것이다. 따라서 미래에는 일상에서 활용하기 위해 개인용 차량을 소유하는 것이 지극히 비현실적인 상황이 될 것이다.

자율주행 자동차는 앞으로 사회 전반에 다양한 혜택을 가져다줄 것이다. 자율주행 자동차가 있다면 장애인들도 더 이상 이동수단을 찾기 위해 애쓸 필요가 없다. 왜냐하면 필요할 때 언제든 이용할 수 있는 개인 기사가 생기는 셈이기 때문이다. 『뉴욕타임스』의 2014년 11월 기사에 따르면, 몇 년 전 구글의 자율주행 자동차 개발팀은 샌타클래라 밸리 시각장애인 센터의 책임자인 스티브 마한Steve Mahan에게 연락했다.[5] 개발팀은 사용자의 의견이 필요했기에 초기 자율주행 자동차인 토요타 프리우스와 나중에 개발된 구글 자동차의 시범 주행에 마한을 참여시켰다. 마한은 『뉴욕타임스』와의 인터뷰에서 이렇게 말했다. "구글 자동차를 탔던 경험은 정말 끝내줬어요. 어서 빨리 현실이 됐으면 좋겠습니다. 시각장애인은 누구나 자율주행 자동차가 실현되길 고대합니다."

다른 계층도 가시적인 혜택을 받게 될 것이다. 여성과 아이들은 늦은 밤에 택시를 잡을 때 더 이상 걱정하지 않아도 된다. 인간이 운전하는 자동차가 도로에서 사라지면 교통법규 위반도 문제가 되지 않는다. 따라서 경찰은 더 이상 자동차를 갓길로 유도할 이유가 없어지고, 흑인 운전자에 대한 폭력적인 차별 사건도 당연히 줄어들 것이다. 십대 운전자도 보험 회사로부터 차별 대우를 받지 않게 되고, 부모 역시 십대 자녀에게 운전을 가르치기 위해 얼토당토않은 추가 보험료를 내지 않아도 된다. 시골에 사는 사람들은 도시 사람들과 비슷한 수준의 교통 접근성을 누리게 될 것이다. 그리고 보행자들은 더 이상 교차로에서 자동차에 치일 염려를 하지 않아도 된다.

무인자동차 시대에 도로는 어떤 모습일까? 일단 더 이상 신호등이 필요하지 않다. 로봇 자동차는 무선으로 상호 연동돼 정확히 시간에 맞춰 도심 교차로와 고속도로 진입로에 들어서고 사거리 교차로에서도 일단 정지한 뒤 순서에 따라 차례로 이동할 것이다. 운전대 앞에 인간의 눈이 없어도 된다는 건 신호나 표지판도 상당 부분 필요하지 않게 된다는 의미이다. 모든 무인자동차가 서로 소통하게 되면 자동차가 달리다가 완전히 멈춰서야 하는 일도 없어지고, 그에 따른 운동에너지를 허비하지 않아도 된다.

미래에는 신호등, 정지나 양보 표지판, 고속도로 가로등을 비롯해 인간 운전자를 위해 필요한 상당수의 교통 인프라가 필요 없게 된다. 이런 요소가 사라지게 되는 것만으로도 미국에서만 수십억 달러를 절감할 수 있다. 마찬가지로 무인자동차가 보편화되면 신호등이나 고속도로, 기타 최신 교통 체계가 갖춰지지 않은 개발도상국은 교통 인프라에 막대한 자금을 투자하지 않아도 된다. 그 덕분에 개발도상국에서 절감하게 될 비용은 천문학적인 금액일 것이다. 따라서 자율주행 자동차는 다른 신기술에 비해 모두에게 혜택을 골고루 나눠주게 될 것이다.

인간 운전자가 필요 없어진 자동차는 어떤 모습일까?

인간 운전자가 필요 없어지면 자동차 설계자들도 이전과는 전혀 다른 시각에서 새롭게 자동차를 만들 수 있다. 무인자동차는 조향축이나 브레이크, 액셀러레이터 페달도 필요하지 않다. 인간 운전자가 차를 감속하거나 가속하는 데 사용하는 기타 모든 부품도 필요 없다. 무인자동차는 앞좌석 중간에 변속기나 핸드브레이크를 장착할 공간이 없어도 된다. 자동차를 운전하는 인공지능 시스템은 교통사고 발생률을 극히 미미한 수준까지 낮출 것이다. 따라서 교통사고가 없어지면 차량 문짝 또는 사고 발생 시에 탑승자를 보호하기 위해 접히도록 설계된 부분에 굳이 무거운 보호용 철제 강판을 사용하지 않아도 될 것이다. 같은 이유로 무인자동차는 범퍼나 안전벨트, 부피가 큰 에어백도 필요하지 않을 것이다.

쓸데없는 무게를 줄이고 복잡한 부품을 제거하면 자동차는 우리가 사랑하는 두 가지 요소를 완벽하게 갖추게 된다. 바로 효율성과 속도다. 무인자동차의 미래에서 이 두 가지 요소는 아주 중요하다. 오늘날 테슬라는 단 한 번의 충전으로 약 480km를 갈 수 있다. 하지만 테슬라에서 인간 운전자에게 필요한 부품을 모두 제거한다면 주행 가능 거리는 비약적으로 늘어날 것이다.

불필요한 부품을 없앤 공간에는 다른 것들을 넣을 수 있다. 운전하는 동안 일을 하고 싶은가? 얇은 플라스틱 유기 LED 모니터를 자동차 안에 설치한 후 무릎 위에 올려둔 책상처럼 모니터를 두드리며 일을 처리할 수 있다. 낮잠을 자고 싶은가? 뒷좌석에 아무도 타지 않았다면 당신은 좌석을 뒤로 완전히 젖힌 후 휴식을 취할 수 있다.

또 다른 선택은 동일한 동력과 모터를 이용해서 더 넓은 공간에 에너지를 공급하는 것이다. 캠핑카의 크기를 두 배로 확대할 수 있다고 상상해보라. 만약 여기저기를 떠돌며 사는 것이 더 이상 불편하지 않고 생활 공간도 충분하다면 굳이 집을 소유해야 할 까닭이 있을까?

속도에 대해서도 생각해볼 필요가 있다. 인간이 아닌 인공지능이 자동차를 운전하게 되면, 모든 자동차가 완벽한 순서에 따라 움직일 것이기에(테슬라의 표현을 빌리자면) 속도도 '터무니없이 ludicrous'(테슬라 모델 S에 장착할 수 있는 루디크러스 모드를 말한다. 정지 상태에서 100km 속도에 도달하는 데 걸리는 시간이 2.8초에 불과한 초가속 모드다. - 옮긴이 주) 빨라질 것이다.

자동차의 주행 속도가 엄청나게 빨라지면 우리가 사는 방식과 도시에 대한 우리의 시각도 바뀔 것이다. 현재 베이 에어리어에는 샌프란시스코와 실리콘밸리 사이에 단절이 존재한다. 많은 회사가 샌프란시스코로 이주하는데 그 이유는 직원들이 샌프란시스코에 거주하고 싶어 하기 때문이다. 그런데 샌프란시스코에서 팰로앨토로 차를 운전하고 가려면 심각한 교통 체증 때문에 거의 1시간 30분 정도가 걸리곤 한다. 통근 열차는 늘 사람으로 꽉 차고 연착도 잦다. 그 결과 나는 도심에서 친구를 만나는 경우가 갈수록 줄어들고 있다. 그러면서 사람들이 자유롭게 왕래하면서 주고받을 수 있는 아이디어도 함께 줄어든다.

만약 테슬라의 자율주행 자동차가 고속도로에서 시속 320km로 멈추지 않고 달릴 수 있다면 샌프란시스코에서 팰로앨토까지 통근하는 시간은 15분 이내로 줄어들 것이다(실제로 두 지역 간의 거리는 약 48km 정도다). 그리고 많은 문제도 해결될 것이다. 뉴욕시에서 근무하지만 높은 임대료 때문에 외곽으로 밀려난 중산층 직장인은 파라커웨이Far Rockaway 해변에 거주해도 맨해튼까지 10분이면 도착할 수 있다.

당연히 경제적 혜택도 어마어마할 것이다. 미래에는 운전대 앞에서 시간을 허비하는 대신에 창조적인 일에 더 많은 시간을 쏟을 수 있다. 도심의 주차 공간과 차고는 아파트 부지로 활용할 수 있다. 자율주행 자동차는 매 순간 방향을 지시하는 위치 추적 내비게이션과 비슷할 것이다. 일단 익숙해지고 나면 그것 없이 살았던 과거로 절대 돌아갈 수 없을 것이기 때문이다.

언젠가 내 손주들이 오래된 도시에서 자동차를 운전하는 게 어떤 기분이었냐고 내게 물어볼 날이 올 것이다. 그러면 나는 아주 위험하고 시간 낭비였다고 답할 것이다. 그런 후 너희들은 더 좋은 삶을 누리게 됐으니 행운이라고 덧붙일 것이다. 참, 잊어버릴 뻔했는데, 앞에서 언급했던 구글 자동차는 지금까지 수백만 킬로미터 넘게 주행했지만 지금껏 단 한 건도 치명적인 교통사고를 낸 적이 없다. 그나마 몇 건의 사소한 교통사고도 구글 자동차와 함께 도로를 달리는 성가시면서 무례하고 위험한 인간 운전자의 과실 탓이었다.

자율주행 자동차에 관한 도덕적 논쟁

수십 년째 하락 중이긴 하지만 미국에서 예방 가능한 사망 원인 중 1위는 여전히 교통사고이다. 미국 고속도로 교통안전국이 무수히 많은 자동차 충돌 사고를 조사해본 결과 그중 92.6%는 인간의 실수로 밝혀졌다.[6] 세계보건기구는 세계적으로 2013년에만 교통사고 사망자가 125만 명에 달한다고 밝혔다.[7] 세계 최고 수준의 비상 응급 체계를 갖췄음에도 2013년에 미국에서만 3만 2천 명이 넘는 사람이 차량사고로 사망했다.[8] 개발도상국과 중진국에서는 교통사고 사망률이 서구 선진국보다 두 배나 높다. 그 원인 중 하나는 교통 인프라가 부족한 지역에서 교통사고가 나면 긴급 처치가 필요한 한 시간 이내에 부상자를 병원으로 후송하지 못하기 때문이다.[9] 만약 미국을 포함한 전 세계의 모든 자동차가 자율주행 자동차였다면 교통사고의 95%는 발생하지 않았을 것이고 매년 100만 명이 넘는 사람이 목숨을 잃지도 않았을 것이다.

한마디로 인간은 2톤짜리 강철 덩어리를 잘 몰도록 설계돼 있지 않다. 인간은 술을 먹고 운전을 하고, 운전하면서 라디오 주파수를 이리저리 조작하고, 운전대를 잡은 채 졸고, 지나치게 빨리 차를 몰고, 액셀러레이터 페달을 브레이크로 착각하는 무수히 많은 실수를 저지른다. 많은 교통사고의 원인이 운전자의 부주의다. 인간은 교통사고를 피할 수 있을 정도로 집중하지 못한다. 반면에 자율주행 자동차는 이런 모든 문제로부터 안전하다. 자율주행 시스템의 가격은 급락하고 있고 아마 10년 이내에 100달러 이하로 떨어질 것이다. 따라서 이런 이유 때문에라도 자율주행 자동차는 가능한 한 빠른 도입이 필요하다.

미국에서 부딪혔다 하면 다른 차량을 뭉개버리는 대형 트럭은 여전히 교통사고 사망의 주범이다. 사고 중 상당수는 고속도로에서 일어난다. 대체로 트럭 운전사는 며칠을 연달아 운전한 상태이고 교통법규도 자주 위반한다. 대형 트럭 사고의 상당 부분은 다른 차량 운전자에게 치명적인데, 트럭 운전사가 수면 부족 상태에서 졸음운전을 하는 게 원인이다. 따라서 다임러벤츠에서 2015년 5월에 처음으로 자율주행 대형 트럭을 선보인 것도 특별히 놀랄 일은 아니다. 네바다주에서 사용 허가된 이 자율주행 트럭은 고속도로에서는 운전 임무를 도맡고 도심에서는 동승한 인간 운전자에게 운전대를 넘긴다.

또한 무인자동차는 밤에 안전하게 귀가할 수 있게 해준다. 예를 들어 여성(특히나 젊은 여성)은 늦은 밤 귀가를 위해 택시나 우버에 돈을 지불하기보다는 자율주행 택시를 부르는 게 낫다.

천만에, 무인자동차는 미국만의 이야기가 아니다

무인자동차의 혜택에 관해 설명하면서 나는 주로 미국에 초점을 맞췄다. 하지만 무인자동차는 오히려 인구밀도가 높고 공해가 심한 개발도상국 도시에서 더 큰 혜택을 제공할 것이다. 개발도상국에서 무인자동차를 활용하면 에너지를 훨씬 덜 소모하고, 모든 이들에게 저렴한 교통수단을 제공하며, 교통 체증과 스모그의 감소를 가져오기 때문이다.

나아가 미국은 무인자동차 기술을 독점하고 있지도 않다. 오히려 중국이 미국을 크게 앞설 가능성이 있다. 중국의 기술 선도 기업인 바이두Baidu는 이미 자체적으로 자율주행 소프트웨어를 개발했다. 바이두는 2016년에 중국 베이징과 남동부 안후이성의 우후에서 기술 시험을 마친 뒤 미국으로 건너와 캘리포니아주에서 자율주행 시험 허가를 받았다.[10] 바이두가 구글이나 테슬라보다 먼저 완벽한 자율주행 소프트웨어를 완성한다고 해도 크게 놀랄 일은 아니다. 그리고 중국은 벌써 도시 전체를 자율주행 자동차 전용 구간으로 바꾸고 있다.

한편 2016년 8월에는 세계 최초의 자율주행 택시가 싱가포르에서 첫 손님을 태웠다. 운행 구간은 원노스One North라고 불리는, 약 4Km²에 이르는 상업·주거 지역이었다. 싱가포르는 주변이 바다로 둘러싸인 비좁은 섬으로 늘 길이 막히는 곳이다. 따라서 싱가포르의 교통 정책 담당자는 자동차를 로봇으로 대체하는 데 아주 적극적이다. 싱가포르의 대중교통 사무차관 팽 킨 컹

Pang Kin Keong은 AP통신과의 인터뷰에서 이렇게 말했다. "싱가포르는 인구에 비해 국토가 좁아 제약이 많다. 이런 제약을 극복하기 위해 자율주행 기술을 활용할 생각이다. 특히 자율주행 자동차라는 새로운 이동 수단 개념이 등장하면 싱가포르의 대중교통 체계를 크게 바꿔놓을 것이라고 기대한다."[11]

인공지능에 차 열쇠를 맡김으로써 일어날 거대한 변화

움직이는 모든 운송 수단에 자율주행 기능을 의무적으로 탑재하도록 하면 운송 분야의 일자리는 처참한 타격을 입을 것이다. 미국 트럭협회에 따르면 2010년 기준으로 미국에서 트럭과 관련된 일을 하는 사람은 약 300만 명으로, 여기에는 트럭을 제조하거나 정비하는 등 다양한 일자리가 포함된다.[12] 따라서 미국 노동자 열다섯 명 중에서 한 명은 트럭 관련 업종에 종사하는 셈이다.

미국 노동통계국은 그 밖에 약 30만 명이 택시 운전사나 개인 기사로 일한다고 밝혔다. 그리고 이 수치는 최근에 새롭게 등장한 파트타임 운전사를 포함하면 더욱 증가할 것이다. 우버는 뉴욕시에서만 1만 4,000대의 우버 택시가 운행 중이라고 주장한다.

운송 분야의 일자리는 당분간 계속 늘어날 전망이다. 하지만 시간이 지나면서 무인자동차가 등장하면 약 500만 개의 일자리를 로봇에게 빼앗기게 될 것이다. 게다가 이 일을 대신할 다른 일자리도 마땅치 않다.

그리고 인간이 조종하는 자동차를 자율주행 자동차로 대체하면 교통사고로 인한 사망은 확실히 줄어들겠지만, 알다시피 인간은 상황이 잘못되면 로봇 탓을 할 것이고, 상황이 좋아도 로봇 덕분이라고 생각하지는 않을 것이다. MIT의 태미 킴Tammie Kim과 스탠퍼드 대학교의 파멜라 하인즈Pamela Hinds는 이 주제를 집중적으로 연구한 후「누구를 비난할 것인가? 인간과 로봇의 상호작용의 속성과 자율성과 투명성이 그에 미치는 영향」이라는 논문에서 다음과 같이 썼다.

로봇이 더 많은 자율성을 지닐수록 사람들은 잘못을 자신이나 동료가 아닌 로봇의 탓으로 돌리는 경향이 큰 것으로 드러났다. 이 사실은 로봇의 자율성이 강화되면 인간이 아닌 로봇에게 더 많은 비난이 돌아갈 것이라는 우리 예상과 일치한다. 흥미로운 사실은 칭찬할 일에 대해서는 오히려 그 반대라는 점이다. 즉 사람들은 잘못에 대해서는 로봇을 비난하지만, 잘된 것에 대해서는 로봇에 공을 돌리지 않는다.[13]

무인자동차가 사회구조 산업에 미치는 영향도 간과할 수 없다. 주차장 공간이 남아돌고 도로가 보행자들의 길이 되면 도시 배치도 더 유연해질 수 있다. 예를 들어 도시의 상당한 면적을 공원이나 휴식 시설로 만들 수 있다. 위치와 거리에 따른 제약이 사라지면 사람들은 어디든 원하는 곳에서 살 수 있다. 사회적 교류의 형태도 달라질 것이다. 저녁 식사를 함께하기 위해 다른 도시에 사는 친구를 찾아가기도 쉽고, 주말에는 교통 체증 없이 해변으로 놀러 갈 수 있다.

부동산 산업은 토지의 활용 방식이 변화하고 탈도시화가 진행되면서 큰 혼란에 빠질 것이다. 2020년대 중반에 펼쳐질 변화는 선례가 없기에 부동산업계는 그에 맞는 공간 활용을 예측하지 못할 것이다.

자동차 산업은 당연히 하향세를 탈 것이다. 결국 차량 공유 기업들의 성장에도 불구하고 자동차 구매량은 급격하게 감소할 것이기 때문이다. 그러니 자동차 대리점에 어떤 변화가 닥칠지는 굳이 말하지 않아도 알 것이다. 무인자동차를 이용해서 한 도시에서 다른 도시로 빠르고 쉽게 이동할 수 있다면 굳이 열차를 타거나 공항에서 길게 줄을 설 필요가 없을 것이다. 실제로 나는 샌프란시스코에서 샌타바버라로 여행을 갈 때 차를 이용하든, 항공기를 이용하든 별반 차이가 없다. 차로 가면 4시간 30분이 걸리고 항공기와 택시를 이용하면(비행기가 연착하지 않는다는 가정하에) 4시간이면 도착한다. 그런데 무인자동차가 등장하면 이 둘 간의 균형은 급격히 무너질 것이다. 미국 서부 해안 지역으로 이동할 때 내가 항공기를 이용하는 경우는 없을 것이기 때문이다. 이처럼 우리가 무인자동차와 다른 교통수단을 두고 선택을 하게 될 경우 열차업계와 항공업계가 얼마나 큰 영향을 받을지는 상상에 맡기겠다.

그리고 이 모든 상황은 빠르게는 2020년대 초반이면 현실이 될 것이다. 일론 머스크가 약속을 지킨다면 내 테슬라는 2018년이면 완전한 자율주행 자동차가 될 것이다. 우버의 설립자 트래비스 칼라닉은 2021년까지 도로에 자율주행 자동차를 선보이기로 볼보와 협약을 맺었다.[15]

무인자동차는 과연 인간의 자율성을 높여줄 것인가?

나는 하루라도 빨리 자율주행 자동차가 도로를 점령하기를 학수고대한다. 나는 자율주행 자동차가 이 책에서 논의할 다른 신기술만큼, 또는 훨씬 더 인간의 자율성을 강화해줄 것이라고 믿는다. 우리 모두 잠시 솔직해지자. 우리는 자동차를 소유한 게 우리라고 생각하지만 실제로는 자동차도 우리를 소유한다. 자동차 구매는 인생에서 가장 많은 스트레스를 주는 과정 중 하나다. 자동차를 수리하는 것도 (또는 믿을 수 있는 정비공을 찾는 것도) 마찬가지로 큰 골칫거리다. 자동차 보험을 유지하고, 세차와 정비를 하고 마지막으로 차를 (판매하거나 기증해서) 처분하는 과정도 우리 인생에서 상당한 시간을 허비하게 한다. 그뿐만이 아니라 교통 체증과 싸우거나 주차 공간을 찾아 도심을 빙글빙글 도는 불편한 상황도 엄청난 시간 낭비다.

나는 자율주행 기술이 자동차의 자율성을 강화할 뿐만 아니라 이전에는 없던 전혀 새로운 세상을 만들어낼 것이라고 믿는다. 부모가 구글 자동차를 호출해서 뒷자리에 자녀들을 태우고 축구 연습을 보낼 수 있다면 인간의 자율성이 더욱 강화된다. 운전을 할 수 없는 노인이 자율주행 자동차를 불러서 슈퍼마켓이나 박물관에 갈 수 있다면 그 또한 인간의 자율성을 높여준다. 그리고 이런 모든 서비스가 누구나 이용할 수 있을 만큼 비용이 저렴하다면 만인의 자율성을 크게 증진시켜 모두가 더욱 평등해질 것이다.

그렇다. 우리는 미래에 자율주행 자동차에 의존하게 될 것이다. 하지만 우리는 이전부터 늘 자동차에 의존하는 삶을 살아왔다. 차이가 있다면, 과거보다 더욱 자동차를 믿고 의존하게 될 것이라는 점이다. 누군가는 자동차로 축구 연습장에 아이들을 실어 날라야 한다. 다만 그 일을 부모가 하느냐, 아니면 구글 자동차가 하느냐가 다를 뿐이다.

알다시피 나는 자율주행 자동차에 관해선 눈을 반짝이며 흥분하는 낙관론자다. 하지만 실제로 자율주행 자동차의 앞날은 절대 순탄치 않을 것이다. 테슬라는 플로리다에 거주하는 운전자가 자율주행 기능을 이용하다가 교통사고로 사망했을 때 엄청난 오명을 뒤집어써야 했다. 운전자가 사고를 당한 것은 자율주행 시스템을 지나치게 신뢰했기 때문인데 결국 모든 비난은 테슬라로 향했다. 심지어 자율주행 기술 자체를 금지해야 한다는 목소리도 있었다. 그리고 분명한 건 향후에도 소프트웨어의 결함과 인간의 실수로 인해 자율주행 자동차 사고로 인한 희생이 더 나올 것이란 점이다. 하지만 그럼에도 자율주행 기술이 구해낼 목숨에 비하면 극소수에 불과할 것이다. 그렇더라도 우리는 여전히 기계를 비난하겠지만 말이다.

분명한 것은 무분별한 인간 운전자들은 자율주행 자동차 앞으로 마구 끼어들고 신호를 무시하고 달릴 것이라는 점이다. 그들은 자율주행 자동차가 멈추고 양보하도록 프로그램이 설정돼 있다는 사실을 알기 때문이다. 한마디로 당분간은 인간과 기계가 도로에서 전투를 벌일 것이다.

자율주행 자동차 시대로의 전환은 말 없는 마차(최초의 자동차는 이렇게 불렸다)와 말이 도로에서 주도권 다툼을 벌인 것만큼이나 충격적일 것이다. 자동차와 말의 전쟁에서 당연히 승자는 자동차였지만 기존의 문제는 또 다른 형태의 문제로 대체됐고 의존도도 변함없다는 사실을 우리는 명심해야 한다. 결국 무인자동차는 인간 운전자의 자율성을 앗아가게 될 것이다. 인간 운전자의 자율성은 변덕이 심하고, 심지어 아주 위험하므로 어쩔 수 없이 박탈하는 게 더 나을 수도 있다. 미래의 인간 운전자는 운전할 필요가 없는 운전자가 될 것이다.

Chapter 13

사물끼리 대화하는 사물인터넷
완벽한 개인 비서 vs. 24시간 감시자

사물인터넷은 혜택보다 위험이 큰 기술이다. 그럼에도 이 기술의 발전을 지금처럼 무법천지로 내버려둔다면 결국 참혹한 보안 사고가 끊임없이 발생하는 세상이 될 것이다.

당신의 냉장고는 당신의 칫솔, 운동화, 자동차, 욕실 체중계와 대화를 한다. 이런 전자 기기는 스마트폰과 직통으로 연결돼 당신의 디지털 주치의에게 당신이 적절한 식단을 유지하고 운동과 양치질을 제대로 하고 있는지, 또는 지나치게 과식을 하지는 않는지를 일일이 보고한다. 이런 전자 기기가 우리에 대해 어떤 생각을 할지, 어떤 험담을 늘어놓을지는 알 수 없지만 한 가지 분명한 것은 갈수록 많은 전자 기기가 우리에 대한 정보를 공유한다는 것이다. 즉 서로 정보를 공유하고, 전자 기기를 제작했거나 지원하는 기업과도 공유할 것이다.

사물인터넷은 우리가 일상적으로 사용하는 가전제품과 전자 기기, 자동차, 가정, 사무실, 공공장소에 갈수록 많은 센서가 설치되는 것을 고상하게 일컫는 말일 뿐이다. 이런 센서는 와이파이나 블루투스 또는 이동전화 기술을 활용해서 서로 연동된다.

센서와 함께 설치된 초소형 컴퓨터는 갈수록 크기가 작아지고 가격은 떨어지는 무선 칩을 이용해서 수집된 정보를 인터넷을 통해 첨단 기술 기업이 관리하는 중앙 정보 저장소로 전송할 것이다. 첨단 기술 기업이 개발한 소프트웨어는 현관문이 열려 있거나 이번 주에 야채를 섭취하지 않았거나 구강 왼쪽의 치아만 지나치게 세게 닦았다면 당신에게 즉각 경고를 보낼 것이다.

사물인터넷은 손목시계의 심장 박동 모니터부터 자녀의 잠옷에 내장된 호흡 모니터에 이르기까지 모든 곳에 존재할 것이다. 우리는 사물인터넷을 활용해서 우리의 행동을 이해하고 환경을 관리하며 더 풍성한 삶을 누릴 수 있다.

하지만 부지런히 일하는 기계에도 부정적인 측면이 숨어 있다. 사물인터넷에는 이전과는 비교도 할 수 없을 정도로 강력한 사생활 침해의 위험성이 내포돼 있다. 보험 회사는 당신의 자동차에 가속도계를 장착해서 당신의 운전습관을 면밀히 관찰할 수 있다(실제로 거대 보험 회사 제네랄리Generali는 '운전한 만큼만 보험료를 내세요Pago como conduzco'라는 마케팅을 통해 이런 방식을 활용 중이다). 당신이 베개 밑에 넣어둔 삼성 패들은 당신의 수면 사이클과 신체 지수를 측정한다. 또는 누군가가 당신의 TV에 장착된 카메라를 해킹해서 당신을 지켜볼 수도 있다.

이처럼 사물인터넷의 성장과 함께 불건전하고 심지어 불법적인 사생활 침해의 위험성도 커지고 있다.

믿을 수 없이 놀라운 사물인터넷의 능력

어쩌면 당신은 '네스트 가정용 온도조절기Nest Thermostat'가 폭발적인 인기를 끄는 것을 보며 놀라워했을지도 모른다. 온도조절기만큼 지루하고 따분한 게 이 세상에 또 있을까? 하지만 당신 집 벽에 장착돼 아름답게 빛나는 네스트는 너무나 실용적이고 사용하기도 쉽다.

미국인들은 집에 없을 때도 가동되는 냉난방기 때문에 엄청난 비용을 낭비한다. 일부 사람들은 외출하거나 집에 돌아왔을 때 냉난방기를 켜거나 끄는 것을 기억하지만, 계절에 따라 가정에서 냉난방기를 사용하는 방식이 바뀐다는 사실을 알거나 주말에는 평일과 다르게 생활하기에 그에 맞게 온도를 조절해야 한다는 사실을 아는 사람은 거의 없다. 이런 비용을 모두 더하면 연간 수십억 달러의 에너지가 낭비되는 셈이다. 그런 면에서 가정용 온도조절기 시장은 거대 시장이다. 그 시장에서는 스마트하고 상호 연결된 기기만이 해결책이 될 수 있다.

네스트는 스마트 기기의 새로운 표준을 제시했다. 네스트는 동작 감지 센서를 이용해서 사용자의 일상에서의 움직임을 모니터한다. 설치 후 첫 몇 주 동안 네스트는 당신의 행동을 분석해서 당신이 선호하는 실내 온도를 파악한다. 그리고 당신의 외출과 귀가 시간도 연구한다. 이 기간에는 당신이 직접 네스트의 온도를 조절해야 하지만 모든 훌륭한 약인공지능과 마찬가지로 당신의 습관을 파악하고 나면 스스로 알아서 작동한다.

특정 시점에 이르면 네스트는 거의 100% 자동으로 작동하며 사용자의 지시 없이도 집 안의 온도를 최적화한다. 네스트는 에너지 사용량을 많게는 10%까지 절감하고 집 안을 더욱 안락하게 만들어준다.

또한 네스트는 응용 프로그램과 연동돼 에너지 소비가 최고조에 이르면 전력망의 부담을 줄이기 위해 사용자에게 에너지 사용을 줄이라고 알려준다. 네스트 프로그램이 설치된 집에 사는 사용자는 에너지 절감에 동참함으로써 5%가 넘는 에너지를 절감할 수 있다. 한마디로 네스트는 스마트 전력망smart grid의 아직 초기지만 제법 효과적인 버전이라고 볼 수 있다. 스마트 전력망은 사물인터넷의 여러 분야 중 하나로 거대하고 낡은, 전력과 에너지의 비효율적인 생산·전송 시스템 개선에 집중한다.

네스트 앱을 스마트폰에 설치해서 원격으로 집 안 환경을 조절하는 것도 가능하다. 만약 당신이 집에 도착하기 15분 전부터 냉방을 가동해서 온도를 낮추고 싶다면, 네스트에 메시지만 전송하면 된다. 만약 당신이 애리조나주 피닉스의 푹푹 찌는 여름날에 예상보다 일찍 귀가하게 됐다면 이런 기능이 정말 유용할 것이다.

구글의 독립 사업부로 운영되는 네스트는 온도조절기를 선보인 이후로 화재탐지기 그리고 침입자를 감시하거나 반려동물(유아나 십대 자녀도 가능하다)의 행동을 모니터할 수 있는 CCTV를 출시했다. 네스트는 앞으로도 여러 신제품을 내놓을 전망인데, 모두 네스트 앱으로 조작이 가능하다.

많은 첨단 기술 기업이 네스트처럼 사물인터넷 기술을 활용할 것이라고 입을 모아 말한다. 즉 사물인터넷은 에너지 사용량을 줄이고, 건강 개선에 도움을 주고, 더욱 안전한 환경을 제공하며, 더 나은 삶을 영위하는 데 활용될 것이다. 당연히 사물인터넷은 우리의 돈도 절약해준다.

사물인터넷이 수집하는 방대한 데이터는 경제에 큰 영향을 미칠 것이다. 맥킨지 글로벌 연구소McKinsey Global Institute는 「사물인터넷: 거품을 넘어 진정한 가치 창출하기」라는 보고서에서 사물인터넷의 경제적 영향력이 2025년경이면 연간 3.9조 달러에서 많게는 11.1조 달러로 성장할 것이라고 예측했다. 세계 경제의 11%에 해당하는 엄청난 규모다.[2]

사물인터넷의 가치를 일반인이 이해하기란 쉽지 않다. 사물인터넷은 기계가 다른 기계와 소통하면서 서로 다른 인공지능 시스템을 통해 더 나은 의사 결정을 하도록 만드는 것이기 때문이다. 공장에 설치된 기계를 모니터하고 바다를 항해 중인 선박의 경로를 추적하고 도심 내 교통량의 패턴을 관찰하는 등 사물인터넷은 가정을 벗어나 광범위하게 활용되면서 생산성 증대나 시간 절약, 자산의 활용도 개선을 통해 가치를 창출한다. 시속 360km로 주행하는 구글 자동차를 조작하는 것도 사물인터넷이 활용되는 분야이다. 사물인터넷 기술을 이용해서 도로에 묻힌 센서 망과 자동차에 내장된 센서는 서로 같은 언어로 대화할 수 있다.

맥킨지의 보고서는 사물인터넷의 또 다른 가치로 질병과 사고, 사망자의 감소에 따른 경제적 영향력을 꼽았다. 사물인터넷이 널리 확산되지 않은 오늘날에는 이런 가치를 정확히 계산하기 어렵지만 미래에는 실질적인 경제적 혜택을 가져다줄 게 분명하다. 맥킨지는 사물인터넷이 지구에서 벌어지는 수많은 활동을 모니터하고 관리하는 데 도움이 될 것이라고 믿는다. 여기에는 자연과 사람, 동물이 모두 포함된다.

사물인터넷은 우리가 기기와 상호작용하는 방식을 바꾸고, 기기의 효율성을 증대할 뿐만 아니라 세계 경제를 이끄는 동력에 대한 새로운 시각을 제시할 것이다. 모든 전자 기기가 소프트웨어로 제어 가능한 기계로 바뀌면 기계는 물론이고 그 기계를 활용하는 사업 모델도 더욱더 개선될 수 있다. 오늘날 우리가 스마트폰에서 볼 수 있는 지속적인 업데이트를 미래에는 모든 전자 기기에서 흔히 보게 될 것이다.

이제 모든 것이 연결된다. 자동차도 가로등도 제트엔진도 의료용 스캐너도 가전제품도 모두 연동된다. 신제품 모델이 등장하면 우리는 사용하던 가전제품을 내다 버리기보다는 새로운 기능을 다운로드받아서 이용하게 될 것이다. 테슬라 자동차가 자율주행 기능을 개선하는 방식도 이와 같다. 테슬라는 몇 주 간격으로 자율주행 데이터를 학습하고 이를 토대로 소프트웨어를 업데이트한다. 사물인터넷 소프트웨어를 활용하면 모든 사물은 스스로 알아서 작동하고 업그레이드되며 필요에 따라 켜지거나 꺼지고 적절한 시기에 스스로 폐기될 것이다.

사물인터넷의 공포

2015년 연말의 연휴 기간은 시작부터 조짐이 좋지 못했다. 블랙 프라이데이에 한 해커가 중국 완구 제조업체 브이테크VTech의 서버에 침입해서 거의 500만 명의 부모와 600만 명의 아이에 대한 개인 정보를 빼내갔다는 사실이 알려졌기 때문이다.[3] 해킹된 데이터에는 집 주소와 이름, 생년월일, 이메일 주소와 패스워드가 포함돼 있었다.[4] 엎친 데 덮친 격으로 부모와 자녀의 사진과 문자메시지 기록도 함께 해킹됐다.[5]

이보다 앞서 같은 달에 보안업체 블루박스 시큐리티Bluebox Security는 인터넷과 연동된 제품인 마텔의 유명한 인형모델 '헬로 바비Hello Barbie'에서 심각한 보안 취약점을 발견했다.[6] 이에 따라 명백한 의문이 생겨났다. 갈수록 많은 장난감이 인터넷과 연결되는 상황에서 그중 얼마나 많은 것들에 보안 문제가 있을까? 그리고 그로 인해 수백만 또는 수천만 명의 아동이 위험에 처해 있는 건 아닐까? 분명한 건 인터넷과 연결된 장난감 중 상당수가 심각한 보안 취약점을 지녔다는 것이었다.

그렇다. 앞에 언급한 사건들은 장난감에 대한 해킹 공격의 초기 사례다. 따라서 해커들은 우리보다 훨씬 앞서나가고 있는 셈이다. 하지만 이보다 더 큰 문제는 사물인터넷에 대한 규제가 없다는 것이다. 보안이 취약한 제품을 내놓는 기업에 대한 처벌 조항도 따로 없다. 기업은 그저 사과만 하고 넘어갈 수 있다. 기업은 자신들의 제품에 사생활 유출의 위험이 있다고 해서 전량 리콜을 실시하지 않아도 된다.

이렇게 가정해보자. 당신은 집에 네스트를 여러 대 설치했고, 따라서 네스트는 당신에 대한 방대한 데이터를 수집했다. 덕분에 네스트를 제조한 회사는 당신의 일거수일투족을 모두 파악하고 있다. 심지어 아무도 모르는 가장 은밀한 부분까지 회사는 속속들이 안다. 회사 카메라가 당신을 24시간 하루도 빠짐없이 지켜본다. 이 모든 정보가 해킹된다면 어떤 일이 벌어질지 상상해보라.

나는 사생활 침해와 비밀 유출이 갈수록 증가하는 오늘날의 상황이 진심으로 우려된다. 집 안의 장난감과 온도조절기만 문제가 아니다. 도심 거리와 쇼핑몰에 설치된 카메라도 우리의 일거수일투족을 촬영한다. 우리가 모는 차는 우리의 행선지를 다 기억하며, 요즘 선보인 음성인식 인공지능 비서는 우리의 활동을 일일이 추적한다. 한마디로 미래의 사생활은 집 안에서조차 종말을 고하게 될 것이다. 우리가 사용하는 스마트폰에는 이런 위험성이 이미 내재돼 있다. 조만간 우리는 어디를 가든 추적당할 것이다.

끊임없이 일상을 파고드는 마케팅도 문제이다. 새로 등장하는 사물인터넷 제품 중 상당수는 저렴하면서도 매우 유용할 것이다. 예를 들어 우리에게 우유 주문 시기나 약 먹을 시간을 알려주고, 치즈 케이크를 한 조각 더 먹으려고 할 때 우리를 말려줄 것이다. 그러면서 우유는 구글 익스프레스에서 주문하고, 약은 CVS에서 처방 받으라고 말할 것이다. 빠르게 성장 중인 아마존의 대쉬Dash

서비스는 사용자가 타이드Tide 사물인터넷 기기의 버튼을 누르는 것만으로 타이드 세탁용 세제를 재구매할 수 있도록 한다. 그런 데 이 저렴한 기기는 아마존의 클라우드 서버에 연결돼 있으므로 재구매 주문을 처리하는 것은 당연히 아마존이다.

과연 우리는 집에서 사용하는 냉장고 제조업체가 새로운 맛의 아이스크림을 추천한다면 행복할까? 세탁기가 의류 브랜드를 추천하거나, 체중계가 구석기 다이어트가 효과 없다고 새로운 다이어트를 제안한다면 기분이 어떨까? 사물인터넷 기업은 이런 제안을 하기에 충분한 데이터를 보유하게 될 것이다. 지금 당신 거실에 놓인 스마트 TV의 제조업체가 당신이 어떤 프로그램을 보는지 학습하는 것과 같다.

또한 첨단 기술 기업이 수집한 데이터를 우리에게 물건을 팔려고 혈안이 돼 있는 광고업체와 공유하지 않을 거라는 보장도 없다. 사실 첨단 기술 기업이 주로 돈을 버는 방식 자체가 원래 데이터를 판매하는 것이다(물론 그들은 개인 식별 정보는 제공하지 않는다고 주장한다). 이건 마치 파우스트가 악마와 거래하는 것과 같다. 그리고 우리는 항상 이런 거래를 맺는다. 특정 기업이 인터넷에서 서비스를 무료로 제공한다면 그 기업의 수입원은 다름 아닌 고객 정보다.

나는 화장실에 있는 내 체중계가 냉장고에 말을 걸어 치즈 케이크를 더 이상 주문하지 말라고 명령하는 날이 오지 않길 바란다. 나는 보안용 카메라가 내 집 안의 모습을 찍어서 인터넷으로 올리는 걸 결코 허락하지 않을 생각이다. 카메라에 찍힌 이미지를 세상에서 가장 강력한 암호화 기술로 보호한다고 해도 절대 그런 일은 없을 것이다. 하지만 이것도 현재의 노트북 컴퓨터와 마찬가지로 모든 스마트 TV와 냉장고에 카메라가 장착되는 날이 온다면 결코 내 마음대로 되지 않을 것이다.

사물인터넷은 인간의 자율성을 높여줄 것인가?

산업용 사물인터넷이 보편화되면 의심할 여지없이 큰 혜택을 누리게 될 것이다. 이런 면에서 사물인터넷에 의존할 수 있다는 건 다행스러운 일이다. 내 차가 나에게 정비할 때를 미리 알려주고, 교통신호등이 알아서 전구 교체 시기를 보고하는 것도 물론 의미 있는 일이다. 제너럴 일렉트릭은 자사가 제조한 제트 엔진과 열차의 이상을 원격으로 해결한 뒤 항공사와 철도 회사에 유지·보수가 필요하다고 경고할 수 있다. 이런 모든 데이터가 관리 소프트웨어로 제공되면 시간과 비용이 크게 절감될 것이다.

나는 우리 집에 설치된 네스트 온도조절기가 집 안 온도를 자율적으로 조종하는 게 전혀 거슬리지 않는다. 하지만 냉장고가 내가 섭취하는 음식을 감시하고 내 스마트폰과 대화를 나누는 건 또 다른 문제다. 나는 그런 상황은 원하지 않는다. 그럴 경우 사물인터넷 기술에 대한 의존성은 커지지만 그만큼 혜택이 돌아오지는 않기 때문이다. 나아가 그런 기술은 내 사생활을 침해할 것이다.

사물인터넷은 혜택보다 위험이 더 클 수 있다

브이테크는 2015년의 해킹 사고 후 보안이 철저하지 못했다며 사과했다.[7] 사실 브이테크는 처음부터 굳이 보안을 걱정해야 할 이유가 없었다. 고객 데이터를 보호하지 못한 기업에 대한 처벌 조항이 그다지 강력하지 않기 때문이다. 미국 캘리포니아에서도 기업은 법적으로 해킹 사실을 즉각 공표하고 고객들에게 데이터 도난 사실을 알릴 의무가 있지만 여전히 해킹은 끊이지 않고 있다. 컨설팅 업체 PwC의 대규모 조사에 따르면, 세계적으로도 사이버 공격은 2013년부터 2014년까지 48%나 대폭 증가했다. 그리고 2014년에 사이버 공격을 당한 기업은 평균적으로 270만 달러의 손실을 봤다.[8]

자발적 리콜을 한다고 해도 리콜 비용 정도로는 기업이 사이버 보안을 강화할 충분한 동기가 되지 못할 것이다. 신원을 도용당한 사용자가 보상을 받는 경우는 극히 드물기에 해킹 사고는 오래도록 지속되고 있다. 브이테크는 연간 매출액이 20억 달러에 이르며 발표에 따르면 제품군 중 인터넷과 연결된 아동용 완구가 가장 급성장하는 분야라고 한다. 따라서 해킹 사고에 대한 더 나은 해결책은 어설픈 보안에 대한 처벌을 극도로 강화하는 것이다. 기본적으로 해킹에 대한 보험 가입을 강제할 수도 있지만, 그보다는 해킹을 당한 고객에게 기업이 무조건 의무적으로 보상을 하도록 만들어야 한다. 또 다른 대책은 인터넷과 연결되는 제품을 만드는 모든 제조업체가 일정 금액을 갹출해 공적 자금을 조성하도록 하는 것이다. 물론 이런 방식은 보험과 상당히 비슷하다. 기업들은 이런 방식을 절대 탐탁해하지 않겠지만 보안을 강화하도록 강제하는 데는 효과적일 것이다.

정부 규제의 강화는 대체로 생산적이기보다는 오히려 혁신을 방해하는 요인이 된다. 하지만 미국 연방통신위원회가 전자기기 인증 절차를 확대하는 것은 신중히 고민해볼 필요가 있다.[9] 전자 기기 인증 절차는 미국 내에서 사용되는 무선주파수를 장착한 기기를 검사해 전파 방해를 초래하지 않고 효과적으로 작동하는지, 그리고 정해진 기술 규격을 충족하는지를 의무적으로 검증하는 과정이다. 미래에는 이런 기술 규격에 데이터 암호화와 기타 보안 조치가 포함될 수 있다. 미국에서 사용하는 사물인터넷 기기의 대부분이 중국에서 제조되기에 이런 조치는 특히 중요하다. 미래에는 보안 취약점을 악용한, 전례가 없는 규모의 사생활 침해가 우리 가정은 물론이고 기업 내에서도 발생할 수 있다.

사용자 스스로 데이터를 통제하고 관리하는 시스템

나에게는 개인 데이터 보안에 관한 급진적인 아이디어가 있다. 내가 보안과 사생활 보호에 대해 지금까지 제시한 모든 개선책을 훌쩍 뛰어넘을 만큼 극단적인 제안이기도 하다.

고객 스스로 자신의 데이터를 통제할 수 있는 시스템의 설계를 제도화한다면 어떨까? 예를 들어 고객들이 어떤 개인 데이터가 수집되는지 알게 하고, 데이터가 해킹당했을 때 자동으로 고객에게 그 사실을 통보하도록 강제한다면 어떨까? 사실 이런 아이디어는 사생활 보호를 주창하는 활동가들과 디지털 인권 수호를 위해 애써온 전자프런티어재단Electronic Frontier Foundation 같은 단체들의 오랜 숙원이기도 하다. 그런데 오늘날 우리는 이런 꿈을 실현할 수 있는 능력에 거의 근접했다.

스탠퍼드 대학교 법학대학에서 일하는 내 동료들을 비롯해 많은 학자들은 이런 생각을 현실화할 수 있는 방법을 꾸준히 연구해왔다. 줄여서 코덱스Codex라고 불리는 스탠퍼드 법률정보공학센터Stanford Center for Legal Informatics의 수장인 롤런드 보글Roland Vogl은 사용자가 직접 자신의 구조화된 데이터를 관리하고 분석할 수 있는 시스템을 설계 중이다. 그리고 사용자가 직접 관리할 수 있는 데이터에는 사물인터넷 기기가 수집한 정보도 포함된다. 사용자는 사용자 전용 인터페이스를 통해 자신의 기기에 접속해서 수집된 데이터를 모니터하고 통제할 수 있다. 사용자는 그중 어떤 데이터를 기업과 공유할지, 여러 기업 중 어떤 곳과 공유할지를 직접 선택할 수 있다. 보글은 이런 기술을 장착하는 사례가 이미 등장하고 있다고 말했다. 오픈센서스Open Sensors나 울프램 연동 기기 프로젝트Wolfram Connected Devices Project가 대표적 사례다.

사실 사물인터넷의 사생활 침해와 보안 문제에 대한 해결은 그리 어려운 게 아니다. 의지를 가지고 규제를 만들고 협력한다면 해결책은 충분히 가능하다. 사물인터넷 기술의 발전을 지금처럼 무법천지로 내버려둔다면 결국 참혹한 보안 사고가 끊임없이 발생하는 세상이 될 것이다. 따라서 지금이라도 규제 마련이 시급하다. 그래야만 우리는 물론이고 후세에게 더 안전한 사이버 세상을 만들어줄 수 있다. 악당들에게 우리의 데이터를 모두 빼앗긴 후에야 비로소 자물쇠를 걸어 잠그는 건 이미 너무 늦은 조치이다.

당연히 이 부분에서도 우리 모두의 적극적인 참여가 필요하다. 일반 대중이 나서서 이런 보호 장치를 요구해야 한다. 하지만 그보다 먼저 사안의 중요성을 이해해야 한다. 당신도 나처럼 소비자로서 권리를 행사할 수 있다. 나는 보안 조치가 충분하다는 확신이 들지 않는 한 절대로 가정용 사물인터넷 기기를 구매하지 않을 것이기 때문이다.

Chapter 14

3D 바이오프린팅과 인공 신체
슈퍼 인간으로의 진화 vs. 인간인가, 기계인가?

지금까지는 인간적인 것과 기계적인 것이 무엇인지에 대한 명확한 경계가 존재했다. 하지만 2020년대 말이면 인공 신체 기술은 이 경계를 넘어설 뿐만 아니라 빠른 속도로 앞서나갈 것이다.

TV 드라마 시리즈 〈스타트렉〉에는 조르디 라 포지 소령이라는 인물이 등장한다. 그는 시각장애인인데 바이저VISOR라는 미래형 안경을 착용하고 있다(바이저는 시각장치 및 감각 조직 대체품Visual Instrument and Sensory Organ Replacement을 줄인 말이다). 바이저를 착용한 라 포지 소령의 시각은 인간의 정상 시각보다 더 뛰어나다.

오늘날 실제로 세컨드 사이트Second Sight라는 기업은 미국 식약청의 인증을 받은 인공 망막, 아거스Ⅱargus Ⅱ를 판매 중이다. 아거스Ⅱ는 망막색소변성증으로 시력을 잃은 이들에게 아주 제한적이긴 해도 충분히 기능하는 시각을 제공한다. 망막색소변성증은 망막 질환 중 하나로, 세계적으로 150만 명이 앓는 질병이다. 아거스Ⅱ는 안경에 장착된 비디오카메라와 컴퓨터를 활용해 실시간으로 이미지를 캡처한다. 그러면 안경테에 내장된 무선 칩이 포착된 이미지를 안구에 심어둔 임플란트로 전송한다. 안구 임플란트는 60개 전극을 이용해 아직 남아 있는 건강한 망막 세포를 자극하고, 자극을 받은 세포는 시각 정보를 시신경으로 전달한다. 아직까지 아거스II는 빛과 어둠, 움직임 정도만 분간할 수 있는 정도다. 즉 아거스II 사용자는 사람의 얼굴을 인식하거나 색상을 분간하지는 못한다. 게다가 10만 달러에 이르는 높은 가격도 잠재 사용자들에게 큰 걸림돌이다.

무어의 곡선으로 예상해보면 (라 포지 소령이 착용한) 완전한 시각 기능을 제공하는 바이저의 등장까지 걸리는 시간은 12년 정도다. 다만 지금 이 순간에도 비디오카메라와 안구를 직접 연결하는 장비를 장착한 채 살아가는 사람이 수백 명이나 있다는 사실은 그 자체로 대단히 충격적이다. 만약 아거스II와 같은 시스템이 갈수록 저렴해지고 기능도 개선된다면 사람들은 타고난 시각을 더 강력한 인공 시각 장치로 적극적으로 교체하려 들지 않을까?

아거스II의 사례는 디지털화가 이 세상에 많은 부분 긍정적인 영향을 끼칠 것이라는 점을 잘 보여준다. 사실 시각은 매우 연약하다. 빛을 신경파로 전환하는 놀라운 생물학적 기능은 나이가 들거나 부상을 당하면 너무나 쉽게 망가지고 만다. 예를 들어 망막(안구 안쪽의 빛을 감지하는 세포조직)의 노인성 황반변성은 오늘날 많게는 200만 명의 미국인을 괴롭히는 질환이다.

우리의 팔과 다리, 시각·청각·후각에 영향을 끼치는 질환을 연구하는 과정이 하나로 합쳐지면서 인간의 형태는 더욱 확장·개선되고, 심지어 교체될 것이다. 훨씬 충격적인 사실은 개인의 특성에 맞춘 의료시스템을 개발하는 데 걸리는 속도가 급격히 단축되고 비용도 빠르게 감소한다는 점이다. 그리고 이런 맞춤형 의료 시스템은 우리의 신체와 혈액의 화학작용 그리고 생활 환경과 유전자에 따라 맞춤형으로 설계될 것이다.

신체 기관을 프린트해서 목숨을 살리다

개릿 피터슨Garrett Peterson이 태어난 날부터 부모는 아이가 자주 호흡을 못 해서 얼굴이 파랗게 질린다는 사실을 알아챘다. 개릿은 지나치게 호흡기관이 약하고 폐가 자주 눌리면서 공기가 차단되곤 했다. 아주 희귀한 질환이었고, 치명적인 증상이기도 했다. 기저귀를 갈 때나 울음을 떠뜨릴 때 개릿이 스트레스를 받았다가는 거의 질식사할 수도 있었다.[1]

폐 손상으로 인해 사망 위기에 처했을 때 개릿은 고작 16개월이었다. 개릿의 부모는 미시건 대학교의 생체공학자 스콧 홀리스터Scott Hollister를 찾았다. 그는 여러 플라스틱 임플란트 장치를 만든 경험이 있었다. 홀리스터는 개릿의 기관이 눌려서 닫히지 않도록 고정할 수 있는, 목구멍 크기에 딱 맞는 플라스틱 막대를 만들었다. 이 플라스틱 막대는 3D 프린터를 이용해서 제작됐다. 수술은 성공적이었다. 플라스틱 막대는 개릿의 기관을 열린 상태로 유지해줌으로써 개릿의 목숨을 구했다. 개릿은 호흡이 정상으로 돌아오자 금방 건강해졌다. 홀리스터는 개릿이 성장하면 막대의 굵기도 함께 늘어나도록 이 장치를 설계했는데, 나중에 개릿의 기관이 스스로 지탱할 만큼 건강해지면 호흡 곤란 증상을 완전히 해결할 수 있게 될 것이다. "아이가 갈수록 더 잘 반응하고, 주의력도 좋아지고 장난감도 더 많이 가지고 놀아요. 점점 정상적인 아이처럼 행동하고요." 개릿의 아빠 제이크 피터슨 Jake Peterson은 2014년 3월 미국 공영 라디오 방송과의 인터뷰에서 이렇게 말했다.[2]

피터슨 부부와 홀리스터는 의료 장비 회사가 임플란트 장치를 만들어 승인 절차를 받기까지 수개월에서 많게는 수년을 손 놓고 기다리기보다는 직접 임플란트를 제작했다. 게다가 임플란트를 설계하고 3D 프린터로 인쇄하는 데는 고작 1주일이 걸렸고 비용도 1만 달러 미만이 들었다. 이 감동적인 일화는 3D 프린터를 활용한 자체 제작이나 그 밖에 더 빠르고 저렴한 제작 기법이 기존의 돈이 많이 들고 어려운 과정을 신속하고 쉽게 반복할 수 있는 과정으로 전환시킨 여러 사례 중 하나이다. 중국이나 미국의 신생 기업이 3D 프린터를 활용한 인공 신체 기관을 전문적으로 생산해서 고작 수백 달러에 파는 것도 결코 허황된 상상이 아니다. 게다가 이런 식으로 제작된 임플란트가 하루 만에 배송될 수도 있다. 아니면 당신 스스로 3D 프린터를 활용해서 직접 찍어낼 수도 있을 것이다.

3D 프린터를 이용한 맞춤형 자체 제작 기술이 의료용 신체기

관이나 보조기구 제작에 활용되는 사례는 갈수록 늘어나고 있다. 예를 들어 엑소 바이오닉스Ekso Bionics는 신체가 마비된 이들이 걸을 수 있도록 돕는 인공 외골격을 설계하고 제작한다. 엑소 바이오닉스의 고객 중 상당수는 인공 외골격에 3D 프린터로 제작한 접합 부분을 더해서 컴퓨터로 움직이는 로봇 의족을 자신의 신체에 맞춰 보다 편안하고 쉽게 사용할 수 있도록 만든다. 이들은 새로 얻게 된 다리 덕분에 휠체어 신세를 벗어날 수 있었을 뿐만 아니라 과거 세대의 기술로는 도저히 불가능했던 곳도 갈 수 있게 됐다.

1992년 2월 27일, 아만다 박스텔Amanda Boxtel은 콜로라도에서 스키를 타다가 끔찍한 사고를 당했다.[3] 그녀는 능숙하게 스키를 탔지만 중급자 코스에서 스키가 서로 교차하는 바람에 그만 공중제비를 돌아서 딱딱한 빙판에 등을 세게 부딪혔다. 그로 인해 척추골이 네 개나 부서지면서 결국 하반신 마비가 됐다. 그러다가 2012년에 아만다는 엑소 바이오닉스 외골격의 초창기 시제품을 이용할 수 있게 됐다. 두 발로 일어서서 조심스럽게 발바닥을 딛으며 방 안을 걷게 됐을 때 아만다는 흐느껴 울었다. 그녀는 앞으로 살면서 자신이 가장 좋아하는 해변을 걷고 산에서 하이킹을 하고 (정말로 운이 좋다면) 다시 스키를 탈 수 있을지도 모른다고 생각했다. 아만다의 다리를 조종하는 컴퓨터는 갈수록 영리해지고 성능이 좋아지고 있다. 그와 함께 외골격도 더 강하고 가벼우면서 자연스러워지는 중이다. 한마디로 소프트웨어와 하드웨어는 마치 내리막을 자유롭고 편하게 활강하는 스키처럼 갈수록 빠르게 발전하고 있다.

6,000달러의 사나이 : 슈퍼 인간으로의 필연적인 진화

1970년대 TV 드라마 〈600만 달러의 사나이〉는 내가 가장 좋아하는 프로그램이었다. 드라마의 주인공 스티브 오스틴은 우주선 조종사였는데 큰 사고를 당하게 된다. 그러자 미국 정부가 나서서 그를 재건한다. 그 결과 그는 시속 96km로 달릴 수 있는 다리와 일반인보다 20배나 더 확대해 볼 수 있는 망원경 같은 눈, 불도저와 맞먹는 위력의 팔을 갖게 된다. 이 과정에 미국 정부가 쏟은 비용은 600만 달러였다. 물가 상승을 고려하면, 현재 가격으로는 약 3억 5,000만 달러에 이른다. 그런데 만약 지금부터 약 15년 뒤에는 그와 같은 인간을 6,000달러에 만들 수 있다면 어떨까? 그게 내가 산정한 대략적인 비용이다(1970년대의 달러 가치에 의하면 그 정도라는 말이다).

일단 몸은 굳이 플라스틱으로 만들 필요가 없다. 이미 현존하는 3D 프린터는 생물학적 물질로 프린트가 가능하다. 이른바 바이오프린팅bioprinting이라 불리는 이 공정은 바이오잉크bio-ink라는 물질을 활용한다. 바이오잉크는 층층이 쌓아올릴 수 있는, 다세포로 구성된 기본 구조를 일컫는다.

세포조직 설계자는 목표로 한 세포조직을 구성하기 위한 심층 구조를 설계한다. 비활성 젤을 활용해 연약한 세포 구조를 지지하거나 자연스러운 세포조직의 물리적 특성을 재창출해낼 수 있는 틈이나 경로, 공백을 만들고, 적당한 세포로부터 신체가 필요한 세포조직을 만들 수 있는 바이오잉크를 생산해내는 생체 과정을 전개한다. 설계자는 바이오잉크 혼합물을 설계하고 검증한 뒤 바이오 프린터에 주입하고는 한 겹씩 쌓아 올려 원하는 조직 구조를 만들 수 있다.

웨이크포레스트 대학교의 과학자들과 재생의학 전문가 앤서니 아탈라Anthony Atala는 2014년 4월에 발표한 논문에서 태어날 때부터 질이 없거나 기형인 어린 소녀들을 위해 새로운 질을 만들어내는 실험에 수차례 성공했다고 밝혔다.[4] 실험 결과, 3D 프린팅 기술과 바이오잉크를 활용해 만든 인공 질은 성공적이었다.

그 밖에도 아탈라는 임상 시험에서 바이오프린팅으로 방광을 만들었고, 현재는 신장이나 간처럼 훨씬 복잡하고 혈관이 세밀한 장기를 만드는 법을 연구 중이다. 아직까지 대사작용을 하거나 영양소와 독소를 처리하는 조직과 장기에 필수적인 영양을 공급하는 혈관을 더하는 기술은 실현되지 않았다. 그 단계까지 가려면 앞으로 수십 년이 더 걸릴 수도 있다. 하지만 아마 향후 10년 이내에 상대적으로 단순한 신체 구조, 즉 심장판막이나 뼈, 귀, 코 등은 교체가 필요하다면 바이오잉크와 거부 반응을 최소화하기 위해 당사자의 줄기세포를 혼합해서 배양할 수 있게 될 것이다. 지금도 바이오프린팅 기술을 활용해서 실제 신체 물질을 만들려고 시도 중인 회사가 수십 개나 된다. 야심 찬 최고 경영자 칼 배스Carl Bass가 이끄는 오토데스크Autodesk를 비롯해 산업디자인 분야의 거대 기업들도 적층 프린팅을 이용해서 생물학적 물질을 제조하는 방법을 연구 중이다.

물론 이런 일에는 당연히 의료 전문가와 수술 전문 의사의 도움이 필요하다. 생체 이식은 자동차 부품을 프린트해서 장착하는 것과는 엄연히 차원이 다르다. 다만 미래에는 의사들이 이런 프린팅 기술을 일상적으로 활용하게 될 것이다.

우리는 세포조직을 배양하고 장기를 프린트하는 능력을 지니게 되면 그와 더불어 합성 물질을 만들어내고 생물학과 화학을 결합할 수 있는, 과거에는 없던 능력도 얻게 된다. 이 방면에서 특히나 많은 주목을 받는 건 다름 아닌 나노 물질이다. 예를 들어 과학자들은 나노 구조를 지닌 인산칼슘 생체물질을 활용해서 뼈를 재생하는 방법을 연구 중이다. 인산칼슘은 겹겹이 쌓아 올릴 수 있는 기본 재료로 활용되며 뼈의 무기물 구성요소의 결정학적 특성을 그대로 살릴 수 있다. 초기 연구 성과에 따르면 이런 나노구조 물질을 줄기세포와 혼합하면 뼈 재생을 가속화할 수 있다.

인간의 신체보다 더 우수한 물질과 더불어 센서 시스템이 내장된 초소형 전자장비가 등장하면 인간의 신체는 정교하게 측정된 기계로 바뀌게 될 것이다. 2013년 8월에 미국특허청은 엔도트로닉스Endotronix에 폐동맥압을 지속적으로 측정하는 무선센서 리더기에 대한 특허를 부여했다. 이 초소형 바이오 센서 이식은 비용이 저렴하고 외과적 수술을 최소화해 지금껏 널리 활용되는 도관 삽입 시술을 통해 폐동맥으로 삽입된다. 이 장치는 별도의 배터리가 필요하지 않으며 전극을 꽂기 위해 혈관에 구멍을 뚫을 필요도 없다. 대신에 환자가 스마트폰을 자신의 가슴 근처에 대면 수치를 측정해서 주치의에게 그 결과를 전송할 수 있다. 이전까지 심부전의 주요한 증상인 폐동맥압을 정기적으로 측정하는 과정은 고난도의 외과적 수술이 필요했다.

1966년에 개봉한 영화 〈판타스틱 보야지Fantastic Voyage〉(우리나라에서는 '바디 캡슐'이라는 제목으로 번역됐다. -옮긴이)와 이 영화의 원작인 아이작 아시모프의 동명의 작품은 우리 몸속을 자유롭게 여행하면서 데이터를 전송하는 무선 센서의 미래상을 그렸다. 엔도트로닉스가 개발해낸 장치는 이런 미래상을 실현한 최초의 사례라고 볼 수 있다. 미래의 과학자들은 이 장치를 두고 지극히 조악하다고 할 것이다. 과학자들은 체내를 떠다니면서 주요한 생체 기능을 측정하는 초소형 센서 시스템을 개발 중이다. 이게 현실이 되면 우리의 신체 상태를 지속적으로 모니터하는 조기경보 시스템을 장착하게 되는 셈이다. 그러면 중대한 건강 이상을 사전에 방지할 수 있고, 적극적인 예방 활동을 하고 치료를 받을 수도 있다. 또한, 우리가 지금껏 믿어왔지만 아직까지 증명되지 않은 가정이 정말로 옳은지에 대해 더 깊게 이해하게 될 것이다. 예를 들어 염증 체계가 인간의 전반적인 건강에 끼치는 영향과 같은 가정은 의사들이 우리의 신체를 설명할 때 활용하는 매우 중요한 이론이기도 하다.

신체가 여러 전자 장치와 연동되면 바이오 해킹도 컴퓨터 해킹의 일부분이 될 것이다. 그러면 우리의 목숨을 유지해주는 센서가 오히려 살해 무기로 변모할 수도 있다. 이런 상황을 우려하는 정보 보안 연구자들은 인공 심박 조율기의 해킹이 가능하다는 것을 이미 증명했다. 우리의 신체와 전자 장치, 임플란트가 갈수록 더 밀접하게 연결되면 이런 장치들이 수집하는 데이터에 대한 해킹은 물론이고 우리의 신체에 대한 사이버 공격도 큰 문제가 될 것이다.

인간의 욕심을 멈출 수 있을까?

더 성능이 우수하고 오래 사용할 수 있으며 튼튼한 디지털 대안이 존재하는 상황에서 굳이 우리 신체 기관을 우리 자신의 세포로 교체해야 하는 까닭에 대해 의문을 제기하는 사람도 있을 것이다. 굳이 우리의 오래된 코를 똑같은 코로 바꿔야 할 이유가 있을까? 만약 햇볕에 잘 타지 않고 더 많은 신경세포가 있어서 냄새도 더 잘 맡으며 그 덕분에 미각도 지금보다 한층 살릴 수 있는 인공 코가 있다면? 부러진 코를 똑같은 복제 코로 교체하기보다는 더 단단하고 꿈의 신소재라고 불리는 그래핀graphene이 섞여 있는, 그리고 무선센서가 장착되어 치료과정을 모니터할 수 있고, 염증을 막는 마이크로캡슐이 있어서 접합 부분의 부기를 줄일 수 있는 인공 코가 더 낫지 않을까? 완벽한 시력을 제공하는 고해상도 카메라가 부착된 인공 각막 대신에 굳이 자연 각막으로 교체해야 할 이유가 있을까? 슈퍼 인간이 될 수 있는 데 왜 굳이 인간으로 머물러야 한단 말인가? 이처럼 우리는 아주 흥미로운 선택에 직면하게 될 것이다.

아만다 박스텔의 외골격을 생산한 엑소 바이오닉스가 끊임없이 제품을 개선하는 와중에도 이미 수십 개 기업이 이와 관련된 또다른 문제를 해결 중이다. 만약 이런 문제들이 해결된다면 엑소 바이오닉스는 제품 가격을 크게 낮출 수 있고, 크기도 훨씬 작게 줄일 수 있다. 예를 들어 새로운 로봇 부품은 엑소 바이오닉스의 시스템과 비슷한 시스템을 더 단기간에 제조하고 현재 아만다가 짊어지고 다니는, 전선과 실리콘으로 불룩해진 가방을 아이폰 크기로 줄일 수 있다.

디지털 기술을 이용한 기능 향상에 대한 질문은 이제 뇌의 영역에까지 진입하고 있다. 실제로 최근에 암기 학습의 가치에 대해 의문을 제기하는 기사가 여기저기 등장하고 있다. 구글에서 쉽게 검색하면 알 수 있는 내용을 굳이 기억하는 것이 도움이 되느냐는 의문이다. 특히 초인간주의를 강력하게 옹호하는 이들 중 일부는 구글과 구글의 검색 기술이 우리 뇌의 확장된 부분이라며, 이 기술을 사용하면 우리는 더 많은 지식을 저장하고 분석하고 필요할 때 기억해낼 수 있다고 주장하기도 한다.

지금까지는 인간적인 것과 기계적인 것이 무엇인지에 대한 명확한 경계가 존재했다. 달팽이관 이식이나 인공 심박 조율기처럼 상당히 복잡한 기술도 인간의 신체를 보조하는 수단일 뿐 더 강력한 기능을 앞세워 인간의 신체를 대신하려는 시도는 여지껏 없었다. 하지만 2020년대 말이면 우리는 이 경계를 넘어설

뿐만 아니라 빠른 속도로 앞서나갈 것이다.

우리가 이런 전자 신체 기관에 전적으로 의존하게 된다면 과연 인간은 지금껏 진화를 통해 어렵게 획득한 기능을 상실하게 될까? 혹시라도 인공 신체에 의존하지 못하게 되는 상황이 닥치면, 원래 인간이 지녔던 기능을 다시는 회복하지 못하는 게 아닐까?

한편으로 만약 인간의 생물학적·생체학적 절차를 디지털화할 방법을 찾는다면 인류를 가장 괴롭혀온 질환을 완치하거나 줄일 수 있는 능력을 얻게 되지 않을까? 그리고 그 능력은 어쩌면 인류가 늘 찾던 젊음의 샘과 비슷한 디지털 생명수가 아닐까?

인공 신체 기술은 인간의 자율성을 높여줄 것인가?

하반신 마비 환자들이나 혁신적인 신기술의 도움 없이는 시력을 잃거나 죽을 위험에 처한 이들에게 새로운 '전자 신체body electric'는 기계에 구속되지 않으면서 더 큰 자유를 획득할 수 있는 아주 좋은 대안이다. 이런 경우에 전자 신체 기술은 망가지거나 작동하지 않는 신체 기능을 더 나은 인공 기능으로 대체하고 원래 타고난 것보다 더 나은 성능을 누릴 수 있게 한다.

하지만 성형을 위해 또는 필요보다는 만족을 위해 이 기술을 활용하게 되면 그때부터는 과연 그게 옳은지 그른지를 파악하기 힘든 회색 지대에 들어서게 된다. 특히나 아날로그 안구를 디지털 안구로 교체하는 것처럼 인공 신체가 인간의 자연스러운 신체를 대체하게 되면서 문제는 심각해진다. 이런 상황은 돌이킬 수 없는 강을 건너는 것과 같다. 물론 그것이 인간의 자율성을 일부나마 향상시킨다고 할지라도 결국 그 강을 건너고 나면 인류는 전자 신체에 더욱 의존하게 될 것이다. 그리고 그 의존이 좋을지 나쁠지는 심사숙고해볼 필요가 있다. 우리의 감각 기관과 갈비뼈, 근육은 물론이고 심지어 뇌까지 전자 장치로 대체하는 건 한껏 구미가 당기는 일이긴 하지만 더불어 이전에는 없던 수많은 위험도 함께 대두할 수 있다(이런 위험에 대해서도 앞에서 잠시 언급했다). 디지털 기기에는 비트와 바이트, 소프트웨어도 포함되지만 동시에 수많은 작동오류의 가능성도 함께 존재한다. 그리고 이 가능성이 현실화되면 커다란 재앙을 가져올 수 있다는 사실을 우리는 반드시 명심해야 한다.

일부 운동선수들이 인공 신체를 장착하리라는 것이라는 건 의심의 여지가 없다. 그렇다면 오늘날의 약물 스캔들은 미래에는 생체공학 스캔들로 변모할 것이다. 600만 달러의 사나이와 같은 향상된 인공 신체를 원하는 이들도 있을 것이다. 그런 신체를 장착하고 높은 산에 올라 더 가깝게 자연을 만끽하고 싶을 수도 있다. 하지만 이러한 기술의 잠재적 영향에 대해서는 2020년에서 2030년에 걸쳐 계속해서 논쟁이 이어질 것이다.

현재 등장하는 모든 신기술은 장기적인 연구 결과가 존재하지 않기에 미래에 정확히 어떤 일이 벌어질지는 아무도 모른다. 그런 면에서 우리는 치명적일 수 있는 위험을 무릅쓰는 셈이다.

타고난 진화 능력을 저해하는 전자적 보조 장치에 전적으로 의존했다가는 진화 능력 자체를 영원히 상실할지도 모른다.

얻는 게 있으면 잃는 것도 있다. 즉 기술을 활용해서 신체 능력을 개선할 수는 있지만 그로 인해 덜 인간다워질 것이다. 하지만 과연 이런 선택이 현재 우리가 하는 의학적 선택과 본질적으로 다른 것일까? 예를 들어 안경을 맞춘다는 건 평생 이 의료적 개선책을 유지하겠다는 다짐과 다름없다.

2002년에 심장마비를 겪었을 때 나는 수술을 받고 동맥에 약물 용출 스텐트를 삽입하기로 결정했다. 약물 용출 스텐트는 세포 증식을 막는 약물을 천천히 방출한다. 당시 내 심장 주치의는 이 방식이 신기술이라서 효능에 대한 장기적 연구 결과가 없다고 사전에 주의를 줬다. 주치의는 내게 약물 용출 스텐트가 이전에 쓰던 금속 스텐트보다 훨씬 좋긴 하지만 혈전으로 인해 스텐트가 갑자기 막히는 것을 예방하려면 혈액을 묽게 만드는 약을 어쩌면 평생 복용해야 할지도 모른다고 말했다. 나는 그 위험을 무릅쓰기로 했고, 살아 있는 동안은 계속해서 심장 약을 먹어야 하는 엄격한 생활 습관을 유지해야 한다는 사실을 받아들였다. 내가 어느 정도 건강하면서 정상적인 삶을 살 수 있는 이유도 이런 희생을 감수하기로 결심했기 때문이다.

미래에는 더 많은 사람들이 더 건강하게 장수하기 위해 이런 선택의 갈림길에 직면하게 될 것이다.

Chapter 15

거의 공짜인 태양 에너지
물과 에너지 전쟁의 종결 vs. 에너지 저장 비용

이 시대에는 배고픔이나 깨끗한 물이 없어서 고통받는 사람이 단 한 명도 없
다. 모두가 입을 옷이 있고, 전기와 휴대전화, 집이 있다. 나는 이런 세계가
실현될 수 있다고 믿는다.

1973년 석유수출국기구OPEC 회원국들이 금수 조치를 선언함
으로써 유가가 배럴당 3달러에서 12달러까지 치솟은 석유 위기
를 겪은 이후로 세계는 에너지 부족과 그로 인한 에너지 가격의
급상승을 항상 우려했다. 사람들은 지구의 석유 매장량이 곧 바
닥을 드러내고 그러면 에너지 자원이 모두 고갈될 것이라 믿었
다. 각국 정부는 석유를 확보하기 위해 각축을 벌였다. 에너지
공급량을 유지하기 위해 미국은 차량 연비 개선을 의무화했다.

연소할 수 있는 화석 연료의 매장량에 한계가 있다는 사실은
틀림없다. 이제 우리는 물에 대해서도 비슷한 생각을 한다. 심지
어 전문가들조차 미래에는 지구의 여러 지역에서 물이 고갈될
것이며, 물을 둘러싸고 전쟁이 일어날 것이라고 믿는다. 2015년

은 엘니뇨의 영향으로 아주 습한 해였다. 그런데도 캘리포니아
에 가뭄이 닥치자 사람들은 앞으로 농업 생산량이 줄어들면서
장기적으로 과일과 채소, 견과류의 품귀 현상이 벌어질 거라며
겁을 먹었다.

어떻게 깨끗한 물을 확보할 것인가?

사실 맑은 물을 확보하는 것은 개발도상국이 직면한 중대한
문제 중 하나다. 세계건강기구에 따르면 매년 설사병으로 180만
명이 사망한다.[1] 그중 90%는 5세 이하의 아이들이고 대부분 개
발도상국 출신이다. 그리고 발병 원인의 88%는 오염된 물과 부
족한 위생 시설이다.

사실 물 공급 부족은 문제가 아니다. 그보다는 '깨끗한 물'을
확보하지 못하는 게 문제다. 강이나 우물에서 얻은 물에는 치명
적인 박테리아와 바이러스, 위험한 기생충이 서식한다. 물론 이
런 것들은 물을 끓이면 사라진다. 하지만 물을 끓이는 데 필요한
에너지의 가격이 지나치게 비싸 사람들이 죽거나 고통을 받는
것이다.

실제 인간이 소모하는 에너지는 평균적으로 18테라와트(TW)
정도에 불과하다. 17만4,000테라와트에 이르는 에너지 중 눈곱
만큼만 사용하는 셈이다.[2] 그리고 풍력이나 지열, 조류 에너지도
넘쳐난다. 한마디로 지구는 에너지로 둘러싸여 있다. 물도 마찬

가지다. 지표면의 71%가 물로 덮여 있다. 만약 외계인이 물과 에너지 부족을 외치는 지구의 뉴스를 본다면 인간들이 미쳤거나 멍청하거나 둘 중 하나라고 생각할 것이다.

에너지와 물 공급 문제 해결은 우리가 태양에너지를 어떻게 활용하느냐에 달려 있다. 태양에너지는 어디에나 존재하기에 만약 우리가 잘 활용할 수만 있다면 인류는 더 이상 에너지나 물, 식량의 부족을 걱정하지 않아도 될 것이다. 필요한 만큼 바닷물을 끓여서 물을 얻을 수 있고, 육지의 물도 끓여서 소독할 수 있으며, 무제한으로 식량을 재배할 수 있기 때문이다.

그리고 이런 모든 상상은 점차 현실이 되고 있다. 물의 위생 처리 문제를 예로 들어보자. 내 아들 타룬은 칠레 출신의 발명가 알프레도 졸레치Alfredo Zolezzi와 함께 그의 회사 AIC 칠레가 개발한 '플라스마 방식의 물 소독 기술PWSS: plasma-based water purification'을 상용화하려 노력 중이다. 만약 이 시도가 성공한다면 개발도상국들은 거의 무한한 휴대용 물 공급원을 얻게 된다. 이 기술이 대단한 건 그 원리가 지극히 단순하기 때문이다. 압력과 전기를 가해서 흐르는 물을 플라스마 상태로 바꾸는 것이다. 그러면 단 몇 초 만에 수인성 질환의 큰 비중을 차지하는 박테리아와 바이러스를 완전히 박멸할 수 있다. 이 기술은 헤어드라이어보다 더 에너지 소모가 적고, 태양전지판을 통해 전력을 공급받을 수 있다.

졸레치는 빈곤한 이들을 위한 산업용 해결책을 새롭게 변형하기보다는 아예 전 세계 빈민들을 위해 특별히 PWSS 기술을 개발했다. 그리고 그 기술은 실제로 효과를 봤다. 수백 명의 칠

레 아이들이 이 기술 덕분에 처음으로 깨끗한 물을 안정적으로 공급받을 수 있게 되었다. 멕시코의 개인 및 산업용 물 기술 분야의 선도 기업인 그루포 로토플라스Grupo Rotoplas는 2016년 중반에 AIC 칠레에 상당한 금액을 투자해서[3] 경영권을 인수했고, 향후 라틴아메리카 전 지역에 이 기술을 보급할 계획이다. 이 기술은 조그마한 마을에 충분한 물을 공급할 수 있는 '캠프 유닛camp unit'의 비용을 6,000달러까지 낮췄고 향후 더 낮출 것으로 예상된다. 그 정도면 충분히 감당할 수 있는 수준이기에 나는 이 기술이 하루라도 빨리 아프리카와 아시아로 확대돼 수천만 명의 목숨을 살릴 수 있기를 고대한다. 하지만 모든 게 성공하려면 결국 이 기술의 동력원인 태양에너지의 생산 기술이 발전해야 한다.

청정에너지 기술의 기하급수적 발전

얼마 전까지도 태양열을 에너지로 활용하는 데 걸림돌이 된 것은 태양에너지를 확보해서 전기(최종적으로는 열)로 전환하는 과정에 드는 비용이었다. 하지만 1980년대 이후로 몇 가지 달라진 점이 있다. 일단 컴퓨터에 들어갈 반도체를 만드는 기술이 훨씬 발전했다. 태양에너지를 전기로 전환하는 것도 이와 동일한 실리콘이다. 결국 우리는 더 얇은 실리콘 조직을 이용해 태양전지판을 만드는 방법을 알아냈다. 우리가 확보한 태양에너지에서 최대한 많은 전기를 끌어내는 방법도 더 잘 알게 됐다. 그리고 가장 중요한 건 태양에너지의 규모의 경제에 영향을 받게 됐다는 것이다. 즉 태양전지판의 설치가 늘어나는 만큼 제조 수량도 증가하고 결국에는 태양전지판과 부품을 만드는 제조 비용도 하락했다.

이런 이유로 태양에너지를 획득하는 기술은 기하급수 곡선을 따라 발전했다. 이와 더불어 우리는 이제 사실상 무한하고 친환경적인 공짜 에너지의 시대로 접어들고 있다. 라메즈 나암Ramez Naam은 저서 『무한자원: 유한한 지구를 살릴 강력한 아이디어들The Infinite Resource: The Power of Ideas on a Finite Planet』에서 이런 경향을 잘 설명하고 있다.

1980년 로널드 레이건이 백악관에 입성했을 때 미국의 평균 전기 생산 비용은 킬로와트시(Kwh)당 5센트였다(오늘날의 화폐 가치로 계산한 수치다). 반면에 풍력을 활용해 생산한 전기는 킬로와트시당 50센트로 약 열 배가 더 비쌌다. 태양에너지로 생산한 전기는 30배나 더 비싸서 킬로와트시당 1달러 50센트나 됐다.

세상은 정말 빠르게 변한다. 오늘날 좋은 입지에 설치된 풍력발전기는 보조금 없이 킬로와트시당 4센트에 전기를 생산한다. 이는 신규 화력발전소나 천연가스 발전소의 킬로와트시당 도매가격인 7센트보다 낮다. 태양에너지도 화력발전소만큼 생산비용이 낮아졌고, 지금도 계속 하락하는 중이다. 햇볕이 가장 쨍쨍한 지역에 설치된 대규모 태양광 발전소는 생산 비용이 보조금 없이 킬로와트시당 6센트에 불과하며 지금도 계속 감소하고 있다.[4]

이 수치는 계속해서 변하고 있다. 나암에 따르면 2016년 8월 미국에서 가장 햇볕이 강한 지역에 설치된 태양광 발전소의 전기 생산 비용은 보조금 없이 킬로와트시당 4센트였다. 풍력발전의 경우에는 이보다 비용이 더 낮았다. 실제로 2016년 9월에 아부다비는 킬로와트시당 2.42센트라는 아주 낮은 비용의 발전소 입찰을 제안받기도 했다.[5]

1954년 벨 랩스Bell Labs에서 만든 태양광 전지판의 제작 비용은 와트당 1,000달러에 이르렀다.[6] 오늘날에는 태양광 모듈을 와트당 50센트에 생산한다. 이른바 스완슨의 법칙Swanson's Law에 따르면, 태양광 전지판은 공급량 누적치가 두 배로 늘어날 때마다 20%씩 인하된다. 태양광 전기를 생산하는 총비용(대지 비용, 태양광 전지판 설치비용, 기타 장비료 등)도 누적 공급량이 두 배가 될 때마다 15%씩 감소한다.

태양광 발전량은 지난 40년 동안 2년마다 두 배씩 증가했고 비용은 계속 하락했다.[7] 이런 추세가 지속된다면 태양광은 두 배씩 증가하는 기간을 여섯 번만 거치면, 다시 말해 14년 이내에 오늘날 전 세계 에너지 소비량의 100%를 공급할 수 있게 된다. 물론 전기 사용량은 계속해서 증가할 것이기에 목표 수치도 달라질 것이다. 그럼에도 저비용의 재생에너지는 20년 이내에 충분히 전 세계에 필요한 에너지를 공급할 가능성이 있다. 태양광 에너지가 지금도 급속도로 발전하고 있고, 나아가 이를 뒷받침할 기술도 계속해서 개선되기 때문이다. 그리고 이 두 가지 요소가 합쳐지면서 태양광 에너지 기술은 현재 기하급수 곡선을 따라 발전하고 있다. 크레이그 벤터가 인간 게놈의 1%를 분석했을 때 레이 커즈와일은 이를 두고 인간 게놈을 100% 분석하기까지 절반 지점에 도달했다고 말했다. 기하급수 곡선에 따르면, 0.01%에서 1%에 도달하는 데 걸리는 기간과 1%에서 100%에 도달하는 데 걸리는 기간이 같기 때문이었다. 그리고 이런 상황은 태양에너지에도 그대로 적용된다.

급속도로 발전하는 건 태양광 발전뿐만이 아니다. 풍력이나 바이오 에너지, 온도차 발전, 조력 발전, 쓰레기 소각 발전과 같은 기술도 있으며, 세계 전역의 연구자들이 그 효율성과 효과를 개선하기 위해 애쓰고 있다. 실제로 『블룸버그 뉴 에너지 파이낸스Bloomberg New Energy Fiance』는 미국에서 풍력발전의 전기 생산비용은 이제 신화력발전의 전기 생산비용과 견줄 수 있는 수준으로 낮아졌다고 발표했다.[8]

청정에너지를 비판하는 사람들, 특히 석유업계에 몸담은 이들은 밤에는 해가 비치지 않고 바람도 24시간 내내 불지 않는다고 맹렬하게 비난한다. 그러면서 청정에너지 기술의 치명적 약점은 에너지를 저장하는 능력이라고 지적한다. 사실 전기를 대규모로 저장하는 배터리는 매우 고가에다 크고 무겁다.

하지만 이런 비판도 현재는 잘못된 것이다. 에너지 저장 비용이 급격하게 하락하고 있기 때문이다. 1990년부터 배터리 가격은 거의 20배나 하락했다. 현재 추세로 볼 때 배터리 가격과 다른 에너지 저장 기술의 비용은 태양광과 풍력발전이 성숙해질 무렵이면 킬로와트시당 몇 센트 수준으로 떨어질 것이다. 그러면 태양광과 풍력을 이용해서 매일 24시간 전기를 생산하는 데 드는 비용이 다른 어떤 에너지 자원보다 저렴할 것이다.

실제로 청정에너지 기술의 발전 속도는 예상을 뛰어넘고 있다. 스톡홀름 환경연구원 소속의 비요른 니크비스트Bjorn Nykvist와 만스 닐슨Mans Nilsson은 『네이처 클라이밋 체인지Nature Climate Change』에 발표한 논문에서 2007년부터 2011년까지 전기자동차의 배터리 평균 가격이 매년 14%씩 떨어졌음을 잘 보여줬다.[9] 이런 추세로 가격이 하락한다면, 2016년의 배터리 가격은 국제에너지기구International Energy Agency가 2020년에나 가능할 것으로 예상한 수준에 도달하게 된다.

전기 자동차는 조만간 휘발유 자동차보다 훨씬 낮은 비용으로 운행할 수 있을 것이다. 또한 자동차용 배터리에 활용되는 기술은 태양에너지를 비축하는 가정과 기업에도 적용될 수 있다.

테슬라는 배터리 기술에서도 선두주자다. 2016년 7월에 테슬라는 50억 달러를 투입한 기가팩토리Gigafactory를 개설했다. 기가팩토리는 연간 35기가와트시(GWh)에 이르는 배터리 저장용량을 생산한다. 그 정도면 2013년 전 세계에서 생산된 모든 리튬-이온 배터리의 저장용량을 뛰어넘는 규모이다. 기가팩토리를 개설하면서 일론 머스크는 2020년에 배터리의 가격이 킬로와트시당 100달러 정도까지 낮아질 것을 확신한다고 밝혔다(2010년의 킬로와트시당 평균가격은 1,200달러였다). 테슬라 역시 가정과 기업에서 사용할 수 있는 배터리 기술을 개발 중이다. '파워월Power-wall'이라 불리는 이 기술은 전력망과는 완전히 분리된 상태에서 태양에너지를 확보하는 기술로 그렇게 되면 전기를 저장하는 부분에서도 전력 회사에 의존할 필요가 없어진다.

그 밖에 여러 가지 새로운 태양광 기술이 개발 중에 있다. 과학자들은 '페로브스카이트perovskite'라는 신소재를 실험 중이다. 페로브스카이트는 빛에 민감한 결정으로, 다른 모든 태양광 기술보다 더 효율적이면서 비용은 낮고 다용도로 활용될 수 있다. 지난 5년 동안 페로브스카이트의 전력 전환 효율성은 4%에서 20%로 증가했는데, 이는 태양광 전지 기술 중에서 가장 빠른 개선 속도다. 실리콘의 이론적 한계치가 32%인 데 반해 페로브스카이트의 전환율 한계치는 66%로 예상된다. 따라서 상용화만 제대로 된다면 태양광 에너지는 큰 전환점을 맞게 될 것이다.

모든 사람이 누릴 수 있는 태양광 기술의 혜택

태양광 기술이 발전하면 개발도상국에만 혜택이 돌아가는 게 아니다. 지붕에 태양전지판을 올릴 수 있는 사람이라면 누구나 혜택을 누리게 된다. 공짜 전기의 혜택은 오지 마을까지 구석구석 흘러 들어가 커다란 변화를 가져올 것이다. 실제로 이미 이런 상황이 벌어지고 있다.

아프리카에서는 12억 명에 이르는 사람이 전력을 공급받지 못하고 있다. 또 다른 25억 명은 전력을 공급받긴 하지만 자주 끊긴다. 설상가상으로 전기를 대체할 수 있는 대안이 없다는 것

때문에 예기치 못한 부작용도 생긴다. 사람들은 램프 연료로 등유를 쓰는데 등유는 공기 오염이 심한 연료이고, 『이코노미스트』에 따르면 킬로와트시당 약 10달러의 비용이 든다. 그 정도면 서구선진국에서 현대식 전력망을 활용해 동일한 양의 전기를 사용하기 위해 지불하는 비용보다 훨씬 비싼 편이다.[10] 그뿐만이 아니다. 등유로 인한 화재는 아프리카에서 흔히 일어난다. 등유에서 발생하는 독성 연기는 연간 수만 명의 목숨을 앗아가는 호흡기 질환을 초래한다.

태양전지판 가격이 급락하고 발광 다이오드light-emitting diodes(이 또한 반도체 장치이다) 가격이 떨어지면서 지난 10년 동안 2,000만 명의 아프리카인이 불을 밝힐 수 있게 됐다. 세계은행의 라이팅 아프리카Lighting Africa 프로그램으로 매년 검증된 장비의 판매량이 두 배씩 증가하고 있다.[11] 저장용 배터리가 장착된 태양열 LED 램프는 현재 8달러에 판매된다.[12] 최빈곤층에게는 꽤 비싼 편이지만 그래도 이 정도면 구매할 수 있는 가격이다.

아프리카 전역에 전기를 공급할 수 있는 중앙 전력망의 구축은 결코 쉽게 이루어지지 못할 것이다. 그러니 아프리카 대륙에 전기를 공급하려면 다양한 시도가 필요하다. 학교나 병원, 가정은 직접 전력을 생산하거나 또는 가까운 곳에서 전력을 끌어와야 할 것이다. 유선 통신망과 비슷한 경우이다. 아프리카는 유선 통신망을 구축하는 과정을 건너뛰고 곧바로 무선통신망을 구축했다. 심지어 미국의 일부 지역보다 무선통신망 설비가 더 나은 지역도 있다. 아프리카는 기존의 낡은 인프라를 건너뛰고 그 대신에 미래 기술에 집중함으로써 태양광, LED를 비롯한 다양한 에너지 확보 및 저장 기술이 가져올 비용 인하의 혜택을 훨씬 크게 누릴 수 있다.

아프리카의 분산된 여러 지역에서 소규모로 전기를 생산할 수 있게 되면 조명 문제 해결에도 도움이 될 뿐만 아니라 휴대전화 충전 비용도 낮아질 것이다. 믿기지 않겠지만 휴대전화 충전은 전기에너지가 넉넉지 못한 많은 아프리카 사람들에게는 상당히 큰 지출 항목이다. 이런 사람들은 간이 충전대에서 값비싼 비용을 지불해야 한다. 휴대전화 구매 비용과 음성 및 데이터 통신 비용이 낮아진다면 저렴한 전기료는 아프리카인들이 빈곤을 벗어나 삶을 개선하는 데 핵심적인 서비스로 성장할 것이다. 정보는 곧 힘이다. 그리고 정보를 얻으려면 전기라는 힘이 필요하다. 아프리카는 10년 이내에 태양전지판 보급률이 50%에 이를 것이다. LED는 모든 가정으로 퍼질 것이며, 저렴한 전기를 활용해 작은 가전제품을 돌리거나 휴대전화를 충전하는 것도 가능해질 것이다.

따라서 지구 전역에서 부유한 국가든 가난한 국가든 모든 이들이 빛의 혜택을 누릴 것이며, 미래에 그 빛은 모두 공짜일 것이다. 그리고 이런 혜택은 점점 더 광범위하게 확대될 것이다.

공짜 전기가 가져올 지구의 평화

　최악의 세계적 분쟁 원인 중 상당수는 물과 에너지 같은 천연 자원을 둘러싼 다툼이다. 우크라이나와 러시아 분쟁의 핵심은 천연가스 송유관이다. 일본이 제2차 세계대전을 시작한 이유 중 하나는 천연자원, 특히 석유 부족 때문이었다. 중국은 물에 대한 소유권을 둘러싸고 충돌 중인데 중국이 남부 지역에서 농업을 확대하고 인도가 빠르게 성장하는 인구를 먹여 살리기 위해 식량 생산을 증대할수록 이 문제는 더욱 악화될 것이다. 현재 중국 정부는 중국에서 인도를 거쳐 방글라데시로 흘러가는 주요 강에 거대한 댐을 건설하겠다며 나서고 있다.[13]

　저렴한 전기를 활용해 물이 풍부해지면 사막에서도 초록색 식용 채소를 재배할 수 있다. 실제로 세상에는 농장으로 이용할 수 있을 만큼 풍성한 햇빛이 내리쬐는 사막 지역이 광범위하게 펼쳐져 있다. 이스라엘은 사막 농업의 선도 국가다. 애리조나의 토마토 농장은 세계적으로 생산성이 가장 높은 곳 중 하나이다. 광활한 사막에 물을 제공하는 데 드는 비용은 밭에 비료를 주는 것보다 훨씬 저렴하다. 그러면 상당수의 건조한 사막 국가들도 효율적인 식량생산국이 될 수 있다. 버티컬 농업vertical farming 역시 잠재력이 높은 분야다. 무인자동차의 등장으로 쓸모없어진 도심 주차장을 농장으로 바꾼다고 상상해보라. 이 농장에서는 LED 조명과 인공지능 소프트웨어를 활용해서 친환경 식량을 재배할 수 있다. 유리로 둘러싸인 빌딩에서 식량이 자란다면 농약이나 해충방지제를 사용할 수 없기 때문이다.

피터 디아만디스는 『어번던스』에서 인류의 모든 욕구가 충족되는 시대에 대해 설명했다. 이 시대에는 배고픔이나 깨끗한 물이 없어서 고통받는 사람이 단 한 명도 없다. 모두가 입을 옷이 있고, 전기와 휴대전화, 집이 있다. 그리고 디아만디스는 이런 세계가 충분히 실현될 수 있다고 믿는다.[14] 나도 이런 시각에 동의한다. 적어도 우리가 현명하고 올바르게 행동하고 기술의 발전으로 인한 혜택을 공평하게 나누는 방법을 찾고 제대로 된 경로를 선택한다면 가능하다고 믿는다.

내가 이 장에서 첨단 기술이 모든 문제를 해결하고 인류가 첨단 기술을 올바르게 활용할 것이라는 지나치게 낙관적인 가정을 하고 있다는 것은 나도 잘 안다. 하지만 휴대전화와 인터넷, 태양광 에너지와 교육을 통해 인도와 아프리카의 여러 국가가 급격하게 달라지는 과정을 목격하면서 나는 첨단 기술의 잠재력을 확인할 수 있었다. 그리고 나는 이런 첨단 기술을 개발 중인 사업가들과 시간을 보낼 때면 그들이 어떤 어려운 문제에 직면하든 그 문제를 해결하겠다는 의지를 지니고 있다는 것을 깨달았다. 그들은 이런 문제를 해결하는 것이야말로 인류애를 드높이는 것이라 여겼다. 전기차와 태양광 에너지, 저장용 배터리 기술의 발전을 보면서 2020년대에는 태양이 지구의 에너지 수요를 100% 충족하게 돼 번영하는 세계에 사는 사람 대다수가 현재 내가 살아가는 것처럼 청정에너지 환경을 누리며 살아갈 수 있게 될 것이라고 확신한다.

에너지 기술은 인간의 자율성을 높여줄 것인가?

거의 공짜나 다름없는 에너지와 물은 자율주행 자동차와 함께 인류 역사상 유례가 없는 자유를 부여할 것이다. 에너지와 물은 인간이 편안한 삶을 누리는 데 필요한 모든 것의 핵심이다. 에너지는 우리를 따뜻하게 해주고, 자동차를 움직이며, 집 안을 밝혀주고, 통신 시스템에 전력을 공급하는 등 수많은 일을 수행한다. 갈수록 저렴한 에너지가 보급되면 신선한 물도 무한대로 공급할 수 있게 돼 식량 재배도 늘어난다.

이 모든 것이 복합적으로 작용하면 에너지와 물은 우리가 원하고 필요로 하는 것 이상으로 많은 것들을 제공해줄 수 있다. 특히 인프라가 부족한 저개발 국가에서 저렴한 에너지와 물은 국민들이 서구를 비롯한 선진국과 비슷한 수준의 삶을 누리게 할 것이다. 게다가 이 기술에는 자율성이라는 혜택을 누리기 위해 희생해야 하는 반대급부도 없다. 에너지와 물이 거의 공짜나 다름없어지면 인간은 더 큰 자율성을 누리면서 오히려 이 기술에 대한 의존이 줄어들 것이다.

이 책에서 논의한 다른 어떤 기술보다도 에너지와 물의 공급을 확대하는 기술은 빈부를 가리지 않고 지구의 모든 이에게 풍요로운 삶을 가져다줄 것이다.

우리가 살아갈 미래는
스타트렉일까? 매드맥스일까?

이 책을 읽는 동안 내가 당신에게 너무나 멋진 미래를 보여주며 기분을 들뜨게 했다가 곧장 다음 문단에서 그와 반대되는 두려운 미래를 묘사해 마치 롤러코스터를 탄 것처럼 어지러운 감정이 들었는가? 사실 그것은 내가 의도했던 바다. 첨단 기술이 달려갈 길도 롤러코스터처럼 오르막과 내리막이 반복된다. 첨단 기술이 선보일 놀라운 가능성은 인류를 황홀하게 만들 것이다. 하지만 이러한 첨단 기술의 이면에는 어두운 내리막길도 존재한다.

첨단 기술의 미래에는 명백하게 정해진 결론이 없다. 미래는 아직 일어나지 않았기 때문이다. 미래의 모습을 결정하는 건 결국 우리이다. 내가 이 책에서 계속 주장한 것처럼 미래에 〈스타트렉〉 같은 유토피아를 누리게 될지, 아니면 〈매드맥스〉 같은 디스토피아를 누리게 될지는 결국 우리가 어떤 선택을 하느냐에 달려 있다.

아마도 인류 역사에서 가장 오래된 기술은 바로 불일 것이다. 불은 인류의 조상이 발명한 석기 도구보다 더 오래됐다. 불은 고기를 익히고 따스함을 제공한다. 반면에 숲 전체를 태워버릴 수도 있다. 불 이후로 모든 기술에는 밝은 면과 어두운 면이 공존해왔다. 기술은 그저 도구일 뿐이다. 그 도구가 유익할지 해로울지는 결국 그 도구를 어떻게 사용하는지에 따라 달라진다.

지금까지 나는 이 책에서 여러 다양한 첨단 기술을 소개했고, 이런 기술들이 사회와 인류에게 제공하는 가치를 여러 시각에서 인식해야 한다고 주장했다. 그리고 나는 첨단 기술이 모든 사람에게 골고루 혜택을 제공하는지를 고려해야 한다고 말했다. 첨단 기술의 혜택과 위험이 무엇인지, 첨단 기술이 인간의 자율성을 강화하는지, 아니면 기술에 대한 종속을 강화하는지도 검토해야 한다고 주장했다. 그리고 이런 모든 질문의 핵심은 결국 공정함과 평등함이다. 미래 산업혁명은 필연적으로 일어날 수밖에 없다. 그러면 수천만 개의 일자리가 사라질 것이다. 인간의 삶은 나아지겠지만, 한편으로 퇴보하는 면도 있을 것이다. 우리가 첨단 기술을 공정하게 관리하고 미래로의 전환에 대비가 부족한 이들과 급격한 변화로 어려움에 처하게 될 사람들의 고통을 덜어준다면 우리는 〈스타트렉〉의 미래에 도달할 수 있다. 모두가 음식과 집, 교육, 에너지의 혜택을 누리면서 모든 것이 상호 연결된 시대를 살아갈 것이다. 우리가 매일 매 순간 빠르게 변화하는 미래를 받아들이고 잘 적응한다면 심리적, 사회적, 윤리적, 그리고 법적으로도 더 나은 삶을 누릴 수 있다.

나는 당신이 미래에 제대로 적응할 방법을 결국 깨달을 것이라 믿는다. 우리 인류 전체가 미래를 성공적으로 맞이할 방법을 찾아낼 것도 확신한다. 여러 가지 우려에도 인류는 결국 어려움에 맞서 헤쳐나갈 것이며, 언제나 그랬던 것처럼 더 높이 비상할 것이다. 만약 우리에게 위기를 기회로 전환하는 능력이 없었다면 인류는 지금까지 생존하지 못했을 것이다.

〈스타트렉〉에서 피카드 선장은 말했다. "인간의 삶에서 부를 얻는다는 것은 더 이상 동기 부여가 되지 않습니다. 이제 우리는 자신뿐만 아니라 인류 전체가 더 나아지도록 애써야 합니다." 이것이 바로 우리 모두가 건설해야 할 미래다.

월요일 아침, 강남에 가야 할 일이 있어서 일찌감치 차를 몰고 집을 나섰다. 자유로를 지나 서울에 진입해서 한강을 건너 올림픽대로에 접어들었다. 그 순간, 멀리 꼬리에 꼬리를 문 거대한 차량의 물결이 눈에 들어왔고, 문득 무인자동차를 떠올렸다.

요즘 가장 큰 화두가 바로 4차 산업혁명이다. 사물인터넷과 인공지능은 이제 일상적인 대화의 주제가 돼버렸다. 하지만 내게 4차 산업혁명은 좀처럼 개념이 잡히지 않는, 뜬구름 같은 이야기였다. 적어도 이 책을 번역하기 전까지는 그랬다.

이 책은 4차 산업혁명에 대한 포괄적인 안내서라고 봐도 좋다. 일단 4차 산업혁명의 핵심 줄기를 알기 쉽게 설명한다. 사물인터넷과 인공지능, 유전자 혁명, 첨단 의료 기술, 신기술을 활용한 교육 혁명은 하나같이 우리와 우리 후손이 살아갈 삶을 근본적으로 바꿔놓을 중요한 혁신이다. 게다가 세계적인 첨단 기술 권위자인 저자는 신기술의 발전과 그로 인한 변화가 언제 현실이 될지를 구체적으로 예측해 책을 읽으면서 5년 뒤나 10년 뒤, 또는 20년 뒤의 변화된 삶을 상상하는 것도 아주 재미있다.

무엇보다도 이 책의 가장 큰 미덕은 4차 산업혁명을 바라보는 유용한 시각, 이른바 인식의 틀을 제공한다는 점이다. 이 책은 미래를 유토피아로도 디스토피아로도 바라보지 않는다. 오히려 미래는 우리의 선택에 따라 달라질 수 있다는 균형 잡힌 시각을 제시한다. 4차 산업혁명을 올바르게 이해하고 미래의 변화상을 구체적으로 상상하는 데 훌륭한 길잡이가 될 것이다.

다시 무인자동차 얘기로 돌아가보자. 내가 월요일 아침에 꽉 막힌 올림픽대로에서 무인자동차를 떠올린 까닭은 무인자동차가 대중화되면 우리는 교통 체증에서 완전히 해방될 것이기 때문이다. 인간이 운전하는 자동차가 각자만의 리듬으로, 서로 어느 방향으로 나아갈지 모르는 상황에서 무작위로 움직인다면, 무인자동차는 서로 통신을 주고받으며 일사불란하게 싱크를 맞춰 주행할 것이다. 신호등도 필요 없고 인간처럼 실수나 졸음 때문에 교통사고를 일으키지도 않을 것이다. 한마디로 차량 흐름은 훨씬 원활해지고 주행 속도도 지금보다 두세 배는 빨라질 것이다. 그렇다면 내가 거의 2시간이 넘게 걸려서 도착했던 강남까지의 이동 시간이 1시간, 심지어 30분으로 단축되지 않을까?

이게 전부가 아니다. 무인자동차 덕분에 통근 시간이 대폭 단축된다면 출퇴근 거리 때문에 굳이 집값이 비싼 서울에서 살아야 할 까닭도 없다. 대신에 답답한 서울을 벗어나 강변이나 바닷가, 또는 산골이나 시골에 사는 것도 좋지 않을까?

어디까지나 상상이긴 하지만, 하나의 신기술이 가져올 파급력이 이 정도로 어마어마하다. 오늘날 우리가 사는 세상은 과거보다 훨씬 더 밀접하게 상호 연결돼 있다. 따라서 신기술의 파급력도 그만큼 클 수밖에 없다. 그리고 조만간 무인자동차를 비롯한 여러 다양한 신기술이 기하급수적인 속도로 발전하면서 동시다발로 우리 삶에 진입하게 될 것이다. 그러면 우리 모두는 상상할 수 없을 만큼 거대한 변화에 직면할 수밖에 없다.

정부도 시장도 못 잡는 서울 부동산 가격을 무인자동차 기술이 잡을 수 있을지는 결국 우리의 선택에 달려 있다. 무인자동차가 보편화되고 그로 인해 부동산 가격의 급락이 예상되면, 당연히 집값 하락으로 손해를 입을 계층은 무인자동차의 대중화를 어떻게든 막거나 늦추려 할 것이다. 반면에 통근 시간이 확 줄어들 서민은 무인자동차를 한시라도 빨리 도입하라고 목소리를 높일 것이다. 우리 사회는 과연 어떤 선택을 할 것인가?

저자는 주장한다. 4차 산업혁명과 신기술로 인한 변화에 대비하려면 신기술의 영향력을 이해해야 한다고. 결국 4차 산업혁명 시대에도 IT 혁명 때처럼 먼저 알고 대비한 사람이 아무 것도 모른 채 휩쓸려 다니는 사람보다 더 유리할 것이다. 유리한 위치를 선점하고 싶은가? 이 책이 그 시작점이 될 수 있다.

번역가의 입장에서 가장 힘든 건 재미없는 책을 번역하는 것이다. 그런 면에서 이 책은 작업 과정이 아주 즐거웠다. 저자가 글도 쉽게 잘 썼지만, 무엇보다 흥미로운 상상을 자극하는 내용으로 가득하기 때문이다. 어릴 적 만화책에서 보던 꿈만 같던 얘기들이 현실이 되는 시대가 다가오고 있다. 그 시대를 미리 맛보는 즐거움을 누리길 바란다.

2017년 10월

번역가 차백만

비벡 와드와

×

전성철

* 2017년 7월 국내 대기업 CEO 및 임원 100명을 대상으로 IGM세계경영연구원 워크샵 '비벡 와드와 교수의 기하급수적 이노베이션'이 개최됐다. 이 대담은 당시 비벡 와드와 교수 방한에 맞춰 전성철 IGM 회장과 진행한 것으로, 4차 산업혁명과 현재 그리고 미래에 관한 진단과 전망이 담겨 있다.

지금 우리는 인류 역사상
가장 특별한 기회 앞에 서 있습니다

대담자

비벡 와드와 교수, 전성철 IGM세계경영연구원 회장

날짜와 장소

2017년 7월 6일, 신라호텔 라운지

전성철 회장(이하 전) : 우리는 오늘 와드와 교수의 신간 『선택 가능한 미래』에서 다룬 거시적인 이슈들에 관한 이야기를 나누기 위해 이 자리에 모였습니다. 자, 그럼 와드와 교수님, 먼저 소개를 좀 해주시지요. 개인적인 이야기나 어떻게 이 길을 오게 되었는지 같은 것들 말이지요. 당신의 이력은 좀 특별하잖아요.

비벡 와드와 교수(이하 와드와) : 네, 그렇지요.

전 : 당신을 한마디로 표현하면 '예지력을 지닌 사상가'라고 할 수 있을 텐데요, 그런 예지력은 학자로서든 사업가로서든 당신이 몸담아온 다양한 분야에서 발현됐습니다. 그런 이야기를 들려주시면 감사하겠습니다.

성공한 창업가에서 존경받는 학자로

와드와 : 저는 컴퓨터 프로그래머로 제 커리어를 시작했습니다. 투자은 행인 퍼스트보스턴 은행의 부사장으로 일했지요. 거기서 저는 기술 개발을 했습니다. IBM이 투자하고 자회사를 신설했으니 무척 성공적 이었습니다. 제로에서 출발해 5년 동안 몇 십억 달러의 자산 가치를 이뤘습니다. 그러고 나서 얼마 후에 두 번째 회사를 세웠습니다. 그 회사도 상당히 좋은 성과를 냈습니다. 제가 심각한 심근경색에 걸리 기 전까지는 말이지요. 그 후 제 삶이 확 바뀌었습니다.

건강이 어느 정도 회복된 뒤에도 저는 다시 그 길로 돌아가고 싶지 는 않았습니다. 그래서 이제 무엇을 해야 할까 고민하다가 학계에 들 어서게 되었습니다. 듀크 대학교의 교수가 되었지요. 연구와 엔지니 어링 교육을 시작했고, 인도와 중국, 한국 등 세계 각국의 엔지니어링 교육의 영향에 대해서도 연구했습니다.

다음으로 저는 미국이 가진 경쟁적 우위에 초점을 맞추기 시작했 습니다. 미국의 이민 정책에 대해 연구했고, 이민이 미국에 어떠한 큰 이점을 가져다주는지를 알아보고자 했습니다. 그때 저는 미국의 상 황이나 전쟁에 대해 크게 우려하고 있었어요. 2008~2009년 즈음 제 가 쓴 글을 읽어보면 아시겠지만, 그때 저는 꽤 회의적이었습니다.

전 : 그즈음에 실리콘밸리에 설립된 세계적인 창업가 육성 기관인 싱 귤래리티 대학교에 가게 되셨지요?

와드와 : 네, 실리콘밸리에 가서 피터 디아만디스(Peter Diamandis)와 레 이 커즈와일(Ray Kurzweil)을 만났습니다. 피터 디아만디스가 싱귤래리 티 대학교로 저를 불렀거든요. 그는 제가 싱귤래리티 대학교의 총장 직을 맡아주길 원했지만, 저는 더 이상 운영 직책을 맡고 싶지는 않았

습니다. 그 대신 교수직을 맡기로 했는데 학부장 같은 것이었습니다.

이 기회를 계기로 저는 차차 기하급수적으로 발전하는 미래의 기술들(exponential technology)에 대해 이해하기 시작했어요. 제가 놓치고 있는 게 있다는 걸 깨달았습니다. 제 책『선택 가능한 미래』에도 나와 있듯이 인류가 처해 있는 큰 문제들을 해결하고 도전해 나가는 지금이 인류 역사에서 얼마나 놀라운 시기인가 하는 것을 말이지요. 얼마나 환상적인 미래가 되겠습니까?

전 : 이전과는 또 다른 새로운 시각에서 미래를 바라보게 되었군요!

신기술은 우리 삶에 어떤 영향을 미칠 것인가?

와드와 : 네, 그렇습니다. 한동안 저는 기술의 놀라운 발전에 대해 살펴보았고, 그다음으로 그것들의 부정적인 영향들을 들여다보기 시작했습니다. 확실한 것은 제가 본 거의 모든 산업이 전멸할 거라는 점이었습니다. 이 점은 한국 산업계에도 매우 중요합니다. 한국 산업들은 최근 30~40년간 줄곧 성공해왔고 앞으로도 그러리라 믿고 있기 때문이지요. 하지만 저는 오히려 한국이 그러한 경험 때문에 다시 개발도상국으로 갈 수 있다는 것을 염려하고 있습니다. 한국뿐 아니라 전 세계가 마찬가지입니다. 제가 주의 깊게 보고 있는 거의 모든 산업과 대기업은 곤란한 상황에 처해 있습니다. 그들은 모두 지금까지와 앞으로가 같을 것이라 믿고 있거든요. 그게 제가 걱정하는 지점입니다.

저는 새로운 기술이 일자리에 끼치는 영향에 대해서도 살펴보았습니다. 단기적으로는 많은 직업을 새로 만들어낼 수 있습니다. 그러나 장기적으로 보면 많은 일자리가 사라질 겁니다. 그렇다면 우리 사회는 어떻게 될까요? 기술이 사회와 인류에게 미치는 영향에 대해 살펴보니, 장단점이 있었습니다. 한편으로는 우리가 원하는 모든 것을 가질 수 있는 풍요로움이 있습니다. 넘쳐나는 식량과 에너지, 교육, 그밖에 우리가 필요로 하는 모든 것들. 반면에 우리는 일자리가 없습니다. 지금 우리의 사회 구조는 일자리를 기반으로 하고 있습니다. 그런데 그것이 사라지는 거예요. 그리고 우리는 기술로부터 위협적인 영향을 받을 겁니다. 살인 바이러스가 퍼져 전멸할 수도 있고, 사생활을 침해당할 수도 있으며, 인공지능이나 로봇을 제어하지 못할 수도 있습니다.

전 : 네, 사람들이 가장 우려하는 것도 바로 일자리가 사라진다는 점이지요.

와드와 : 저는 미래를 크게 두 가지 관점에서 보고 있습니다. 하나는 비즈니스적인 관점인데요, 저는 기회와 분열(disruption)에 대해 기업체 간부들을 교육해왔습니다. 분열이 기회로 다가올 때마다 우리는 기존의 거대 비즈니스를 전멸시키고, 새로운 큰 규모의 비즈니스를 시작하고자 할 것입니다. 그래서 저는 지금 그들이 미래에 어떻게 수십억 달러의 가치가 있는 거대 비즈니스를 창조할 것인지에 대해 교육하고 있습니다.

다른 한편으로는 인권과 사회, 사람들의 관점에서 미래를 이야기합니다. 이 이야기들을 『선택 가능한 미래』에 담았습니다. 제가 이 책에서 강조하고 싶은 메시지는 우리 아이들과 우리가 살아갈 삶은 아주 멋지거나 혹은 아주 두려운 것이 될 거라는 것입니다. 어떤 것이든 될 수 있지요. 독자들이 혁신적인 신기술을 쉽게 이해할 수 있도록 돕고, 그다음에 그런 기술들이 인류에게 이익을 가져다주는 방법에 대해 이야기하고자 합니다.

물론 많은 사람들이 직업을 잃게 될 거고 이는 나쁜 영향들을 만들어낼 것입니다. 하지만 일자리 문제에 대해 다른 방식으로 생각해볼 수는 없을까요? 한국 사회로 돌아가 생각해봅시다. 모든 사람들이 공장이나 큰 회사에서 일하기를 바라는 것은 아닙니다. 일주일에 80~90시간씩 일하는 것도 원하지 않습니다. 그럼에도 한국의 부모들은 광적입니다. 그들은 교육이나 브랜드에 집착합니다. 하지만 예전에는 그러지 않았습니다. 옛날 한국 사람들의 사고방식으로 돌아가봅시다. 그때는 정신적인 가치나 계몽, 깨달음을 더 중요하게 여겼고 인간성을 증진시키기 위해 애썼습니다. 제가 묻고 싶은 건 '왜 우리는 그 시대로 돌아갈 수 없는가?'입니다. 왜 우리는 일주일에 90시간이나 일해야 합니까? 왜 모두가 같은 일을 하려고 하는 거지요? 이것이 제가 책에서 말하려는 것 중 하나입니다.

매드맥스와 스타트렉, 우리 앞에 놓인 두 가지 선택지

전: 우리는 어떻게 삶의 질을 높일 수 있을까요? 어떻게 하면 우리 아이들에게 더 나은 삶을 살게 할 수 있습니까? 이에 대해 부모에게 어떻게 가르쳐주어야 할까요?

와드와 : 그게 바로 책에서 초점을 맞추고 있는 부분입니다. 제가 지금 하고 있는 일이기도 하고요. 저는 배우고, 가르치고, 세계를 돕기 위해 애쓰고, 인류 모두를 위한 이상적인 미래를 만들기 위해 노력하고 있습니다. 왜냐하면 저는 우리 앞에 두 가지 선택지가 있다고 보기 때문이죠. 플랜 A, 첫 번째 선택지는 〈스타트렉〉입니다. SF소설에서 본 것과 같은 놀라운 미래입니다. 별들 사이를 탐험하고, 지식과 지혜에 집중하며, 인간성을 증진시키는 것입니다. 플랜 B, 두 번째 선택지는 〈매드맥스〉입니다. 사람들이 서로를 죽이고, 분노하고, 혐오가 넘쳐나는

세상입니다. 지금 상황에서 이 둘 모두 실현 가능한 선택지입니다. 어떻게 하면 우리가 〈스타트렉〉 같은 미래를 맞이할 수 있을까요? 저는 독자에게 질문을 던지고 스스로 선택할 수 있도록 도움을 주려 합니다.

전 : 당신의 책은 무척이나 납득할 만한 내용들로 가득합니다. 이 세계가 어떻게 흘러갈지에 대해 균형 잡힌 시각으로 보고 있기 때문입니다. 우리가 왜 기술을 발전시키고 선택할 때 조심스럽고 신중해야 하는지에 대한 구체적인 근거를 제시하지요. 또한 당신이 우려하는 것들에 대한 풍부한 근거도 실려 있습니다. 미국에서는 많은 독자들이 이 책에 깊은 인상을 받았는데 국내 독자 역시 그러리라 생각합니다.

책을 읽고 떠오른 생각이 있습니다. 처음에는 1차 산업 혁명이 신의 가호라고 생각했지만 편리함을 가져온 그 혁명의 이면에는 미성년 노동으로 대표되는 인류에 대한 학대나 그 밖의 매우 끔찍한 결과들이 존재했습니다. 한마디로 그것은 사람들의 희생으로 만들어진 축복이었습니다. 이것이 바로 당신이 책에서 경고하는 부분과 맞닿는 지점입니다. 우리가 미래를 바른 방향으로 이끌어가지 못하면 호시절은 오겠지만 끔찍한 피해 또한 동반된다는 것 말이지요.

외드와 : 이제 우리는 4차 산업혁명을 눈앞에 두고 있습니다. 아니 이미 시작됐지요. 4차 산업혁명은 단지 산업적인 측면뿐 아니라 삶의 모든 부분에 변화를 가져옵니다. 이는 '인류 혁명(humanity revolution)'입니다. 혁명은 우리를 별들의 세계로 데려갈 것입니다, SF소설에 나오는 그런 별들이요. 하지만 그런 이야기는 혁명의 아주 작은 부분에 불과하고, 전반적인 모습은 훨씬 더 방대합니다. 그것이 우리가 생각해야할 부분입니다.

전 : 당신의 책이 바로 그 생각의 문을 열어줍니다. 우리에게는 인류를

위해 어떠한 방향으로 나아가야 하는지에 대한 선택지가 있지요. 1차 산업혁명의 서막에 누군가가 그러한 종류의 경고를 담은 책을 읽었다면 아마 상황이 달라졌을지도 모릅니다. 1차 산업혁명의 대가로 인류가 치러야 했던 비용이 어마어마했습니다.

와드와 : 다행히 그때와 지금은 많이 다릅니다. 전에는 미래의 기술들에 대해 교육받은 사람이 극히 소수였고, 나머지 사람들은 무시당했죠. 하지만 정말 놀라운 일은 오늘날에는 거의 대부분의 사람이 기술에 대한 추가적인 지식을 가지고 있다는 겁니다. 앞으로 3~4년간 우리 개개인은 약 20억 명의 사람들과 마주하게 될 것입니다. 20억 명의 사람들은 적절하게 연결될 거고, 2021년, 2022년까지는 모든 사람들이 서로 연결될 것입니다.

그리고 지금도 몇 십억 명의 사람들이 연결을 통해 이전에는 불가능했던 일들을 해낼 수 있습니다. 전에는 제가 어떤 책을 읽었더라도 다른 사람에게 이를 전달하거나 그들이 접근할 수 있는 방법이 없었습니다. 하지만 지금은 누구라도 제 강의를 들을 수 있고, 책을 읽을 수 있고, 웹사이트에 방문할 수도 있으며, 세계에서 일어나고 있는 놀라운 기술 발전에 대해서 배울 수 있습니다. 정말 놀랍고도 흥분되는 일이지요!

전 : 흥미로운 이야기입니다. 1차 산업혁명과 4차 산업혁명에는 분명 구조적 차이가 있지요. 그런데 혁명의 규모나 중요도만 놓고 보면 2차와 3차 산업혁명에 비해 1차 산업혁명이 4차와 훨씬 유사합니다. 저는 제 학생들에게 2차와 3차 산업혁명은 시설(facility)과 장비(equipment)의 문제라고 말하곤 합니다. 하지만 1차와 4차는 이들과 완전히 다르며 전체적인 패러다임의 변화이기 때문에 단순히 인터넷 같은 장비를 구비한다고 가능해지는 것은 아닙니다. 이는 좀 더 거대

하고 중요한 변화입니다.

와드와 : 네, 이건 인류에 관한 이야기입니다. 인류의 변화에 관한 것이 며, 목적과 삶의 변화에 관한 것입니다. 우리는 이전에 이러한 일을 겪은 경험이 없습니다.

전 : 1차 산업혁명 이전에 약 1,000년 정도 어두운 시대를 지나왔지요. 인류는 1차 산업혁명을 제어할 수 없었어요, 그렇지요? 준비가 되어 있지 않았던 겁니다. 그래서 당신은 4차 산업혁명, 우리의 미래에 대 해 모든 사람들이 배우고 이해해야만 한다고 책을 통해 말하고 있습 니다.

와드와 : 네, 정확히 그렇습니다.

전 : 당신의 책은 풍부한 증거들을 제시한다는 점에서 인상적입니다. 모든 데이터와 지식, 분석들이 당신이 닿고자 하는 결론을 뒷받침하 고 있습니다. 그래서 사람들이 당신이 지적하는 것들에 더 깊이 공감 하는 것이겠지요. 미디어들이 책에 반응하는 이유이기도 하고요.

와드와 : 저는 모든 사람들이 이해할 수 있게 책을 쓰려 했습니다. 많은 사람들, 당신의 부모님은 물론이고 어린 자녀들도 이해할 수 있게요.

CEO들에게는 늑장 부릴 여유가 없다

전 : 저는 4차 산업혁명의 영향을 가장 많이 받을 것이라 예상되는 사 업가들이야말로 이 책이 다루고 있는 거시적인 이슈에 큰 관심을 기

울이리라 생각합니다. 4차 산업혁명에 따른 변화는 사업가들에 의해 이미 비즈니스 전선에서도 일어나고 있습니다.

와드와 : 그렇지만 아직까지 많은 수의 사업가들은 무지합니다. 그들은 과거에 성공했기 때문에 미래에도 성공할 것이라 믿고 있습니다. 그들은 기존의 비즈니스 모델이 새 상품에도 통할 거라고 생각하지만 그것은 틀린 생각입니다. 클레이튼 크리스텐슨은 기존의 질서가 파괴되고 새로운 질서가 형성된다는 의미의 '파괴적 혁신(disruptive innovation)'이 이미 시장의 문턱에 와 있다고 말한 바 있습니다. 파괴적 혁신은 어느 날 갑작스럽게 나타나 시장의 바닥부터 붕괴, 분열시키고 새로운 것들을 쌓아올립니다. 택시 산업이 그들에게 도전하는 우버 같은 회사가 나타날 것이라고 상상이나 했을까요? 호텔들이 개개인이 인터넷을 통해 집을 빌려주는 에어비앤비가 생겨날 줄 알았을까요? 자동차 산업이 테슬라라고 하는 작은 회사가 현재의 모든 자동차 산업의 판도를 바꾸리라고 상상이나 했겠습니까? 자동차와 컴퓨터가 하나가 될 수 있다는 것과 자율주행차가 앞으로 10년 내에 현실이 되어 자동차가 스스로 운전하게 된다는 것도 마찬가지입니다.

전 : 네, '파괴적 혁신'이라는 말이 딱 맞습니다. 누구도 상상하지 못한 일이었으니까요!

와드와 : 모든 분야에서 진보가 일어나고 있고, 제가 보고 있는 모든 산업이 사라질 것입니다. 금융은 새로운 환경에 의해 먹힐 것이고, 무너질 것입니다. 많은 나라에서 지금 전자 화폐로 옮겨가고 있고, 이는 신용카드 산업에 큰 지장을 주고 있습니다. 우리는 현재 자산 운용을 도와주는 인공지능 베이스의 로보어드바이저(roboadviser), 누구나 분석할 수 있는 회계 감사 툴 또한 갖고 있습니다. 금융 산업 전체를 본

다면 많은 부분들이 격감할 것입니다. 보험 산업 또한 마찬가지입니다. 손해보험 비즈니스의 40%는 자율주행차의 영향으로 사라질 것입니다. 사람들에게 더 이상 보험이 필요하지 않을 테니까요.

제조 분야도 마찬가지입니다. 제가 만약 중국에 있다면, 중국 정부라면, 지금 상황이 매우 우려될 것입니다. 인간이 하던 일을 로봇이 대체하고 있으니까요. 그래서 중국은 전 세계에 로봇이 물건을 제조하도록 하는 무인 공장(zero-labor factory)을 짓고 있습니다. 문제는 우리에게는 중국 로봇이 필요 없다는 겁니다. 한국 로봇도 중국 로봇만큼 열심히 일합니다. 미국 로봇이나 유럽 로봇도 마찬가지입니다. 상품을 만들어내는 로봇이 어느 곳에나 있다면, 앞으로 5~7년 사이에 중국의 제조 산업 전반은 심각하게 훼손될 것입니다.

전 : 문화와 산업 전반에 걸쳐 그러한 변화가 나타나고 있습니다. 그리고 그러한 변화는 이제 누구도 막을 수가 없습니다.

와드와 : 네, 맞습니다. 그런데 이에 대해 누가 준비가 되어 있죠? 기업들이 이러한 신호를 그저 SF소설에나 나오는 허무맹랑한 이야기로 받아들인다면, 혹은 그저 미국의 일로만 받아들인다면 그러한 기업의 CEO들은 해고될 것입니다. 이는 포드의 CEO였던 마크 필즈(Mark Fields)에게 실제로 일어난 일입니다. 올해 5월이었지요. 또한 GE의 CEO인 제프리 이멜트(Jeffrey Immelt)는 지난 달인 6월에 사퇴를 발표했습니다. 저는 그가 회사를 빠른 속도로 변화시켜나가지 못한 것에 대해 많은 부담을 느끼고 있었다고 봅니다. 이러한 일은 모든 한국의 CEO들과 『포춘』이 선정한 500대 기업의 CEO에게도 일어날 수 있는 일이기에 빨리 정신을 차려야만 합니다. CEO들은 시간이 없습니다. 빨리 배우기 시작하고 적응하지 않으면, 몇 년 내에 해고될 것입니다. 이는 매우 급격한 변화입니다.

반면에 좋은 소식은, 만약 그들이 이러한 진보에 대해 배운다면 미래에 새로운 산업을 만들어낼 수 있다는 것입니다. 왜냐하면 대부분의 경쟁자들은 거대한 변화를 깨닫지 못하고 있을 것이기 때문입니다. 그러므로 미래를 위해 배워야 합니다. 지금 시작해야 해요. 늑장 부릴 여유가 없어요. 무엇이 일어나고 있는지 알고 배운다면 해고되지 않을 것입니다. 이는 CEO의 선택에 달렸습니다.

미래에 대해 배우고 이해하는 사람만이 미래를 차지한다

전 : 당신의 이야기는 제가 사람들에게 말해왔던 것과 정확하게 일치합니다. 저도 항상 배움에 대해 이야기합니다. 전 세계 패러다임이 전반적으로 변하고 있는데, 구체적으로 그 변화가 무엇인지, 원인은 무엇인지, 이에 어떻게 대응해야 하는지, 자기 내부적으로는 어떻게 바뀌어야 하는지를 아는 것이 제가 말하는 배움입니다. 그러므로 '배운다'는 것이야말로 지금 가장 중요한 키워드입니다. 그게 바로 당신과 제가 전하고자 하는 중요한 메시지이고요.

하지만 이 같은 변화에 대해 가르치는 것은 누구나 할 수 있는 게 아닙니다. 매우 복잡하고 거창하고 장대하기 때문이죠. 그래서 이는 소수의 자격이 갖춰진 사람들만 할 수 있지요. 그런 면에서 당신은 특별합니다. 주변에 전문가라고 불리는 사람들은 많지만 그들은 한 방면에서의 전문가입니다. 하지만 당신은 정말 다양한 경험을 했고, 그것을 바탕으로 한 통찰력과 지혜를 갖췄습니다. 그것이 당신을 매우 특별한 자격을 갖춘 사람으로 만드는 것이지요.

와드와 : 그런 특별한 자격은 당신도 갖추고 있지요! 저는 전 세계에서 매우 소수의 사람들만이 이 같은 변화를 정확히 이해하고 있다는 것

을 알았습니다. 제가 지금 이렇게 한국에 있는 이유는 당신이 보여주고 있는 비전 때문이지요. 당신이 이해한 사실들과 산업을 일으키려고 하는 노력은 정말 대단합니다. 저는 아직까지 그 어디에서도 당신 같은 사람은 보지 못했습니다. 2016년의 세계경제포럼은 훌륭했습니다. 사람들에게 4차 산업혁명에 대한 메시지도 분명히 전달했지요. 그렇다면 다음은 무엇인가요? 당신은 이러한 기술들을 받아들이고 사람들에게 전하고 있지요. 이것이야말로 특별하고도 매우 가치 있는 일입니다.

전 : 기업가들을 가르칠 수 있게 된다는 것은, 교과서에서 배우거나 듣는다고 되는 게 아닙니다. 이는 기업가로서의 실제 경험이 바탕이 되어야 하지요. 게다가 당신은 진정한 사상가이기도 합니다. 충분히 생각하는 과정에서 기회를 만들어 내고 적절한 내용을 전달하는 것, 그게 바로 당신이 지금까지 해온 일입니다. 그건 당신이 이 트렌드의 핵심인 미국의 변화를 비롯해 세상을 바라봐온 관점이자 어떻게 대비할 것인지 준비해온 것이지요. 그런 의미에서 당신은 정말 특별한 조합을 갖고 있다고 생각합니다.

와드와 : 네, 맞아요. 경험이 중요합니다.

전 : 사람들은 바로 당신의 그런 점 때문에 감명을 받습니다. 당신의 이야기는 오로지 당신 자신에게서 나온 것이니까요. 경험한 모든 것을 종합한 결과물을 바탕으로 합니다. 그런 이야기를 들려줄 수 있는 사람은 흔하지 않습니다. 그래서 당신이 특별한 거지요. 당신은 박사 학위도 없고, 줄곧 공부만 해왔던 학자도 아닙니다. 그런데도 사람들은 당신을 '살아있는 지혜'라고 부릅니다. 사람들이 자연스럽게 느끼는 거죠. 그리고 그게 바로 그들의 생각을 변화시킵니다.

와드와 : 네, 이 책을 계기로 한국에서도 제가 그러한 영향을 미칠 수 있다면 좋겠습니다.

기술이든 사람이든 '어떻게' 보다 '무엇을'에 집중해야

전 : 자, 그럼 다시 '배움'이라는 주제로 돌아가봅시다. 배움이 가장 중요하지요. 사람들은 배워야 하고요. 전 영역에 걸친 종합적이고 포괄적인 변화를 보여주는 여러 기술들은 모두 서로 연결되어 있습니다. 많은 CEO들은 이런 변화를 충분히 감지하고 있으며 무언가를 해야한다고 느끼고 있습니다. 그들이 가장 먼저 해야 할 일은 무엇이라고 생각하나요?

와드와 : 무엇보다 그들은 전체적인 그림을 보아야 합니다. 앞으로 나아가야 합니다. 저는 가르칠 때 AI가 어떻게 작동하는지(how AI works) 자세하게 가르치지 않습니다. 그 대신 AI가 무엇을 하는지(what AI does)에 대해 가르치지요. 또한 저는 그들에게 다른 모든 기술들에 대해 가르치고 이렇게 말합니다. "보세요, 이들이 어떻게 작용하고 어떻게 산업을 전멸시키는지를!" 그것이 그들이 이해해야 하는 전부입니다. 이건 높은 차원을 이야기하는 거예요. 디테일한 것까지 들어가려 하지마세요. 그건 전문가의 영역이니까요.

　CEO들은 사실 큰 그림, 그러니까 숲을 볼 수 있으면 됩니다. 물론 그렇더라도 하나의 기술뿐만이 아닌 여러 기술에 대해 배우고 이해하고 있어야 합니다. AI, 로봇공학, 센서, 네트워크, 나노 기술 등을 포함한 모든 것과 산업에 어떤 일이 일어나고 있는지를 전체적으로 둘러볼 줄 알아야 합니다. 이것이 그들을 위해 내가 줄 수 있는 핵심적인 가르침입니다.

전 : 어떤 기업이든 또 어떤 시기든 비즈니스의 핵심은 결국 '사람'입니다. 제 생각에 많은 기업들이 어떤 사람을 고용할 것인지, 그들을 어떻게 더 자신 있게 교육할 것인지 같은, 사람과 관련한 문제에 관심이 많을 것이라 생각합니다. 저 역시 마찬가지고요. 어디서 사람들을 얻을 것인지, 어떤 종류의 사람들이 필요한지 등에 관해 조언을 좀 해주시겠어요?

와드와 : 당신에게는 이미 그런 사람들이 있지 않나요? (웃음) 중요한 것은 서로 다른 사람들이 유기체가 되도록 하는 것입니다. 전에는 엔지니어와 과학자들만 당신의 연구에 참여했지요. 하지만 지금은 모든 조직의 사람들이 함께 일하고 브레인스토밍하고 제각각 개성 있는 아이디어들을 내고 있습니다. 제가 강조하고 싶은 것은 당신이 그 사람들에게 그들 스스로 위험을 감수하고서라도 어떤 일들을 해낼 수 있도록 권한을 주어야 한다는 것입니다. 그들을 믿고 노력을 지지해주어야 합니다. 사실 많은 회사들은 이미 필요한 사람을 갖고 있습니다. 그들은 천재를 고용할 필요가 없어요. 게다가 혼자서 모든 일을 완벽하게 해내는 천재는 존재하지도 않습니다. 기업은 한 명의 천재가 아니라 협력해서 함께 새로운 일들을 만들어낼 사람을 구해야 합니다.

회사에는 젊은 사람과 나이든 사람 모두가 필요합니다. 그런데 한국인들은 나이에 집착하지요. 나이와 지혜에요. 물론 그것도 중요합니다. 하지만 어디로 튈지 모르는 광적인 젊은 사람들(crazy young people)도 필요합니다. 그렇게 나이든 사람과 젊은 사람이 함께 일하고, 남성과 여성이 함께 일해야 합니다. 한동안 실리콘밸리는 너무 심한 남성 우위의 사회였고 많은 문제들이 있었습니다. 각각 다른 지식 분야의 전문가들, 즉 인문학적 지식을 갖춘 사람들과 엔지니어, 과학자들이 자유롭게 함께 일하고, 그들에게 자율권을 주고 모험하고 도전할 수 있도록 적극적으로 뒷받침해준다면 마법 같은 놀라운 일들이 많이 생겨날 겁니다.

전 : 다양성, 그게 가장 유용하고 또 중요한 지점이군요!

와드와 : 그렇습니다. 나이나 성별은 중요하지 않아요. 각자의 개성과 전문성을 지닌 모든 사람이 조화를 이루고 협력하는 것이 중요합니다.

"실리콘밸리를 우러러볼 필요는 없습니다."

전 : 조금 더 구체적으로 한국 기업들한테 조언을 해주실 수 있을까요? 미국이 4차 산업혁명의 메카라는 데에는 의심의 여지가 없지요. 한국 기업들이 미국처럼 이익을 얻거나 기술의 혜택을 누리려면 어떻게 해야 될까요?

와드와 : 실리콘밸리도 무지한 건 마찬가지예요. 저는 때때로 그들이 바보 같은 앱을 만드는 게 어리석게 느껴집니다. 젊은이들이 기술을 낭비하며 우스꽝스러운 앱을 만드는 거요. 그들은 매우 편협하게 사고합니다. 당신은 아마 한국이 실리콘밸리나 지금의 미국과 비교해 별다르지 않은 프레임을 갖고 있다고 하면 놀랄 것입니다. 제가 볼 때 현재 상황에서는 어떤 나라도 유리하지 않습니다. 그리고 이게 바로 한국 정부와 한국의 기업체 간부들과 학자들이 이 새로운 기술에 대해 배워야 하는 중요한 이유입니다. 당신들에게는 도약할 기회가 있어요! 실질적인 문제들을 해결함으로써 도약할 수 있습니다.

전 : 정말 놀라운 얘기네요! 실리콘밸리 얘기를 좀 더 해주세요. 대체

그곳에서 무슨 일이 벌어지고 있는 거지요?

와드와: 실리콘밸리는 완벽한 날씨와 우리가 필요로 하는 모든 게 있으니 축복받은 곳입니다. 공공시설도 잘 갖춰져 있고 사람들은 주변의 산 같은 곳에서 하이킹을 즐길 수도 있죠. 세계의 다른 곳들과 비교하자면 마치 디즈니랜드 같아요. 문제는 그렇다보니 그들이 세계의 가장 바닥을 이해하지 못한다는 것입니다. 가난, 빈곤 같은 것에 대해서도 무지하고, 사람들의 고통에 대해서도 이해하지 못합니다. 그들은 에너지가 없다는 것이 사람들에게 어떤 의미인지 이해하지 못합니다.

하지만 한국은 얼마 전까지 가난한 나라였기 때문에 이를 이해할 것입니다. 또한 한국을 둘러싼 모든 여건이 좋지 않습니다. 불안정한 정부가 다스리는 북한이 있고, 그들이 어떻게 행동하느냐에 따라 세계가 파괴될 수도 있죠. 이러한 것들을 실리콘밸리는 이해하지 못해요. 왜냐하면 그들은 매우 안전하고 보호받고 있기 때문입니다.

그냥 의미 없이 새로운 기술을 만들어내는 것과 더 나은 세상을 만들고 싶다는 분명한 목적을 가지고 기술을 개발하는 데는 엄청난 차이가 있습니다. 기술 개발의 의미와 목적을 잘 알고 있는 당신들이 일본을 가르친다면, 인도를 가르친다면, 세계의 나라들을 가르친다면 그것이 세계를 구할 수 있을 것입니다. 그들은 모든 인류를 위한 해결책을 마련하고, 세상을 좀 더 나은 곳으로 만들기 위해 노력할 겁니다. 당신들은 실리콘밸리를 뛰어넘을 수 있습니다. 실리콘밸리를 따라가려 하지 마세요.

저는 이걸 제 웹사이트의 최근 기사에 전부 써놓았습니다. 우버에 관한 기사였어요. 그들의 과오를 한번 보세요. 실리콘밸리 회사들의 어리석음과 병폐를요. 그들은 완벽하지 않아요. 어리석죠. 그들은 그들만의 목표가 있어요. 그들을 넘어서야 합니다. 당신들은 그들이 하는 것과 동일한 기술에 접근할 수 있어요. 세상을 바꾸는 해결책을 만드는 데에는 더 이상 많은 비용이 필요하지 않습니다. 당신들은 세계를 구할 수 있어요. 실리콘밸리가 그 일을 해내기만을 기다리지 마세요, 스스로 해낼 수 있습니다.

전 : 정말 좋은 메시지네요! 모두가 이 얘기를 꼭 들었으면 좋겠습니다.

와드와 : 네, 실리콘밸리를 우러러보지 마세요. 실리콘밸리는 아주 작은 퍼즐 조각 중 하나일 뿐이니까요.

전 : 몇 가지만 더 여쭤보지요. 당신은 인류의 미래에 관해 훨씬 낙관적인가요, 아니면 회의적인가요?

와드와 : 전체적으로 낙관적이지요. 책에도 썼지만 〈스타트렉〉과 〈매드맥스〉 중에서 저는 인류가 〈스타트렉〉 같은 미래를 맞이할 것이라 믿어요. 30~40년 내에 말이지요. 우리는 별들을 여행하고, 우주 식민지를 개발하고, 인류의 많은 문제들을 해결할 겁니다. 물론 쉽지는 않겠지만 분명 가능할 것이라고 믿습니다.

전 : 4차 산업혁명과 관련된 당신의 그 놀라운 지식과 통찰력은 어디에서 어떻게 얻는 건가요?

와드와 : 한마디로 말하면 그건 '저로부터' 나옵니다. 우선 저는 실리콘밸리에 살기 때문에 많은 이점이 있어요. 여러 과학자와 엔지니어, 스타트업과 쉽게 어울릴 수 있습니다. 또 트위터, 링크드인, 페이스북 같은 소셜 미디어에는 수많은 팔로워가 있어요. 그들이 온갖 종류의 정보를 항상 저에게 제공합니다.

전 : 정보들을 얻기 위해 하루 중 얼마 정도의 시간을 사용하나요?

와드와 : 항상이요! 이메일이나 소셜미디어 등 읽을거리가 끊이지 않습니다. 아무리 바쁘더라도 혹은 제가 차에 있거나 운전 중일 때도 읽고 배우고 있어요. 저는 항상 지식을 얻고 정보를 찾습니다.

전 : 마지막 질문입니다. 10년 내에 이루고 싶은 꿈이 있다면 무엇인가요?

와드와 : 우리는 〈스타트렉〉의 유토피아 미래를 만들 수 있습니다. 우리는 인류의 역사에서 전에 본 적 없는 특별한 기회를 갖게 된 것입니다. 역설적으로 들리겠지만 이 시기에 가장 중요한 것은 '인간성'이에요. 우리는 인간성이 증진되도록 사람들을 교육해야 합니다. 이게 당신과 내가 하고 있는 일이 중요한 이유입니다. 우리는 인류에게 많은 영향을 미칠 수 있어요. 전에는 이러한 기회가 없었지만, 지금 그 기회가 우리 앞에 놓여 있습니다. 이것은 저를 흥분시키고 동기를 부여합니다.

전 : 네, 오늘 이렇게 함께 이야기 나눌 수 있어 정말 즐거웠습니다. 감사합니다.

후주

프롤로그

1. William Gibson, 미국 공영 라디오 방송 NPR의 'Talk of the Nation' 인터뷰, 1999년 11월
   30일. http://www.npr.org/programs/talk-of-the-nation/1999/11/30/12966633,
   Timecode 11:55. (2016년 12월 9일 접속)

Part 1

Chapter 1. 희망과 두려움이 공존하는 우리의 미래

1. "SOPA/PIPA: Internet Blacklist Legislation," Electronic Frontier Foundation (undated),
   https://www.eff.org/issues/coica-internet-censorship-and-copyright-bill (2016년
   10월 21일 접속).

Chapter 2. 롤러코스터처럼 아찔한 새로운 패러다임의 등장

1. James Cook, "London taxi company Addison Lee is battling to stay relevant in the age of
   Uber," *Business Insider Australia* 18 December 2015,
   http://www.businessinsider.com/addison-lee-cto-peter-ingram-explains-how-its-
   technology-works-2015-12 (2016년 10월 21일 접속); Jim Edwards, "Addison Lee's CEO
   told us how Uber is hurting his business and what he's doing about it,"
   http://www.businessinsider.com.au/liam-griffin-ceo-of-addison-lee-on-how-uber-
   has-hurt-his-mini-cab-business-2015-4 (2016년 10월 21일 접속).

2. Ben Marlow, "Addison Lee owner flags sale," the *Telegraph* (U.K.), 28 June 2014, http://
   www.telegraph.co.uk/nance/newsbysector/banksandnance/10933273/Addison-Lee-
   owner-flags-sale.html (2016년 10월 21일 접속).

3. Johana Bhuiyan, "Why Uber has to be first to market with self-driving cars," *Recode* 29
   September 2016,
   http://www.recode.net/2016/9/29/12946994/why-uber-has-to-be-rst-to-market-
   with-self-driving-cars (2016년 10월 21일 접속).

4. Alison Griswold, "Uber wants to replace its drivers with robots. So much for that 'new economy' it was building," *Slate* 2 February 2015, http://www.slate.com/blogs/moneybox/2015/02/02/uber_self_driving_cars_autonomo us_taxis_aren_t_so_good for_contractors_in.html (2016년 10월 21일 접속).

5. Ray Kurzweil, *How to Create a Mind: The Secret of Human Thought Revealed*, New York: Viking, 2012.

6. Ray Kurzweil, "The law of accelerating returns," *Kurzweil Accelerating Intelligence* 7 March 2001, http://www.kurzweilai.net/the-law-of-accelerating-returns (2016년 10월 21일 접속).

7. Dominic Basulto, "Why Ray Kurzweil's predictions are right 86% of the time," Big Think 2012, http://bigthink.com/endless-innovation/why-ray-kurzweils-predictions-are-right-86-of-the-time (2016년 10월 21일 접속).

8. Tom Standage, "Why does Kenya lead the world in mobile money?" *the Economist* 27 May 2013, http://www.economist.com/blogs/economist-explains/2013/05/economist-explains-18 (2016년 10월 21일 접속).

9. Peter Diamandis and Steven Kotler, *Abundance: The Future Is Better Than You Think*, New York: Free Press, 2012, p. 9.

Chapter 4. 다른 누군가가 아닌 바로 당신이 나서야 하는 이유

1. Tim Kise, "Uber: Congress' [sic] new private driver," Hamilton Place Strategies 11 November 2014, http://hamiltonplacestrategies.com/news/uber-congress-new-private-driver (2016년 10월 21일 접속).

2. Alberto Gutierrez, "Warning letter," U.S. Food & Drug Administration 22 November 2013, http://www.fda.gov/ICECI/EnforcementActions/WarningLetters/2013/ucm376296.htm (2016년 10월 21일 접속).

3. "Uber banned in Germany as police swoop in other countries," BBC News 20 March 2015, http://www.bbc.com/news/technology-31942997 (2016년 10월 21일 접속).

4. 저자와의 개인 대담 중에서.

5. James A. Dewar, *The Information Age and the Printing Press: Looking Backward to See Ahead*, Santa Monica, California: RAND Corporation, 1998, http://www.rand.org/pubs/papers/P8014.html (2016년 10월 21일 접속).

Part 2

Chapter 5. 놀랍고도 오싹한 인공지능의 부상

1. Gustavo Diaz-Jerez, "Composing with melomics: Delving into the computational world for musical inspiration," *LMJ* December 2011; 21:13 – 14, http://www.mitpressjournals.org/doi/abs/10.1162/LMJ_a_00053 (2016년 10월 21일 접속).

2. Ian Steadman, "IBM's Watson is better at diagnosing cancer than human doctors," *WIRED* 11 February 2013, http://www.wired.co.uk/article/ibm-watson-medical-doctor (2016년 10월 21일 접속)).

3. Vinod Khosla, "Technology will replace 80% of what doctors do," *Fortune* 4 December 2012, http://fortune.com/2012/12/04/technology-will-replace-80-of-what-doctors-do (2016년 10월 21일 접속).

4. Daniela Hernandez, "Arti cial intelligence is now telling doctors how to treat you," *WIRED* 6 February 2014, https://www.wired.com/2014/06/ai-healthcare (2016년 10월 21일 접속).

5. Thomas H. Davenport, "Let's automate all the lawyers," *Wall Street Journal* 25 March 2015, http://blogs.wsj.com/cio/2015/03/25/lets-automate-all-the-lawyers (2016년 10월 21일 접속).

6. Kevin Kelly, "The three breakthroughs that have finally unleashed AI on the world," *WIRED* 27 October 2014, http://www.wired.com/2014/10/future-of-artificial-intelligence (2016년 10월 21일 접속).

7. Matt McFarland, "Elon Musk: 'With artificial intelligence, we are summoning the demon,'" *Washington Post* 24 October 2014, https://www.washingtonpost.com/news/innovations/wp/2014/10/24/elon-musk-with-artificial-intelligence-we-are-summoning-the-demon/?utm_term=.89488f12800d (2016년 10월 21일 접속).

8. Rory Cellan-Jones, "Stephen Hawking warns artificial intelligence could end mankind,"

BBC 2 December 2014, http://www.bbc.com/news/technology-30290540 (2016년 10월 21일 접속).

9. "Hi Reddit, I'm Bill Gates and I'm back for my third AMA. Ask me anything," *Reddit*, https://www.reddit.com/r/IAmA/comments/2tzjp7/hi_reddit_im_bill_gates_and_im_back _for_my_third (2016년 10월 21일 접속).

10. The White House, "The Administration's Report on the Future of Artificial Intelligence," The White House 12 October 2016, https://obamawhitehouse.archives.gov/ blog/2016/10/12/administrations-report-future-artificial-intelligence (2016년 10월 21일 접속).

11. Executive Office of the President National Science and Technology Council Committee on Technology, *Preparing for the Future of Artificial Intelligence*, Washington, DC: The White House, 2016, https://obamawhitehouse.archives.gov/sites/default/files/ whitehouse_files/microsites/ostp/NSTC/preparing_for_the_future_of_ai.pdf (2016년 10월 21일 접속).

Chapter 6. 아바타와 인공지능을 활용한 교육 혁명

1. Sugata Mitra, "Kids can teach themselves," TED February 2007, http://www.ted.com/ talks/sugata_mitra_shows_how_kids_teach_themselves (2016년 10월 21일 접속).

Chapter 7. 유전자 혁명과 맞춤형 의료

1. Richard Dobbs and James Manyika, "The obesity crisis," *The Cairo Review of Global Affairs* 5 July 2015, https://www.thecairoreview.com/essays/the-obesity-crisis (2016년 10월 21일 접속).

2. "Density of physicians (total number per 1000 population, latest available year)," WHO (undated), http://www.who.int/gho/health_workforce/physicians_density/en/ (2016년 10월 21일 접속).

3. Andis Robeznieks, "U.S. has highest maternal death rate among developed countries," *Modern Healthcare* 6 May 2015, http://www.modernhealthcare.com/article/20150506/ NEWS/150509941 (2016년 10월 21일 접속).

4. Emily Cegielski, "In parts of the US, maternal death rates are on par with sub-Saharan Africa," *New York Times* 24 April 2015, http://nytlive.nytimes.com/ womenintheworld/2015/04/24/in-parts-of-the-us-maternal-death-rates-are-on-

par-with-sub-saharan-africa (2016년 10월 21일 접속).

5. Ian L. Marpuri, "Researchers explore genomic data privacy and risk," National Human Genome Research Institute 8 April 2013, https://www.genome.gov/27553487/researchers-explore-genomic-data-privacy-and-risk (2016년 10월 21일 접속).

6. The Genetic Information Nondiscrimination Act of 2008, U.S. Equal Employment Opportunity Commission 21 May 2008, https://www.eeoc.gov/laws/statutes/gina.cfm (2016년 10월 21일 접속).

Part 3

Chapter 8. 로봇과 인간의 필연적 공생

1. "Planet Money," National Public Radio 8 May 2015, http://www.npr.org/templates/transcript/transcript.php?storyId=405270046 (2016년 10월 21일 접속).

2. The Verge, "The 2015 DARPA Robotics Challenge Finals," https://www.youtube.com/watch?v=8P9geWwi9e0 (2016년 10월 21일 접속).

3. Richard Lawler, "Google DeepMind AI wins final Go match for 4 – 1 series win," *Engadget* 14 March 2016, https://www.engadget.com/2016/03/14/the-nal-lee-sedol-vs-alphago-match-is-about-to-start (2016년 10월 21일 접속).

4. Wan He, Daniel Goodkind, and Paul Kowal, U.S. Census Bureau, *An Aging World:* 2015, International Population Reports P 95/16-1, Washington, D.C.: U.S. Government Publishing Office, 2016, https://www.census.gov/content/dam/Census/library/publications/2016/demo/p95-16-1.pdf (2016년 10월 21일 접속).

5. U.N. Department of Economic and Social Affairs Population Division, *World Population Prospects*: The 2015 Revision, New York: United Nations, 2015, https://esa.un.org/unpd/wpp/Publications/Files/WPP2015_Volume-I_Comprehensive-Tables.pdf (2016년 10월 21일 접속).

6. Stuart Russell, Nils J. Nilsson, Barbara J. Grosz, et al., "Autonomous weapons: An open letter from AI and robotics researchers," Future of Life Institute, https://futureoflife.org/open-letter-autonomous-weapons/ (2016년 10월 21일 접속).

7. AJung Moon, "Machine Agency," Roboethics info Database 22 April 2012, http://www.amoon.ca/Roboethics/wiki/the-open-roboethics-initiative/machine-agency.

8. Erik Brynjolfsson and Andrew McAfee, *The Second Machine Age: Work, Progress, and Prosperity in a Time of Brilliant Technologies* (rev.), W. W. Norton & Company, Inc., 2016.

9. Michael A. Osborne and Carl Benedikt Frey, *The Future of Employment: How Susceptible Are Jobs to Computerisation?*, Oxford: University of Oxford, 2013, http://futureoflife.org/data/PDF/michael_osborne.pdf (2016년 10월 21일 접속).

10. James Manyika, Michael Chui, and Mehdi Miremadi, "These are the jobs least likely to go to robots," *Fortune* 11 July 2006, http://fortune.com/2016/07/11/skills-gap-automation.

11. Timothy J. Seppela, "Google is working on a kill switch to prevent an AI uprising," *Engadget* 3 June 2016, https://www.engadget.com/2016/06/03/google-ai-killswitch/ (2016년 10월 21일 접속).

Chapter 9. 모든 것이 연결된 유비쿼터스 시대

1. Dan Kloeffler and Alexis Shaw, "Dick Cheney feared assassination via medical device hacking: 'I was aware of the danger,'" ABC News 19 October 2013, http://abcnews.go.com/US/vice-president-dick-cheney-feared-pacemaker-hacking/story?id=20621434 (2016년 10월 21일 접속).

2. Kim Zetter, "An unprecedented look at Stuxnet, the world's first digital weapon," *WIRED* 3 November 2014, https://www.wired.com/2014/11/countdown-to-zero-day-stuxnet (2016년 10월 21일 접속)

3. "What happened," U.S. Office of Personnel Management (undated), https://www.opm.gov/cybersecurity/cybersecurity-incidents (2016년 10월 21일 접속).

4. Casey Newton, "The mind-bending messiness of the Ashley Madison data dump," the *Verge* 19 August 2015, http://www.theverge.com/2015/8/19/9178855/ashley-madison-data-breach-implications (2016년 10월 21일 접속).

5. Mat Honan, "How Apple and Amazon security flaws led to my epic hacking," *WIRED* 6 August 2012, https://www.wired.com/2012/08/apple-amazon-mat-honan-hacking (2016년 10월 21일 접속).

6. Kevin Kelley, *The Inevitable*, Viking: New York, 2016.

Chapter 10. 드론이 온다

1. Jonathan Vanian, "7-Eleven Just Used a Drone to Deliver a Chicken Sandwich and Slurpees," *Fortune* 22 July 2016, http://fortune.com/2016/07/22/7-eleven-drone-flirtey-slurpee/ (2016년 10월 21일 접속).

2. Mary Meeker, "Internet Trends 2015—Code Conference," Kleiner Perkins Caulfield & Byers, http://www.kpcb.com/blog/2015-internet-trends.

3. Chris Anderson, "How I accidentally kickstarted the domestic drone boom," *WIRED* 22 June 2012, http://www.wired.com/2012/06/ff_drones (2016년 10월 21일 접속).

4. "Malawi tests first unmanned aerial vehicle flights for HIV early infant diagnosis," UNICEF 14 March 2016, http://www.unicef.org/media/media_90462.html (2016년 10월 21일 접속).

5. Jonathan Vanian, "Drone makes first legal doorstep delivery in milestone flight," *Fortune* 17 July 2015, http://fortune.com/2015/07/17/faa-drone-delivery-amazon (2016년 10월 21일 접속).

6. Nicole Comstock, "Cal fire air tankers grounded due to drone," Fox40 25 June 2015, http://fox40.com/2015/06/25/cal-re-air-tankers-grounded-due-to-drone (2016년 10월 21일 접속).

7. Kristina Davis, "Two plead guilty in border drug smuggling by drone," *Los Angeles Times* 13 August 2015, http://www.latimes.com/local/california/la-me-drone-drugs-20150813-story.html

8. Victoria Bekiempis, "Father of man who built gun-shooting 'drone' says don't panic," *Newsweek* 21 July 2015, http://www.Newsweek.com/gun-shooting-drone-Newsweek-talks-inventors-dad-355723 (2016년 10월 21일 접속).

9. "ISIS booby-trapped drone kills troops in Iraq, officials say," *Guardian* 12 October 2016, https://www.theguardian.com/world/2016/oct/12/exploding-drone-sent-by-isis-allies-kills-and-wounds-troops-in-iraq-report (2016년 10월 21일 접속).

10. "Unmanned Aircraft Systems," Federal Aviation Authority 29 August 2016, https://www.faa.gov/uas/ (2016년 10월 23일 접속).

11. "Current unmanned aircraft state law landscape," National Conference of State Legislatures 7 October 2016, http://www.ncsl.org/research/transportation/current-unmanned-aircraft-state-law-landscape.aspx (2016년 10월 21일 접속).

Chapter 11. 맞춤형 유전자, 마이크로바이옴과 정밀의료

1. Diana W. Bianchi, R. Lamar Parker, Jeffrey Wentworth, et al., "DNA sequencing versus standard aneuploidy screening," *New England Journal of Medicine* 2014;370:799–808.

2. Jessica X. Chong, Kati J. Buckingham, Shalini N. Jhangiani, et al., "The genetic basis of Mendelian phenotypes: Discoveries, challenges, and opportunities," *American Journal of Human Genetics* 2015;97(2):199–215.

3. Aleksandar D. Kostic, Dirk Gevers, Heli Siljander, et al., "The Dynamics of the Human Infant Gut Microbiome in Development and in Progression toward Type 1 Diabetes," *Cell Host & Microbe* 2015;17(2):260–273.

4. David L. Suskind, Mitchell J. Brittnacher, Ghassan Wahbeh, et al., "Fecal microbial transplant effect on clinical outcomes and fecal microbiome in active Crohn's disease," *Inflammatory Bowel Diseases* 2015;21(3):556–563.

5. Kate Lunau, "Scientists are now trying fecal transplants on kids," *Motherboard* 16 September 2016.

6. Richard J. Turnbaugh, Vanessa K. Ridaura, Jeremiah J. Faith, et al., "The effect of diet on the human gut microbiome: A metagenomic analysis in humanized gnotobiotic mice," *Science Translational Medicine* 2009;1(6):6ra14, https://www.ncbi.nlm.nih.gov/pmc/articles/PMC2894525 (2016년 10월 21일 접속).

7. "Gen9 announces next generation of the BioFab® DNA synthesis platform," Gen9 21 March 2016, https://blog.gen9bio.com/about-us/news-events/press-releases/gen9-announces-next-generation-biofab-dna-synthesis-platform (2016년 10월 21일 접속).

8. Yuyu Niu, Bin Shen, Yiqiang Cui, et al., "Generation of gene-modified cynomolgus monkey via Cas9/RNA-mediated gene targeting in one-cell embryos," *Cell* 2014;156(4):836–843.

9. David Cyranoski and Sara Reardon, "Chinese scientists genetically modify human embryos," *Nature* 22 April 2015, http://www.nature.com/news/chinese-scientists-genetically-modify-human-embryos-1.17378 (2016년 10월 21일 접속).

10. Ewen Callaway, "Second Chinese team reports gene editing in human embryos," *Nature* 8 April 2016, http://www.nature.com/news/second-chinese-team-reports-gene-editing-in-human-embryos-1.19718 (2016년 10월 21일 접속).

11. "Controversy over genetically altered mosquitoes," *Science Daily* 6 December 2012, https://www.sciencedaily.com/videos/521327.htm (2016년 10월 21일 접속) ; Joseph Curtis, "Are scientists to blame for Zika virus? Researchers released genetically modified mosquitos into Brazil three years ago," *Daily Mail* Australia 1 February 2016, http://www.dailymail.co.uk/news/article-3425381/Are-scientists-blame-Zika-virus-Researchers-released-genetically-modied-mosquitos-Brazil-three-years-ago.html ; Deanna Ferrante, "Florida residents protest release of genetically modified mosquitos to fight Zika virus," *Orlando Weekly* 22 April 2016, https://www.orlandoweekly.com/Blogs/archives/2016/04/22/florida-residents-protest-release-of-genetically-modified-mosquitos-to-fight-zika-virus

12. Andrew Pollack, "Jennifer Doudna, a pioneer who helped simplify gene editing," *New York Times* 11 May 2015, http://www.nytimes.com/2015/05/12/science/jennifer-doudna-crispr-cas9-genetic-engineering.html (2016년 10월 21일 접속).

13. Vivek Wadhwa, "Why there's an urgent need for a moratorium on gene editing," *Washington Post* 8 September 2015, https://www.washingtonpost.com/news/innovations/wp/2015/09/08/why-theres-an-urgent-need-for-a-moratorium-on-gene-editing/?utm_term=.61fd91661c45 (2016년 10월 21일 접속).

14. "International summit on human gene editing, December 1 - 3 2015," Innovative Genomics Initiative (undated), https://innovativegenomics.org/international-summit-on-human-gene-editing (2016년 10월 21일 접속).

15. Miles Donovan, "Hacking the President's DNA," *Atlantic* November 2012, http://www.theatlantic.com/magazine/archive/2012/11/hacking-the-presidents-dna/309147 (2016년 10월 21일 접속).

16. The White House, "FACT SHEET: Announcing the National Microbiome Initiative," The White House 13 May 2016, https://www.whitehouse.gov/the-press-office/2016/05/12/fact-sheet-announcing-national-microbiome-initiative (2016년 10월 21일 접속).

Chapter 12. 자율주행 자동차와 트럭, 비행기

1. Chris Van Dusen, *If I Built a Car*, Penguin Random House, 2007.

2. Erin Stepp, "Three-quarters of Americans 'afraid' to ride in a self-driving vehicle," *American Automobile Association* 1 March 2016, http://newsroom.aaa.com/2016/03/three-quarters-of-americans-afraid-to-ride-in-a-self-driving-vehicle (2016년 10월 21일 접속).

3. Fred Lambert, "Understanding the fatal Tesla accident on autopilot and the NHTSA probe," *Electrek* 1 July 2016, https://electrek.co/2016/07/01/understanding-fatal-tesla-accident-autopilot-nhtsa-probe (2016년 10월 21일 접속).

4. Lawrence D. Burns, William C. Jordan, and Bonnie A. Scarborough, *Transforming Personal Mobility* (rev.), New York, NY: The Earth Institute, Columbia University, 2013, http://sustainablemobility.ei.columbia.edu/files/2012/12/Transforming-Personal-Mobility-Jan-27-20132.pdf (2016년 10월 21일 접속).

5. Paul Stenquist, "In self-driving cars, a potential lifeline for the disabled," *New York Times* (New York edition) 9 November 2014:AU2, http://www.nytimes.com/2014/11/09/automobiles/in-self-driving-cars-a-potential-lifeline-for-the-disabled.html (2016년 10월 21일 접속).

6. J.R. Treat, N.S. Tumbas, S.T. McDonald, et al., *Tri-Level Study of the Causes of Traffic Accidents: Final Report*, volume II: Special Analyses, Bloomington, Indiana: Institute for Research in Public Safety, 1979, http://ntl.bts.gov/lib/47000/47200/47286/Tri-level_study_ofrom_the_causes_of_traffic_accidents_vol_II.pdf (2016년 10월 21일 접속).

7. "Road traffic deaths," World Health Organization 2015, http://www.who.int/gho/road_safety/mortality/en (2016년 10월 23일 접속).

8. Insurance Institute for Highway Safety's Highway Loss Data Institute, General Statistics 2004, http://www.iihs.org/iihs/topics/t/general-statistics/fatalityfacts/state-by-state-overview (2016년 10월 21일 접속).

9. World Health Organization, Road Safety, http://gamapserver.who.int/gho/interactive_charts/road_safety/road_traffic_deaths2/atlas.html (2016년 10월 21일 접속).

10. Alyssa Abkowitz, "Baidu plans to mass produce autonomous cars in five years," *Wall Street Journal* 2 June 2016, https://www.wsj.com/articles/baidu-plans-to-mass-produce-autonomous-cars-in-five-years-1464924067 (2016년 10월 21일 접속).

11. Annabelle Liang and Dee-Ann Durbin, "World's first self-driving taxis debut in Singapore," The Big Story 25 August 2016, http://bigstory.ap.org/article/615568b7668b452bbc8d2e2f3e5148e6/worlds-rst-self-driving-taxis-debut-singapore (2016년 10월 21일 접속).

12. "Reports, trends & statistics," American Trucking Associations (undated), http://www.trucking.org/News_and_Information_Reports_Industry_Data.aspx (2016년 10월 21일 접속).

13. Taemie Kim and Pamela Hinds, "Who Should I Blame? Effects of Autonomy and Transparency on Attributions in Human–Robot Interaction" (in: *RO-MAN 2006—The 15th IEEE International Symposium on Robot and Human Interactive Communication*, Cambridge, Massachusetts: M.I.T., 2006), M.I.T. (undated), http://alumni.media.mit.edu/~taemie/papers/200609_ROMAN_TKim.pdf (2016년 10월 21일 접속).

14. Kirsten Korosec, "Elon Musk says Tesla vehicles will drive themselves in two years," *Fortune* 21 December 2015, http://fortune.com/2015/12/21/elon-musk-interview (2016년 10월 21일 접속).

15. Max Chafkin, "Uber's first self-driving fleet arrives in Pittsburgh this month," *Bloomberg* 18 August 2016, http://www.bloomberg.com/news/features/2016-08-18/uber-s-first-self-driving-fleet-arrives-in-pittsburgh-this-month-is06r7on (accessed 23 October 2016).

Chapter 13. 사물끼리 대화하는 사물인터넷

1. Generali (undated) http://www.generali.es/seguros-particulares/auto-pago-como-conduzco (2016년 10월 21일 접속).

2. James Manyika, Michael Chui, Peter Bisson, et al., *The Internet of Things: Mapping the Value beyond the Hype*, McKinsey 2015, http://www.mckinsey.com/business-functions/digital-mckinsey/our-insights/the-internet-of-things-the-value-of-digitizing-the-physical-world (2016년 10월 21일 접속).

3. Hayley Tsukayama, "VTech says 6.4 million children profiles were caught up in its data breach," *Washington Post* 1 December 2015, https://www.washingtonpost.com/news/

the-switch/wp/2015/12/01/vtech-says-6-4-million-children-were-caught-up-in-
its-data-breach (2016년 10월 21일 접속).

4. Lorenzo Franceschi-Bicchierai, "One of the largest hacks yet exposes data on hundreds
of thousands of kids," *Motherboard* 27 November 2015, http://motherboard.vice.com/
read/one-of-the-largest-hacks-yet-exposes-data-on-hundreds-of-thousands-of-
kids (2016년 10월 21일 접속).

5. Lorenzo Franceschi-Bicchierai, "Hacker obtained children's headshots and chatlogs
from toymaker VTech," *Motherboard* 30 November 2015, http://motherboard.vice.com/
read/hacker-obtained-childrens-headshots-and-chatlogs-from-toymaker-vtech
(2016년 10월 21일 접속).

6. Andrea Peterson, "Hello (hackable) Barbie," *Washington Post* 4 December 2015, https://
www.washingtonpost.com/news/the-switch/wp/2015/12/04/hello-hackable-barbie
(2016년 10월 21일 접속).

7. "FAQ about cyber attack on VTech Learning Lodge," VTech 8 August 2016, https://
www.vtech.com/en/press_release/2015/faq-about-data-breach-on-vtech-learning-
lodge (2016년 10월 21일 접속).

8. PwC, *Managing Cyber Risks in an Interconnected World: Key findings from The Global State of
Information Security® Survey 2015*, PwC 2014, http://www.pwc.com/gx/en/consulting-
services/information-security-survey/assets/the-global-state-of-information-
security-survey-2015.pdf (2016년 10월 21일 접속).

9. "Equipment Authorization Approval Guide," Federal Communications Commission 21
October 2015, https://www.fcc.gov/engineering-technology/laboratory-division/
general/equipment-authorization (2016년 10월 21일 접속).

Chapter 14. 3D 바이오프린팅과 인공 신체

1. Rob Stein, "Baby thrives once 3-D-printed windpipe helps him breathe," NPR 23
December 2014, http://www.npr.org/sections/health-shots/2014/12/23/370381866/
baby-thrives-once-3D-printed-windpipe-helps-him-breathe (2016년 10월 21일
접속).

2. NPR 17 March 2014, http://www.npr.org/sections/health-
shots/2014/03/17/289042381/doctors-use-3-d-printing-to-help-a-baby-breathe

3. Elizabeth Svoboda, " 'Watch me walk,'" *Saturday Evening Post* March – April 2012;284(2):20 – 25, http://www.saturdayeveningpost.com/2012/03/14/in-the-magazine/health-in-the-magazine/watch-walk.html (2016년 10월 21일 접속).

4. Catherine de Lange, "Engineered vaginas grown in women for the first time," *New Scientist* 10 April 2014, https://www.newscientist.com/article/dn25399-engineered-vaginas-grown-in-women-for-the-first-time (2016년 10월 21일 접속).

Chapter 15. 거의 공짜인 태양 에너지

1. "Water, sanitation and hygiene links to health," World Health Organization November 2004, http://www.who.int/water_sanitation_health/publications/facts2004/en (2016년 10월 21일 접속).

2. "A task of terawatts" (editorial), *Nature* 14 August 2008;454:805, http://www.nature.com/nature/journal/v454/n7206/full/454805a.html (2016년 10월 21일 접속).

3. "Grupo Rotoplas announces agreement to acquire minority stake in the Advanced Innovation Centre (AIC)," PR Newswire 9 March 2016, http://www.prnewswire.com/news-releases/grupo-rotoplas-announces-agreement-to-acquire-minority-stake-in-the-advanced-innovation-center-aic-300233881.html (2016년 10월 21일 접속).

4. Ramez Naam, *The Infinite Resource: The Power of Ideas on a Finite Planet*, Hanover and London: University Press of New England, 2013.

5. Katie Fehrenbacher, "A jaw-dropping world record solar price was just bid in Abu Dhabi," *Fortune* 19 September 2016, http://fortune.com/2016/09/19/world-record-solar-price-abu-dhabi (2016년 10월 21일 접속).

6. D. M. Chapin, C. S. Fuller, and G. L. Pearson, "A new silicon p – n junction photocell for converting solar radiation into electrical power," *Journal of Applied Physics* May 1954;25:676 – 677.

7. Tom Randall, "Wind and solar are crushing fossil fuels," *Bloomberg* (6 April 2016), http://www.bloomberg.com/news/articles/2016-04-06/wind-and-solar-are-crushing-fossil-fuels (2016년 10월 21일 접속).

8. Seb Henbest, Elena Giannakopoulou, Ethan Zindler, et al., *New Energy Outlook 2016: Powering a Changing World*, Bloomberg New Energy Finance 2016, https://www.bloomberg.com/company/new-energy-outlook (2016년 10월 21일 접속).

9. Björn Nykvist and M ns Nilsson, "Rapidly falling costs of battery packs for electric vehicles," *Nature Climate Change* 23 March 2015;5:329 – 332, http://www.nature.com/nclimate/journal/v5/n4/full/nclimate2564.html (2016년 10월 21일 접속).

10. "The leapfrog continent," *Economist* 6 June 2015, http://www.economist.com/news/middle-east-and-africa/21653618-falling-cost-renewable-energy-may-allow-africa-bypass (2016년 10월 21일 접속).

11. *Scaling up access to electricity: The case of Lighting Africa*, Live Wire 2014/20, World Bank, http://documents.worldbank.org/curated/en/804081468200339840/pdf/88701-REPF-BRI-PUBLIC-Box385194B-ADD-SERIES-Live-wire-knowledge-note-series-LW20-New-a-OKR.pdf (2016년 10월 21일 접속).

12. "Lighting the way," *Economist* 1 September 2012, http://www.economist.com/node/21560983 (2016년 10월 21일 접속).

13. Sudha Ramachandran, "Water wars: China, India and the great dam rush," *Diplomat* 3 April 2015, http://thediplomat.com/2015/04/water-wars-china-india-and-the-great-dam-rush (2016년 10월 21일 접속).

14. Peter Diamandis and Steven Kotler, *Abundance: The Future Is Better Than You Think*, New York: Free Press, 2012.

찾아보기

옮긴이 차백만

미국에서 10년간 머물며 경영학을 전공하고 경영컨설팅 회사에서 근무했다. 귀국한 뒤에는 안철수연구소, CJ푸드시스템 등에서 전략기획과 신사업개발 업무를 담당했다. 옮긴 책으로 『엘리트 마인드』, 『예정된 악인, 유다』, 『연결하는 인간』, 『하버드 불량일기』, 『천재의 두 얼굴, 사이코패스』, 『어떻게 나를 최고로 만드는가』, 『젊은 회의주의자에게 보내는 편지』, 『전략의 제왕』, 『국가는 무엇을 해야 하는가』 등이 있다.

선택 가능한 미래

초판 1쇄 인쇄 2017년 11월 17일
초판 1쇄 발행 2017년 12월 1일

지은이 비벡 와드와 · 알렉스 솔크에버 | **옮긴이** 차백만 | **펴낸이** 김종길 | **펴낸곳** 글담출판사
책임편집 김보라 | **편집** 박성연, 이은지, 이경숙, 김진희, 임경단, 김보라, 안아람
디자인 정현주, 박경은, 이유진, 손지원 | **마케팅** 박용철, 임우열 | **홍보** 윤수연 | **관리** 김유리

출판등록 1998년 12월 30일 제2013-000314호
주소 (04043) 서울시 마포구 양화로12길 8-6(서교동) 대륭빌딩 4층
전화 (02)998-7030 | **팩스** (02)998-7924
블로그 blog.naver.com/geuldam4u
페이스북 www.facebook.com/geuldam4u
인스타그램 www.instagram.com/geuldam

ISBN 979-11-87147-23-7 (03320)
책값은 뒤표지에 있습니다.
잘못된 책은 교환해드립니다.

이 도서의 국립중앙도서관 출판시도서목록(CIP)은 e-CIP 홈페이지(www.nl.go.kr/ecip)와
국가자료공동목록시스템(www.nl.go.kr/kolisnet)에서 이용 가능합니다.
(CIP 제어번호 : 2017028354)

글담출판사에서는 참신한 발상과 따뜻한 시선을 담은 원고를 기다립니다.
여러분의 소중한 경험과 지식을 나눠주세요. 원고는 이메일로 보내주시면 됩니다.
이메일 geuldam4u@naver.com